Gebrauchsanweisung
für Norwegen

Ebba D. Drolshagen

**Gebrauchsanweisung
für Norwegen**

Piper München Zürich

Mehr über unsere Autoren und Bücher:
www.piper.de

Der Verlag dankt Hans Magnus Enzensberger für die Genehmigung zum Abdruck seines Textes aus der *Frankfurter Allgemeinen Zeitung* auf S. 152, der Edition Erdmann, Lenningen, für die Genehmigung zum Abdruck der Textpassage aus Roald Amundsen, *Wettlauf zum Nordpol* auf S. 181 sowie der Redaktion der *Aftenposten* in Oslo für die Genehmigung zum Abdruck der Umfrage auf S. 69/70.

ISBN 978-3-492-27558-3
3. Auflage 2008
© Piper Verlag GmbH, München 2007
Karte: cartomedia, Karlsruhe
Gesamtherstellung: CPI – Clausen & Bosse, Leck
Printed in Germany

Inhaltsverzeichnis

Die lauschige Idylle im fernen Norwegen	9
Etwas zum Problem Humor	10
Erste Lernschritte	12
Norwegens Oppositionspartei	14
Der Stoff, aus dem die Tradition ist	18
Die magischen vierzig Prozent	27
Das Emirat am Golfstrom	33
Der Schatz in der Barentssee	40
LandMitMeer	42
Straßen wie in Dänemark	47
Fußbodenheizung für Autoreifen	53
1700 Kilometer Buckeleispiste	56
Lichtstreifen am Horizont	61
Die Erfinder der Reisekatalogpoesie	65
Der Nabel der Welt	68
Die Guten	70
Gemauschelt wird nicht	77
Lächeln und anpacken	84
Eine ganz normale Familie	87

Die Mär vom ewig betrunkenen Norweger	96
Verschleiertes Bauernmädchen und Hammelinkohl	105
Staatliche Kopfnüsse	116
Wer ist *harry*?	120
Norwegen im Norwegenfieber	124
Alles wie überall, nur besser	131
Ja, wir lieben Rot-Weiß-Blau	134
Die umstrittene Revolution	136
Die umstrittene Tradition	138
Rollende Gefriertruhen	141
Norwegens Wappentier	143
Mord und Skandale	146
Wie klingt ein Fjord?	152
Ein bißchen Kultur kann nicht schaden	154
Oslo ist nicht Paris	162
Ein Häuschen mit Garten	169
Vom Plumpsklo zum Whirlpool	174
Wie die Norweger das Skilaufen lernten	177
Ganz aufrichtiges Schweigen	181
Adel im Land ohne Adlige	184
Der große Tränensack	187
Die Reichsstraße Nummer Eins	192
Söhne und Töchter der Sonne	195
Noch ein Wort zu Nøørje	201
Was man im Winter wissen sollte	205
Dank	205

Die lauschige Idylle im fernen Norwegen

Wer nach Norwegen reist, will nichts weniger als *action and nightlife*. Der Urlauber sucht Ruhe, ein Eckchen heile Welt und vor allem unberührte Natur. Kaum einer kommt wegen der Küche, der Museen oder der Festivals, nur wenige kommen wegen der Norweger. »Ich war zehn Tage in Norwegen wandern und habe die ganze Zeit keine Menschenseele getroffen!« schildert in aller Regel einen gelungenen Urlaub, während es schwer vorstellbar ist, daß der Satz »Ich war zehn Tage in der Toskana wandern und habe keine Menschenseele getroffen!« etwas anderes einleiten kann als die Beschreibung einer ziemlichen Enttäuschung.

Das Ideal des unberührten, menschenleeren Freilichtmuseums geht so weit, daß das Eindringen »echter« Norweger, Einheimischer also, die weder Fremdenführer noch Hüttenvermieter sind, als unangenehm, ja bedrohlich empfunden wird. Sie führen sich auf, als gehöre ihnen das alles, und machen *das wahre Norwegen* kaputt, das man selbst in Erbpacht genommen hat. Im Reiseteil einer deutschen Kleinstadtzeitung kam ein zornbebender Journalist zu Wort, der Norwegen aus tiefstem und reinstem Herzen liebt und es nicht fassen kann, mit welcher Niedertracht sein Refugium von Leuten zerstört wird, die dort wirklich nichts verloren haben:

»Alles hatte den Charme von gestern, vorgestern, dem vorigen Jahrhundert. Eine Ansammlung von verwitterten Blockhütten, ein einziges Berggasthaus hat überlebt, wo drei Hotels aufgegeben haben: eine lauschige Idylle im fernen Norwegen, wo man nichts tun kann außer Skilanglauf, den aber ausgiebig. Skilangläufer gehen abends nicht auf die Walz, sie sind froh, früh im Bett zu sein, um am nächsten Morgen wieder fit in die Loipe zu gehen. Das war zwanzig Jahre so. Und es war gut so.

Dieses Jahr aber hat die Zivilisation ausgeholt, das norwegische Idyll zu vereinnahmen: Ein neugebautes Blockhäuschen am andern dokumentiert den Drang neureicher Norweger aus der Hauptstadt Oslo, ihren neuen Reichtum nicht allein mit ihrer eigenen Ölbohrinsel in der Nordsee und ihrer riesigen Yacht im Hafen öffentlich zur Schau zu stellen. Sie wollen in ihrem Bekanntenkreis noch eins draufsetzen mit ihrem Ferienhäuschen dort im Gebirge, wo zwanzig Jahre die wenigen Ortsansässigen und ein paar Touristen unter sich waren... So erfährt man als Tourist zum erstenmal das Gefühl, das den einstigen Helden der Jugendzeit, James Fenimore Coopers unvergessenen Lederstrumpf, beseelt haben muß, als ihn im fernen Westen der USA die beginnende Zivilisation zu umzüngeln begann: Man sieht ihrem Vordringen fassungslos zu und versteht die Welt nicht mehr.«

Die Welt kann ich ihm nicht erklären. Aber ich erzähle gern etwas über ein Land, das eine Vergangenheit, eine Gegenwart und eine Zukunft hat. Dieses Land ist weder »idyllisch« noch »lauschig«. Von Mitternachtssonne und ekstatischem Naturerleben wird ebensowenig die Rede sein wie – beispielsweise – von dem Triumvirat Ibsen, Munch und Grieg, das bis heute die Fahne der norwegischen Kultur hochhalten muß, als habe es nach ihnen nichts Lohnendes mehr gegeben.

Die Wahrheit, meinte Ingeborg Bachmann, sei dem Menschen zumutbar.

Dem Norwegenreisenden auch.

| Etwas zum Problem Humor

Humor ist nicht das erste, woran man bei Norwegern denkt, aber das ist ungerechtfertigt. Früher lachten sie über Schwedenwitze: »Wie luchst man einem Schweden auf dem Flug nach London einen Fensterplatz ab? Man sagt ihm, daß nur die Gangplätze bis London gehen.« Die Schweden revanchierten sich mit Norwegerwitzen wie der Lautsprecherdurchsage auf dem Stockholmer Flughafen Arlanda: »Reisende nach Oslo, bitte stellen Sie Ihre Uhren um fünfzig Jahre zurück.«

Dergleichen kommt einem bekannt vor, diese Albernheiten kursierten in Deutschland über Ostfriesen und zuvor jahrzehntelang in den USA über polnische Einwanderer. In Norwegen werden Schwedenwitze nur noch von Schulkindern erzählt. Dieser oder jener Erwachsene mag darüber noch lächeln, ansonsten aber zeichnen die Norweger sich durch Ironie, Selbstironie und feinen Humor aus.

Nehmen Sie die Norwegische Botschaft in Berlin. Sie verleiht alljährlich einen »Goldenen Lachs« an Menschen, »die dazu beigetragen haben, Norwegen bekannt zu machen und Sympathien zu schaffen«. Im Jahr 2002 war die Preisträgerin Sandra Maischberger, Anlaß war ihr Fernsehinterview mit Kronprinz Haakon und seiner Frau Mette-Marit. Über dieses Interview wurde nicht nur in Deutschland und Norwegen, sondern in vielen Ländern ausgiebig berichtet, weil Mette-Marit während der Aufnahmen so heftig von der Sonne und einem fehlerhaften Scheinwerfer bestrahlt worden war, daß sie Gesichtsverbrennungen davontrug.

Der damalige Botschafter betonte, selbstverständlich erhalte Maischberger den Preis nicht für diese »Leistung«. Aber das Mißgeschick habe nichtsdestotrotz große Medienaufmerksamkeit bekommen und so für Norwegen geworben. Die Zeitungsberichte darüber entsprächen einem Wert von mehreren Millionen Kronen, eine PR-Arbeit, die der Botschaft angesichts ihres notorisch klammen Werbeetats sehr gelegen gekommen sei.

Die Regierung in Oslo war konsterniert, die Herrschaften im Schloß ebenso. Ehrlich gesagt: die ganz besonders. Man war *not amused*. Dabei war bei der Preisverleihung ein besonders schönes und passendes Lied gespielt worden, das obendrein von der norwegischen Stargruppe *a-ha* stammte: *The sun always shines on TV.* Aber auch das konnte es nicht rausreißen. Gerüchten zufolge wurde der Botschafter nicht nur aus Berlin abgezogen, sondern sogar gedrängt, den diplomatischen Dienst zu verlassen. Beides wurde von offiziellen Stellen entschieden dementiert.

Mir fällt gerade zweierlei auf: Zum einen ist das vielleicht doch kein so gutes Beispiel für den Humor der Norweger. Und wenn ich so weitermache, bekomme ich den Preis nie.

| Erste Lernschritte

Der Osloer Flughafen Gardermoen ist sehr schön. Er ist aus einheimischen Materialien wie Granit, Schiefer und Holz erbaut und vermittelt ein Gefühl von Geräumigkeit, Leichtigkeit, rätselhafterweise aber auch von Verankerung. Man verbinde mit dem Bauwerk »Ruhe«, »Klarheit«, »Übersichtlichkeit« sowie eine besondere Lichtfülle, schreibt die norwegische Architekturhistorikerin Ingerid Helsing Almaas. Sie findet die Wortwahl »bezeichnend. Sie beschreibt nicht nur die räumlichen Ideale der Gebäude, sie zeichnet auch ein Bild des idealisierten norwegischen Bürgers: gut organisiert, offen, einfach, dabei voller Vertrauen in die Authentizität lokaler Erfahrungen, vom nördlichen Licht erhellt, von Holz und Stein gestärkt. Mit seiner geschwungenen Laminatholzdecke begrüßt das Terminalgebäude die Welt wie ein betuchter und großzügiger Gastgeber – wohlmeinend, elegant, nach der letzten Mode gekleidet, das beste, was das kleine Land zu bieten hat.«

Vom nördlichen Licht erhellt. Und zwar vom ersten Moment an, denn man verläßt das Flugzeug durch einen Glastunnel und findet sich nicht in einem neonbeleuchteten, ortlosen Airport-Land wieder, sondern an einem Ort, der noch nicht Oslo ist, aber bereits dessen Licht und Wetter hat. Wer aufmerksam ist, kann ab jetzt, also vom ersten Moment an, einiges über Norwegen lernen:

1. Der Weg zum Koffer führt fast bis zum Gepäckband an einer Glaswand entlang, auf einem Steg, hoch über den Abflug-Gates und den dort wartenden Abreisenden. Auf der einen Seite sieht man sie, auf der anderen Seite geht der Blick auf einen Wald jenseits des Rollfelds, der während der Bauarbeiten mit großem Aufwand bewahrt wurde. Während man so vor sich hingeht, kann man über das Reisen, über Ankommen und Abfahren nachdenken und die Aussicht genießen. Glücklich ist, wer sein Handgepäck nicht tragen muß, denn in der Zeit, die man zum Ausgang unterwegs ist, absolviert man in anderen europäischen Ländern einen Sonntagsspaziergang. Wir lernen: In Norwegen wandert man in der Höhe, denkt nach und guckt auf Natur.

Natürlich gibt es ein paar Meter Rollband. Die dienen aber nur dem Nachweis, daß man dergleichen in Norwegen kennt. Man ist nicht rückständig. Man läßt die Ankommenden *absichtlich* laufen.

2. In der Ankunftshalle kommt man an mehreren Kiosken vorbei. Hier *könnte* man lernen, daß Norwegen sehr viele Tageszeitungen hat, das geht aber unter, weil man nur die Zeitungen mit extrem überschaubaren Titelseiten sieht, deren Schrift und Bild etwa dreimal so groß sind wie bei der deutschen Bildzeitung. Auf die erste Seite passen kaum mehr als eine Vier-Wort-Überschrift und ein Foto. Es entsteht der Eindruck: Hier leben extrem kurzsichtige Menschen.

3. Spätestens wenn man für die zwanzigminütige Zugfahrt in die Stadt die geforderten 160 Kronen (zwanzig Euro) bezahlt hat, fällt einem wieder ein, daß Oslo die teuerste Stadt der Welt ist. Ab sofort sollte man jedes Umrechnen in eine vertrautere Währung unterlassen. Das macht schlechte Laune und ändert nichts.

4. Zwanzig Minuten vor Oslo fährt der Zug an Feldern und Bauernhöfen vorbei. Zehn Minuten vor Oslo immer noch. Von Industriegebieten oder Suburbia keine Spur. Man fragt sich, ob die norwegische Hauptstadt sehr klein ist oder vielleicht ganz woanders liegt. Die Wahrheit ist: Die Ackerflächen, Weiden und Pferdekoppeln, die man vor dem Fenster sieht, *sind* Oslo.

Dann taucht der Zug in einen Tunnel. Kein besonderer Tunnel, eben lang genug, um anzudeuten, daß sich die Norweger auf Tunnelbau verstehen. Der dezente Hinweis lautet: Wir haben sehr viele Tunnels. Wer eine Tunnelphobie hat, sollte also jetzt umkehren.

5. Man geht, man sitzt, man schaut sich um. Irgendwann wird einem bewußt, daß viele junge Norwegerinnen tatsächlich sehr blond und sehr schön sind. Die jungen Männer sind auch blond und schön – aber die Frauen fallen eben mehr auf. Wie überall.

| Norwegens Oppositionspartei

Norwegen hat die mit Abstand erfolgreichste und stabilste rechtspopulistische Partei Europas. Sie heißt *Fremskrittspartiet* (Frp), *Die Fortschrittspartei*, und gehört zu den unerquicklichen Aspekten des heutigen Norwegen, weswegen ich sie jetzt abhandle, dann habe ich es hinter mir.

Die Frp wurde 1973 als »Anders Langes Partei für die deutliche Reduzierung von Steuern, Abgaben und staatlichen Eingriffen« gegründet. Seither ist sie stetig gewachsen, nun liegt sie bei Umfragen konstant zwischen zwanzig und dreißig Prozent und ist im Auf und Ab der Wählerbefragungen immer wieder einmal Norwegens größte Partei. Sobald ein »moslemisches« Thema Schlagzeilen macht, Themen wie der Karikaturenstreit, die Kopftücher muslimischer Schülerinnen oder eine Gewalttat, die von einem moslemischen Einwanderer begangen wurde, kann die Zahl auf 35 Prozent steigen. Das ist (bisher) immer vorübergehend gewesen, gleichwohl: Nur 65 Prozent der 4,5 Millionen Norweger sind für rechtspopulistische Parolen völlig unempfänglich. Daraus muß man wohl den Schluß ziehen, daß es in Norwegen kaum offene, aber ziemlich viele *undercover* Nationalisten gibt.

Wie alle Politiker populistischer Parteien reklamieren auch die der Frp für sich, das »Sprachrohr des Volkes« zu sein. Sie legen sich auf keine politische Seite fest und passen ihre Forderungen der jeweils herrschenden Stimmung an. Man könnte auch sagen: Politisches Rückgrat ist ihnen wesensfremd. Folglich kann der durchschnittliche Frp-Wähler über das Programm seiner Partei selten mehr sagen als: »Das mit den Ausländern und dem Ölgeld geht nicht so weiter.« Denn das wirklich große Thema, noch größer als der Fremdenhaß, sind die Ölmilliarden, zu denen der Frp und ihren Wählern immer nur eines einfällt: Das Ölgeld gehört der Bevölkerung, nicht den Politikern. *Wir wollen das Geld. Jetzt. Sofort. Für uns.* Wir wollen mehr Geld für Krankenhäuser und Senioren, eine höhere Mindestrente, bessere Straßen, billigeres Benzin (das kostet einen Euro fünfzig pro Liter, dabei sitzt man doch buchstäblich an der Quelle), billigere Flugreisen, einen Computer für jeden Schüler.

Da aber die Frp immer für Ausgeben plädiert, müssen die anderen Parteien des bürgerlichen und linken Spektrums erklären, warum sie dagegen sind. Sie sind sich ziemlich einig, da alle mehr oder weniger sozialdemokratisch sind. Das macht die Fortschrittspartei nicht nur zur größten, sondern zur einzigen Oppositionspartei. Dabei ist aber, das ist wichtig, die Frp innerhalb dieses norwegischen Spektrums rechtspopulistisch und daher weit von der Radikalität eines Le Pen oder Jörg Haider entfernt. Die meisten anderen Politiker halten betont Distanz zu den Frp-Leuten. Aber sie gelten nur als spezielle Spezies Demokraten, nicht als Schmuddelkinder.

Die Frp-Politiker treten als »Außenseiter« auf, sie geben das eigensinnige und unartige Kind, das ausspricht, was (angeblich) alle denken, sich aber keiner zu sagen traut, weil es politisch nicht korrekt ist. Ihr Slogan ist der aller Populisten (und Boulevardblätter): *Wir hier unten gegen die da oben*. Wir nehmen dich ernst. Wir kämpfen für dich. Wir sind das Anti-Establishment. Sie schüren den Sozialneid: Kann es richtig sein, daß manche so viel und andere so wenig haben? Kann es richtig sein, daß jemand ein Leben lang hart gearbeitet hat und nun bescheiden leben muß, obwohl das Land so unglaublich reich ist? Daß sich führende Frp-Funktionäre aus öffentlichen Etats, die der Parteiarbeit vorbehalten sind, bedient haben, um den Friseur für sich, Abendkleider für die Gattin und Schiffsreisen für die halbe Parteiführung samt Partnern zu finanzieren – alles beruflich bedingt, natürlich, alles völlig legal –, hat ihre Beliebtheit ein wenig beeinträchtigt. Von Dauer ist dergleichen nicht. Sie erholen sich, sobald die nächste populistische Sau durchs Dorf getrieben wird, und sie haben rhetorisch hochbegabte Parteiobere; viele bezeichnen den langjährigen Vorsitzenden Carl I. Hagen als charismatisch, seine Nachfolgerin, die 1969 geborene Siv Jensen, ist schlagfertig, intelligent, sie wirkt sympathisch – und sie sieht gut aus.

Von der Frp lernen bedeutet in Norwegen offenbar siegen lernen. Jedenfalls scheinen die Konservativen (Høyre) das so zu sehen, die bis 2005 in der Regierung waren. Das war, wie jede norwegische Regierung in den letzten dreißig Jahren, eine Minderheitsregierung, und man ließ sich im Parlament gelegentlich von den Rechtspopulisten unterstützen, regieren wollte man nicht mit ihnen (was die Konservativen auf kommunaler Ebene durchaus tun). Nun nähern sich die Konservativen der Frp an, manche reden schon von einer künftigen Regierungskoalition, eine der größten Tageszeitungen spricht ohne Fragezeichen von Siv Jensen als »unserem nächsten Ministerpräsidenten«. Zwanzig bis 35 Prozent der Norweger meinen ja, man müsse der Fortschrittspartei »doch mal eine Chance geben«.

Und was wollen sie nun mit dem Ölgeld? Nahezu alle Wirtschaftsexperten befürworten Norwegens restriktive Finanzpolitik. Wenn man die Ölmilliarden im eigenen Land ausgäbe, wären Inflation und Preissteigerungen die zwingende Folge. Aber es gibt ja auch andere schöne Orte auf der Welt. Ein Abgeordneter der Frp will jedem Norweger eine Kreditkarte mit 18 000 Kronen (2200 Euro) geben, die nur im Ausland ausgegeben werden dürfen, beispielsweise für, wie er explizit sagte, »Shopping, Sangria und Spanferkel«.

Sie sehen schon, auch die Norweger fliegen gern in die Sonne; als Rentner leben manche dort so schön wie daheim – ja schöner noch, weil wärmer. Hin und wieder bekamen sie Besuch vom (inzwischen zurückgetretenen) Parteivorsitzenden Carl I. Hagen, der natürlich seine Wähler an der Costa Blanca nicht vergißt. Und er wäre nicht Europas erfolgreichster Rechtspopulist, wenn er nicht ein Gespür für die tiefsten Sehnsüchte und Ängste der Menschen hätte. Darum forderte er für die norwegischen Rentner den massiven Ausbau von Pflegeheimen in den Mittelmeerländern. Wirklich wahr. Solche Ideen, wie man das Ölgeld ausgeben könnte, sind jedenfalls originell.

Hagen fiel übrigens auch auf, daß das Laden- und Hauspersonal an Spaniens Küsten seinen Landsleuten hartnäckig eine Sprache aufzuzwingen versucht, die in Norwegen unüblich ist: Spanisch. Auch dafür hatte er eine politische Lösung parat: »Die Einwanderer in Norwegen müssen Norwegisch lernen. Das sollten auch die Spanier in Spanien tun, wenn sie mit Norwegern arbeiten wollen.«

Das ist das schillernde Programm der Fortschrittspartei mit all ihren Facetten: Wir lassen es Geld regnen. Und was nicht norwegisch ist, wird norwegisch gemacht, oder wir halten es uns vom Leib.

Wenn ich mit Norwegern spreche, die keine Frp-Wähler sind, meinen viele, ich solle die Partei nicht so ernst nehmen. Wenn sie sagen, daß das vorübergehen wird, möchte ich ihnen glauben. Aber es fällt mir wirklich sehr schwer.

| Der Stoff, aus dem die Tradition ist

Welche dieser vier Behauptungen ist wahr?

1. Als die norwegischen Marxisten-Leninisten in den siebziger Jahren in politischer Mission nach China reisten, traten sie dort in Trachten auf.

2. Als die Popgruppe *a-ha* Ende der achtziger Jahre auf dem Höhepunkt ihres Ruhmes stand, kamen die vier Mitglieder einmal in Nationaltracht nach Hause.

3. Als 1993 in Norwegen die eingetragene gleichgeschlechtliche Partnerschaft eingeführt wurde, trugen bei der ersten lesbischen »Heirat« beide Frauen Tracht.

4. Am 17. Mai 2003 – dem norwegischen Nationalfeiertag – trugen ausnahmslos alle »Insassen« des norwegischen *Big Brother*-Containers Trachten.

Um es abzukürzen: Alle sind wahr. Der *a-ha*-Sänger Morten Harket trägt auch privat gelegentlich Tracht, es existiert ein Foto des sich küssenden Paares, die Sache mit den trachtentragenden Marxisten-Leninisten hat mir eine Teilnehmerin der Gruppe erzählt, und den *Big Brother*-Bericht habe ich selbst gesehen.

Diese Trachtentragerei ist ein eigenartiges Phänomen. Während Frauen und Männer rund um den Globus ihre traditionellen Kleidungsstücke unwiderruflich zugunsten westlicher Kleidung ablegen, während festliche Roben der großen Designer weltweit als Inbegriff des Luxus gelten, wirft sich eine der reichsten Nationen bei Festen kollektiv in Nationalgewänder. Die Rede ist keineswegs von versprengten Volkstanzgruppen. Inzwischen bekommen neunzig Prozent aller Mädchen zur Konfirmation von ihrer Familie eine Tracht geschenkt, sechzig Prozent der modernen, gebildeten und emanzipierten Norwegerinnen besitzen eine *Bunad*, wie die Tracht auf norwegisch heißt. Zum Vergleich: In Schweden sind es sechs Prozent.

Getragen werden sie zu festlichen Gelegenheiten, Gelegenheiten wie jenes Galadiner, zu dem das Schloß 2005 die neu gewählten Parlamentsabgeordneten einlud. 33 Volksvertreter, die Frauen und einige Männer der sozialdemokratischen *Arbeiterpartei*, hatten es gründlich satt, daß Zeitungen immer wieder Rote-Teppich-Fotos veröffentlichen und sich über die Kleidung der Prominenten mokieren. Sie kamen in Bunads: »Wir sind Politiker und keine Kleiderbügel.«

Sie müssen sich das so vorstellen, als kreuzten Angela Merkel, Yvonne Catterfeld und Sabine Christiansen zu einem Staatsakt in Trachten auf, wo sie auf die ebenfalls trachtenbekleideten Herren Edmund Stoiber, Guido Westerwelle und Michael Schumacher treffen. Dabei sollten Sie aber nicht an den Dirndlalarm beim Münchner Oktoberfest denken. Bunads sind keine feschen Miederkleidchen, bei denen am Ausschnitt gespart wurde, was an der Rocklänge fehlt. Sie genügen vom zugeknöpften Stehkragen der langärmligen weißen Leinenbluse bis hinunter zum Saum des bodenlangen Wollkleides und den dunklen Wollstrümpfen strengsten calvinistischen Anforderungen. Sie sind aber nicht trist, sondern bestickt, mit bunten Bändern besetzt und sehr kleidsam. Dennoch ist es bemerkenswert, daß sie besonders bei Städterinnen und jungen, gutausgebildeten Frauen beliebt sind, die sich aus freien Stücken in eine Art lebendes Museum verwandeln. Inzwischen hat auch ein regelrechter *run* auf Männertrachten eingesetzt, angeblich finden die Norwegerinnen Männer in Bunad stattlich. Als erster Mann im norwegischen Königshaus hat Kronprinz Haakon offizielle Termine in

Tracht absolviert und sie damit gleichberechtigt neben dunklen Anzug und Uniform gestellt.

Trachten sind ein Statussymbol; die ideale Kombination von bäuerlicher Vergangenheit und neuem Reichtum, nationaler Identität und großem Geschäft. Den Ethnologen Thomas Hylland Eriksen erinnert das Ganze ein bißchen an die saudischen Ölmilliardäre: »Wenn sich Ölscheichs aus Arabien wie Nomaden kleiden, dann drücken sie Identität auf dieselbe Art symbolisch aus wie norwegische Ölscheichs, wenn sie sich zu besonderen Anlässen wie Bauern des 18. Jahrhunderts kleiden.«

Vorbild der heute gebräuchlichen Bunads ist tatsächlich die bäuerliche Festkleidung des 18. und frühen 19. Jahrhunderts. In der zweiten Hälfte des 19. Jahrhunderts wollte Norwegen sich von Schweden befreien, mit dem es in einer ungeliebten Union verbunden war. Der *freie norwegische Bauer*, der niemals leibeigen gewesen war, wurde zur Idealfigur des freien Norwegen; alle Elemente der bäuerlichen Kultur wurden zu nationalen Symbolen. Einige Städterinnen begannen, Trachten zu erforschen, die sie als echte, unverfälschte »nationale« Bekleidung erachteten, es dauerte nicht lange, und sie fingen an, bereits verschwundene Trachten zu rekonstruieren. So sind die meisten heutigen Bunads entstanden, es gibt also nicht *eine* Tracht, sondern etwa 400, sehr unterschiedliche regionale Varianten. Die Tracht verbindet die Trägerin ebenso mit Norwegen wie mit der Gegend, aus der sie kommt.

Einige wenige Gegenden ausgenommen, wo immer Festtrachten getragen wurden, interessierten sich bis 1972 immer weniger Frauen für Bunads. Als aber beim ersten Kampf um Norwegens EG-Beitritt Gegner wie Befürworter ihren Patriotismus demonstrieren wollten, nahmen sie nationale Symbole in Gebrauch, darunter auch die Tracht. Der endgültige Durchbruch kam 1994, mit den Olympischen Winterspielen in Lillehammer und der zweiten EU-Abstimmung. Seither kennt die Begeisterung keine Grenzen.

Das Hallingdal gehört zu den Gegenden mit einer nahezu ungebrochenen Bunad-Tradition. Ich kenne dort eine Kirchenmusikerin, die auch Bäuerin auf dem Hof ist, der seit Generationen ihrer Familie gehört. Sie zeigte mir einmal die Bunads, die in ihrer Familie weitervererbt werden. Sie hat die Tracht ihrer Mutter geerbt, ihre siebzehnjährige Tochter trägt die Tracht ihrer Großmutter, also der Urgroßmutter des Mädchens. Sie besitzt auch eine 100 Jahre alte Mädchen-Bunad, die von jeder Tochter der Familie getragen worden sei. Bald, sagte sie, passe ihre älteste Enkelin hinein.

Für diese Familie stellt sich nicht die Frage, welche Tracht man tragen soll. Aber in einer mobilen Gesellschaft ist es nicht immer einfach zu entscheiden, welcher Tradition man folgen möchte. So fragte eine junge Frau: »Ich bin in Nordmøre geboren, in Sør-Trøndelag aufgewachsen, meine Mutter stammt aus Sogn og Fjordane. Ich wohne seit zehn Jahren in Oslo. Welche Tracht soll ich wählen?« Wie Sie sehen, orientiert sich die Wahl der Trachtentradition im Zweifel an der mütterlichen Linie.

Eigenartigerweise scheint man sich in Norwegen nicht darüber im klaren zu sein, daß diese Bunad-Liebe weltweit ihresgleichen sucht. Seit mindestens fünfzehn Jahren frage ich Norweger, warum sie Trachten tragen. Seit mindestens fünfzehn Jahren sorgt das für Verlegenheit, weil sie die Frage nicht verstehen. Dann geben alle immer die gleichen Antworten: Das sei in Norwegen Tradition. Bunads seien schön. Und während ich lächelnd nicke, lauere ich schon auf das Argument, das bisher jeder, wirklich ausnahmslos jeder angeführt hat. Ich mag es gern, denn es ist in seiner protestantischen Sparsamkeit und beinharten Pragmatik so urnorwegisch, daß man es nicht hätte erfinden können: Mit einer Tracht habe man nie mehr Garderobensorgen. Man sei immer und überall gut angezogen. Immer und überall in Norwegen, muß man wohl einschränken, denn ausgerechnet die Trachtenexpertin eines norwegischen Volksmuseums erwähnte, sie sei einmal von polnischen Freunden zu einer Hochzeit in Polen eingeladen worden mit der dringenden Bitte, nicht in Tracht zu kommen. Das gelte in Polen als absolut hinterwäldlerisch.

Nur die wenigsten besitzen eine alte Tracht, daher ist es üblich, daß die Trägerin, ihre Mutter oder Großmutter eine näht und bestickt. Ich glaube kaum, daß es ein zweites europäisches Land gibt, in dem Frauen ihre kostbarste Festkleidung selbst nähen. Auch das Material ist teuer – Stoff und Stickgarn für die eher schlichte Bergen-Bunad kosten 6000 Kronen (750 Euro), die Arbeitsstunden nicht gerechnet. Natürlich kann man eine Bunad schnöde fertig kaufen, das kostet mindestens 2500 Euro, das Doppelte ist nicht ungewöhnlich, Männertrachten sind unter 5000 Euro kaum zu haben. Bunads sind also die norwegische *Haute Couture*.

Materialien und fertige Bunads werden in speziellen Geschäften verkauft, marktführend ist das Privatunternehmen *Husfliden* (Die Handarbeit), eine landesweite Ladenkette, die auf hochwertiges norwegisches Kunsthandwerk spezialisiert ist. Vor einigen Jahren rekonstruierte das Unternehmen die Frauentracht des südostnorwegischen Hamar. Das soll mehrere Millionen Kronen gekostet haben, daher sind Stoff und Muster nur bei *Husfliden* erhältlich. Aber für jedes »Bunadpaket« muß ein Lehrgang zum Nähen und Sticken der Tracht mitgekauft werden. Eine Großmutter mit fünf Enkelinnen müßte also fünf Kurse bezahlen. Und jede Käuferin muß sich vertraglich verpflichten, die Bunad ausschließlich für sich und Verwandte in *direkter absteigender* Linie, also nur für Töchter und Enkeltöchter, zu nähen; nicht erlaubt sind Mutter, Schwestern, Schwiegertöchter oder Nichten, von Fremden zu schweigen.

Solche Knebelverträge sollen »Mitkonkurrenten« wie eine Firma namens *Norsk Bunad* (Norwegische Trachten) ausschalten, die das Originalmaterial nach China schicken und dort nähen und besticken lassen. Die alteingesessenen Läden protestieren, das seien *chinesische* Trachten; nur eine in Norwegen gefertigte Tracht sei eine *echt norwegische* Tracht. Eine Dame namens Nina Granlund Sæther, Redakteurin der Zeitschrift *Norwegische Handarbeit*, ist dem Wesen des Echten und Wahren offenbar besonders nah. Die Tracht, schrieb sie, sei ein heiliges Kleidungsstück. Ausländerinnen könnten gar nicht so sticken wie Norwegerinnen, denn »in den Stickereien der Bunads leben Dialekte, genau wie in der Musik und in der Sprache«.

Auf unumstößliche Kriterien mag sich indes keiner der Traditionshüter festlegen. Das dürfte auch schwierig werden: Mindestens jede zweite Heimarbeiterin, die in Norwegen für die »norwegischen« Firmen näht und stickt, ist Migrantin. Auch beim Material wird es heikel: Muß die Wolle für die Stoffe von norwegischen Schafen stammen? Muß der Schafhalter Norweger sein? Zum Sticken jedenfalls werden Wollgarne aus Dänemark und Seidengarne aus Deutschland benutzt, die aufwendigen Bordüren und die Seidenschals, die zu einigen Trachten gehören, sind Importe aus Österreich und Deutschland, genauer: aus Bayern.

Ich vergaß zu erwähnen, daß die *chinesischen* Bunads erheblich billiger sind als die *norwegischen*. Unterstellungen, daß es bei diesem Streit um Geld und Kunden gehen könnte, wird von den »echt norwegischen« Läden als diffamierend zurückgewiesen. Keine Norwegerin wolle mit dem Kauf einer billigen Bunad die Ausbeutung ausländischer Näherinnen fördern. (Damit sind vermutlich die zahllosen Frauen gemeint, die aus diesem Grund auch H & M, Marc O'Polo und all die anderen großen Textilmarken boykottieren.) Es gehe um Grundsätzliches, um norwegisches Brauchtum, um die wahre Aura des Norwegischen (oder doch eher: die Aura des wahren Norwegischen?).

Norwegen ist sehr reich, aber als Land und Kultur ist es sehr, sehr klein. Was bleibt, wenn die Globalisierung den Hobel ansetzt und alle gleichhobelt? Worin unterscheidet sich Norwegen dann noch von anderen Ländern? Wird man am

Ende dasitzen wie Peer Gynt, der nach dem Kern der Zwiebel sucht und sie so lange schält, bis nichts mehr von ihr übrig ist?

Was ist *echt norwegisch*? Oder ein echter Norweger? Der Besitzer von *Norsk Bunad* heißt John Helge Dahl, ist aber gebürtiger Chinese und hieß einmal erheblich chinesischer. Aber er meinte (vermutlich zu Recht), daß ein allzu fremdländischer Name diesem speziellen Geschäftszweig nicht gut bekäme, und eine Namensänderung ist in Norwegen keine große Sache. Während Herr Dahl als Erwachsener nach Norwegen kam, kamen einige tausend Norweger in Asien zur Welt und wurden als Kinder adoptiert. Für sie hat eine in Korea geborene Norwegerin eine Tracht erfunden, die Elemente norwegischer Bunads mit der koreanischen Nationaltracht verbindet. Sie nennt sie *Adoptionstracht* und läßt sie in Korea nähen, was sie vermutlich authentisch adoptionsnorwegisch macht.

Meine frühen Versuche, das Thema Bunad plaudernd zu ironisieren, traf auf Unverständnis oder offene Mißbilligung, so daß ich das nach den ersten klammen Gesprächssituationen aufgab. Auch bei den Osloer Linksintellektuellen fand ich nicht immer die erwarteten Mitlästerer. Als ich das beispielsweise bei einem Nachbarsjungen aus Kindheitstagen probierte (inzwischen ein etablierter Medienmann), parierte er mein Witzeln frostig mit dem Hinweis, seine Frau (eine bekannte Theaterschauspielerin) besitze mehrere Trachten, die sie wann immer möglich trage.

Mehrere Trachten? Bunad-Puristen überschütten solche Bunad-Opportunisten mit Zorn und Verachtung. So etwas gehört sich nicht. Egal, wie sie aussieht: Man trägt nur die Tracht jener Gegend, aus der die Vorfahren stammen. Nur zwei Norwegerinnen dürfen so viele verschiedene Bunads tragen, wie sie wollen: die Königin und die Kronprinzessin, denn sie repräsentieren nicht ihre Herkunftsregion, sondern das Land.

Oberste Instanz in allen Bunadfragen ist eine staatliche Stelle namens Bunadrat. Deren Mitglieder legen noch das kleinste Detail einer jeden Tracht fest, sie haben auch strenge Vorstellungen davon, was sich für eine Trachtenträgerin schickt. Ein bunter Schirm zur Tracht ist verboten, er muß einfach und schwarz sein. Wattierte Jacken oder Mäntel über einer Tracht sind verboten; wer sich kein »authentisches« Trachtencape leisten kann, muß unter einem schwarzen Wolltuch frieren. Pumps oder Stiefelettchen sind verboten, der einzig richtige Trachtenschuh ist flach und breit und hat eine Silberspange. Ohrringe und Make-up sind verboten, und einmal wurde Königin Sonja öffentlich scharf gerügt, weil sie zu ihrer Tracht eine Sonnenbrille trug. Die Bäuerinnen des 19. Jahrhunderts trugen keine Sonnenbrillen! Verständlich, daß diese Stelle auch als »Trachtenpolizei« bezeichnet wird, unverständlich, daß sie nicht auch normale Brillen beanstandet.

Bunads sind also keine normalen Kleidungsstücke, sondern – buchstäblich – der Stoff, aus dem die Tradition ist. Eine Journalistin schrieb, wenn sie die Schürzenbänder ihrer Bunad binde, knüpfe sie das Band zwischen sich und ihrer Urgroßmutter, einer Fischersfrau. In der Bunad spüre »ich die Würde der Nation auf meinen Schultern«, sagte eine Modestudentin. Keine der beiden erntet Kopfschütteln, eine überregionale Zeitung kann allen Ernstes die Tracht als Allheilmittel gegen sämtliche Mißlichkeiten des modernen Lebens preisen: »Wenn wir Bunad tragen, wissen wir, worauf es wirklich ankommt, und das komplizierte Leben wird übersichtlich, schön und sicher.«

Wer wollte das nicht. Also suchte ich in Ålesund an der norwegischen Westküste eine *Husfliden*-Filiale auf. Die Läden, das sollte man bei dem folgenden nicht vergessen, sind Privatunternehmen.

Schon neben dem Eingang stand eine Schaufensterpuppe in voller Montur: eine tuchähnliche Kopfbedeckung, weiße Leinenbluse, besticktes Miederkleid aus schwerem Wollstoff, schwarze Wollstrümpfe, Trachtenschuhe, darüber, aus Dekorationsgründen wie ein Ulanencape flott zurückgeschlagen, ein Umhang aus dem Kleiderstoff. Am Mieder steckte eine große runde Silberbrosche, spezieller Bunadschmuck, der zwingend zur Tracht gehört. Die Puppe wirkte durchaus, als sei ihr Leben übersichtlich, schön und sicher, schien allerdings dezent geschminkt, was eine Trachtenträgerin nicht sein sollte. Eine mütterlich wirkende Verkäuferin kam auf mich zu, ich deutete auf die Puppe.

»Sehr hübsch. Was kostet denn so eine Tracht?«

»Das kommt darauf an, welchen Schmuck man nimmt, und es gibt auch verschiedene Blusen. So, wie sie da steht, etwa 25 000 Kronen.«

»Ich kann also eine fertige Bunad kaufen?«

Die Verkäuferin zögerte. »Man sollte eine Verbindung zum Ort haben.«

»Wie bitte?«

»Eine Verbindung zum Ort, zu Ålesund.«

Jeder Norweger erkennt sofort meinen leichten Ålesund-Dialekt, aber auch etwas anderes, das schwer einzuordnen ist: einen fremden Ton, gelegentlich einen Fehler, als sei ich eine gebürtige Norwegerin, möglicherweise Ålesunderin, die lange im Ausland gelebt hat. Ich sah, wie die Verkäuferin versuchte, sich darauf einen Reim zu machen. Vor allem aber hatte sie mich noch nie gesehen, und das war eigenartig, denn hier kennen sich alle. Sie wiederholte:

»Man sollte eine Verbindung zum Ort haben.«

Das Gespräch ging auf diese Weise noch etwas hin und her. Erst als ich drängelte: »Wenn ich 25 000 Kronen bezahle, kann ich dann eine Tracht mitnehmen?« entrang sie sich ein verzweifelt klingendes »Ja, schon. Aber eigentlich sollte man...«

Es wird einem nicht oft so schwergemacht, 3000 Euro loszuwerden. Eine Angestellte von *Husfliden* in Bergen weigert sich schlicht, Teile einer Bunad an Touristen zu verkaufen: »Wer ein Bunad-Tuch kaufen will, muß eine Tracht besitzen.

Stellen Sie sich eine Deutsche in Jeans und T-Shirt mit einem bestickten Bergentuch über den Schultern vor. Das sieht nicht aus.«

In der Osloer *Husfliden*-Filiale, wo Modelle aus ganz Norwegen verkauft werden, geht man das lockerer an. Als ich dort nach einer Bunad fragte, sprach niemand von der »Verbindung zum Ort«. Ich hätte als Samin aus der Tür gehen können. (Anmerkung für alle, die sich auskennen: Ja, die traditionelle Kleidung der samischen Minderheit ist strenggenommen keine Bunad, sondern eine Tracht. Kommentar für alle, die sich nicht auskennen: Sie wollen nicht wissen, worin dieser Unterschied besteht.)

Die Frage, ob ich als halbnorwegische Deutsche mit Verbindungen zu Ålesund dessen Bunad tragen dürfe, konnte ich der Leiterin dieses Bunadrates persönlich stellen: Da ich mich dem Ort so eng verbunden fühle, daß ich dessen Tracht tragen wolle, dürfe ich es auch.

In einem soziologischen Fachbuch über den Gebrauch nationaler Symbole fand ich letzthin ein Tabu erwähnt, mit dem sich die »Trachtenpolizei« erst gar nicht abgibt: Eine Frau in Bunad, die sich betrinkt, heißt es da, könnte ebensogut in der Kirche strippen.

Die magischen vierzig Prozent

Im August 2001 ging der deutsche Verteidigungsminister mit seiner Geliebten im Pool eines Mittelmeer-Luxushotels planschen, damit *Die Bunte* mal wieder etwas Hübsches auf dem Titelblatt hatte. Das war indes ein grober Inszenierungsfehler, denn zum einen wirkte Herr Scharping, als habe er in Sachen *spielerisch-ausgelassen Herumtollen* erheblichen Übungsbedarf, zum anderen erschienen die Bilder just zu der Zeit, als deutsche Soldaten nach Mazedonien zogen.

Im Februar 2002 ging auch der Chef der norwegischen Streitkräfte vor Pressekameras ins Wasser. Damals gab es in den neunzehn NATO-Ländern zwei Verteidigungsministerinnen, die Französin Michèle Alliot-Marie und die Norwegerin Kristin Krohn Devold. Die Fotos zeigen Krohn Devold mit Eins-A-Figur, das Haar mit beiden Händen zurückstreichend, lachend und triefend aus dem Wasser kommen – nicht im Bikini, sondern in einem zweiteiligen Schwimmanzug, nicht aus einem türkis gekachelten Hotelbecken, sondern einem norwegischen Bergsee: Sie war mit ihren Kadetten schwimmen gewesen. Das Fernsehen berichtete über ihren Truppenbesuch, da lächelte die Eisfrau zwar etwas bläulich verfroren, sprach aber mit zitterfreier Stimme ins Mikrophon: »Ich würde von meinen Jungs nie etwas verlangen, was ich nicht selbst auch mache.« Danach baute sie mit ihnen eine Schneehöhle, in der sie dann auch übernachtete. Chapeau, Madame.

Als sie den Posten 2001 antrat, war sie vierzig Jahre alt und Mutter einer siebenjährigen Tochter und eines zehnjährigen Sohns. Sie war die zweite, aber nicht die letzte norwegische Verteidigungsministerin. Daß jede dieser Frauen Kinder hat, ist eine Selbstverständlichkeit, die kaum der Rede wert ist. Als 1981 die 41jährige Ärztin Gro Harlem Brundtland das Amt des Ministerpräsidenten übernahm, hatte sie vier Kinder im Teenageralter. Sie war die erste Frau auf diesem Posten und der bislang jüngste Regierungschef des Landes. Und als sie 1986 erneut Ministerpräsidentin wurde, verursachte sie einen weltweiten Eklat, als sie sieben von siebzehn Kabinettposten mit Frauen besetzte. Bei diesen vierzig Prozent ist es geblieben, und Frauen übernehmen nicht nur die klassischen »Ich kümmere mich für dich drum«-Ressorts, sondern alle Ministerien, auch »harte« wie Finanzen, Verteidigung, Öl- und Energiewirtschaft. Übrigens sind die norwegischen Regierungen auch jung: Das Durchschnittsalter der 2005 gewählten deutschen Regierung liegt bei 55 Jahren, ihre Kollegen in Oslo sind zwölf Jahre jünger.

2006 wurden drei der vier größten Parteien des Landes von Frauen geführt. Als ich eine Freundin fragte, wie die Norweger *das* denn verdauten, stutzte sie: »Wir sind so an Frauen in der Politik gewöhnt, das ist mir noch gar nicht aufgefallen.« Zwei der drei Parteivorsitzenden haben Kinder. Die Diskrepanz zu den deutschen »Karrierefrauen« in Politik und Wirtschaft ist augenfällig. Frauen in Deutschland machen keine Karriere und bekommen statistisch gerade mal 1,31 Kinder. In Norwegen sind es fast zwei Kinder, übertroffen wird das in Europa nur von Island und Irland. Und obwohl sie (mehr) Kinder haben, arbeiten durchweg vier von fünf Frauen wenigstens Teilzeit. Daß die kleinen Norweger deswegen verwahrlost, depressiv und kriminell würden, ist nicht zu beobachten.

Daß es in Norwegen so viele selbstbewußte Frauen gibt, hat auch historische Gründe. Zum einen ist der Gleichheitsgedanke tief im Volk verwurzelt, weil der Pietismus so stark war und die Pietisten in gewisser Weise alle Menschen – auch Männer und Frauen – als ebenbürtig ansehen. Zum anderen ist Norwegen nachhaltig durch das Leben an der Küste geprägt. Die Männer fuhren zur See, die Frauen führten Hof und Familie. Will man dem Kalifornier J. Ross Browne, der 1862 Norwegen bereiste, Glauben schenken, taten sie das allerdings auch, wenn die Männer da waren. Diese seien nämlich »dem Tabak und dem selbstgebrannten Schnaps verfallen« und ließen »ihre Frauen Holz fällen, Baumstämme schleppen, Wagen ziehen, Boote rudern, fischen und alle möglichen anderen Arbeiten machen, die normalerweise dem starken Geschlecht vorbehalten sind und die selbst der Deutsche für seine ›frow‹ zu schwer fände«.

Entscheidend für die heutige Situation ist aber die gezielte Gleichstellungspolitik der letzten zwanzig Jahre. Bei einer Eheschließung behalten Mann und Frau häufig ihre Nachnamen, Kinder heißen wie die Mutter. Wenn sie den Namen des Vaters bekommen sollen, müssen die Eltern das beantragen. Norwegen ist also auf dem Weg zu einer matrilinearen Gesellschaft: Der Stammbaum läuft nicht mehr über die väterliche, sondern die mütterliche Linie. Das liegt auch daran, daß jedes zweite Kind unehelich geboren wird, allerdings sind viele unverheiratete Mütter nicht alleinerziehend, sondern leben mit dem Vater des Kindes oder einem anderen Mann zusammen. Anders als in vielen anderen Ländern haben die meisten ledigen Mütter eine gute Ausbildung und einen guten Job.

Treibende Kraft bei den Veränderungen war nicht (nur) das Ressort Frauen und Familie, sondern das Ressort Wirtschaft. Denn allem ehrlich gemeinten Gleichberechtigungsgeklingel zum Trotz ist die Lage in Norwegen ein bißchen wie einstmals in der DDR: Das kleine Land kann es sich nicht leisten, Frauen jahrelang mit den Kindern zu Hause zu lassen. Der Staat braucht sie als Arbeitskräfte und als Steuerzahler, aber da er sie auch als Gebärende und Mütter braucht, kommt er ihnen entgegen, und das nicht nur finanziell.

Die Elternzeit für die Mutter beträgt acht Monate bei voller Lohnfortzahlung, ein ganzes Jahr bei etwa achtzig Prozent, Väter können sechs Wochen »Papa-Urlaub« nehmen, was knapp drei von vier Vätern tun. Danach stehen der Mutter oder dem Vater zwei weitere Jahre unbezahlte Elternzeit zu, die sie auch auf Raten nehmen können, beispielsweise zur Einschulung. Mit einem Jahr soll jedes Kind in eine Kinderkrippe kommen; steht kein Platz in einer staatlich bezuschußten Krippe zur Verfügung, zahlt der Staat für die private Betreuung ein Jahr lang monatlich 400 Euro, was weltweit einzigartig ist. Das erleichtert es den Müttern, länger als ein Jahr mit dem Kind zu Hause zu bleiben, auch wenn das nicht unbedingt als erstrebenswert gilt. Viele Norweger meinen, daß es für die Intelligenz und die sozialen Fähigkeiten eines Kindes am besten sei, wenn es den Tag mit Gleichaltrigen verbringt. Eine Frau, die längere Zeit mit ihrem Kind allein zu Hause bleibt, gilt also nicht automatisch als bessere Mutter. Eine solche moralische Skala von »gut« und »schlecht« tut sich eher bei der Frage einer Putzhilfe auf. Es ist in Norwegen immer noch ein bißchen anrüchig, den Dreck, den man selbst verursacht hat, nicht auch selbst wegzumachen. Andererseits müssen Männer, die bei der Hausarbeit den Pascha markieren, inzwischen damit rechnen, nicht nur von der eigenen Partnerin, sondern auch vom Freundeskreis gerügt zu werden.

Wenn ein Kind krank ist, bekommen Mutter oder Vater ohne Lohneinbußen frei, Arbeitsleben und Gesetzgebung nehmen also Rücksicht darauf, daß auch Männer Kinder haben und sich um sie kümmern müssen. Jens Stoltenberg, der in seinem Politikerleben schon Öl- und Energieminister, Finanzminister und Ministerpräsident war, verließ früher häufiger Kabinettsitzungen mit der Begründung, er müsse seine Kinder aus dem Kindergarten abholen. Selbstverständlich nahm Kronprinz Haakon, wie fast alle jungen Väter, nach der Geburt seiner Tochter Ingrid Alexandra seinen Papa-Urlaub. Hier wäre einzufügen, daß Haakon und Stoltenberg – zwei der wichtigsten Männer Norwegens – so ziemlich alle Anforderungen an den modernen Mann erfüllen: Sie sind gebildet, haben eine solide Karriere, achten und bewundern die Stärke ihrer Frauen, kümmern sich um die Kinder. Und sehen natürlich auch noch gut aus.

Zwischen Ehepartnern gibt es, mit wenigen Ausnahmen, keine Unterhaltsverpflichtungen. Ein getrenntes Paar ist auch finanziell getrennt, jede/r sorgt unabhängig für sich, für die Kinder kommt man gemeinsam auf. Eine Frau, die das weiß, sieht ihre Berufstätigkeit mit anderen Augen. Aber auch im Paradies der Gleichberechtigung wachsen die Bäume nicht in den Himmel: Während viele Frauen nach der Geburt auf eine Halbtagsstelle wechseln, reduzieren nur fünf Prozent aller Väter ihre Arbeitszeit, solange die Kinder klein sind. Außerdem verdienen Frauen generell etwa zehn Prozent weniger als ihre männliche Kollegen. Der Staat will eine Situation schaffen, in der Frauen nicht zwischen Job und Kindern wählen müssen, aber für die meisten stellt sich diese Wahl gar nicht. Während deutsche Frauen oft zu Hause bleiben müssen, weil sie keine Stelle finden, müssen Norwegerinnen oft arbeiten, weil das Leben so teuer ist. Ein normales Einkommen reicht nur knapp, um eine Familie zu ernähren, was es aber auch nicht soll. Alles ist darauf angelegt, daß jeder sich selbst ernährt. Wer das nicht kann – wegen eines neugeborenen Kindes zum Beispiel oder weil er beziehungsweise sie vorübergehend oder ständig arbeitsunfähig ist – wird vom Staat unterstützt, das Einkommen von Familienangehörigen wird berücksichtigt, spielt aber eine untergeordnete Rolle.

Das Land betreibt also eine, man muß wohl sagen: aggressive Gleichstellungspolitik, der Erfolg gibt dem recht: Bei einer Untersuchung zur wirtschaftlichen Chancengleichheit der Frauen in 58 Staaten belegte Norwegen 2006 hinter Schweden Platz zwei. Nun will die Regierung alle börsennotierten Unternehmen gesetzlich *zwingen*, mindestens vierzig Prozent der Sitze im Aufsichtsrat oder Verwaltungsrat mit Frauen zu besetzen, was in staatlich dominierten Konzernen wie Norsk Hydro, Statoil oder Telenor bereits erreicht ist. 700 Aufsichtsratsposten sollten »das Geschlecht wechseln«, entsprechend mißmutig reagierten neun von zehn Unternehmern. Damit sie ihren Unmut nicht in den Satz gießen können, es gebe einfach nicht genügend geeignete Frauen, stellte die Regierung eine Datenbank mit mehr als 4000 Frauen zusammen, die für einen Aufsichtsratsposten qualifiziert sind. Unternehmen, die die Frauenquote nicht erfüllen, sollen ihre Zertifizierung der Börsenaufsicht verlieren.

Urheber dieses Gesetzes ist keine Linksfeministin mit sich überschlagender Stimme, sondern der konservative Politiker Ansgar Gabrielsen. Er war Wirtschaftsminister, als er 2002 am 7. März – das ist der Vorabend des Internationalen Frauentages – seinen Plan bekanntgab. Er habe lange genug freundliche Aufforderungen an die Unternehmensleitungen gerichtet, nun reiche es ihm. Wenn der Staat nicht Fakten schaffe, werde der Männerklüngel nie aufhören. Numerische Gleichberechtigung interessiere ihn nicht. Ohne Frauen gehe zuviel Wissenspotential verloren, und das könne sich die norwegische Volkswirtschaft nicht leisten. Es sei durch Studien belegt, daß Unternehmen mit mehr Frauen an der Spitze erfolgreicher seien. Und dann legte er noch einmal kräftig nach: »Viele internationale Firmenskandale der letzten Jahre wären nicht passiert, wenn in den Aufsichtsgremien nicht die Raffgier der Männer zwischen vierzig und fünfzig dominiert hätte.« In deutschen Aufsichtsräten liegt der Frauenanteil derzeit bei vier Prozent.

Die lange Tradition faktischer Ebenbürtigkeit, das Ideal der Gleichheit aller Menschen und die Erfolge der Frauenemanzipation haben Norwegen zu einer Gesellschaft werden lassen, die mitunter geradezu geschlechtslos anmutet. Im Alltag gehen *Menschen* miteinander um; die manchmal prickelnde, manchmal lästige sexuell-erotische Spannung, die rund ums Mittelmeer noch das beiläufigste Gespräch zwischen Mann und Frau färbt, fehlt. Nachdem eine deutsche Managerin einige Monate in Oslo gearbeitet hatte, konstatierte sie halb amüsiert, halb bedauernd: »Wenn ich mich als Frau fühlen möchte, muß ich mich mit einem französischen Kollegen treffen.«

| Das Emirat am Golfstrom

Man hätte es seit 1753 wissen können. In diesem Jahr erschien der *Versuch einer natürlichen Historie von Norwegen* des Bischofs zu Bergen, Erik Pontoppidan. Darin heißt es: »Die Fettigkeit der Nordsee ist nächst der Salzigkeit eine merckwürdige

Eigenschaft derselben. Es ist glaublich, daß sich auch im Meere so wie auf der Erde hier und da rinnende Oelbäche oder Ströme von Steinöl, Naphta, Schwefel, Fettigkeit von Steinkohlen und anderen schleimichten und ölichten Säften ergießen.«

216 Jahre später – am Heiligabend 1969 – sprudelten 200 Seemeilen vor der Nordseeküste diese »ölichten Säfte« an die Oberfläche. Auf der Nordsee-Bohrinsel *Ocean Viking* begriff keiner der Arbeiter die Bedeutung dieses Moments. Auch Politiker und Volk erfaßten erst mit einiger Verzögerung, daß Norwegen das vermutlich großzügigste Weihnachtsgeschenk aller Zeiten erhalten hatte. Gerade in diesen Jahren trudelte das arme Land auf eine Wirtschaftkrise zu, weil seine Fischerei und seine Industrie nicht mehr konkurrenzfähig waren. Langsam dämmerte allen, daß die Zeiten der bittersten Not wohl vorüber waren, ja daß man reich geworden war. (Dabei lag damals der Ölpreis, man faßt es kaum, bei zwei Dollar pro Barrel.) Das Land war gerettet, nicht nur wegen des Ölsegens, sondern weil Männer mit Weitblick, Verhandungsgeschick und protestantischer Unaufgeregtheit Verträge machten, die die zugelassenen internationalen Ölkonsortien, so ein *Merian*-Artikel des Jahres 1985 über »das Kuweit Europas«, »in ein überenges Mieder aus restriktiven Gesetzen, Konzessionsauflagen, Limitierungen, Umweltparagraphen, Kontrollvorschriften und Sicherheitsanforderungen zwängten, wie sie sonst kein anderes Förderland kennt«. So flossen die Erlöse nicht (nur) in die Kassen multinationaler Ölgesellschaften, sondern auch in den Staatssäckel. Anders als in anderen Ölförderländern behielten die Verantwortlichen wohl auch deswegen die Nerven, weil sich die Norweger gern Sorgen machen und der Zukunft nicht trauen. Der Dramatiker Jon Fosse hat allerdings eine völlig andere, wirklich verblüffende Erklärung für diese Gelassenheit im Umgang mit dem Geld: »Norwegen hat den Charakter eines Spielers; und ein Spieler nimmt auch plötzlichen Reichtum hin, ohne verrückt zu werden.«

Anfangs leistete man sich ein bißchen was; natürlich keine Marmorpaläste oder goldenen Wasserhähne, keine Rolls-Royce-Flotten, keine Chalets in der Schweiz, keine Villen an der Côte d'Azur, keine Steuersenkungen und schon gar keine Grundausstattung modernster Vernichtungswaffen. Man bezahlte Schulden ab, bis man das einzige schuldenfreie Land Europas war, baute den Wohlfahrtsstaat aus, brachte die Infrastruktur auf Vordermann. Als Gipfel der Ausgelassenheit ebnete man vielerorts den Weg in die Zukunft mit der Abrißbirne: Traditionelle Holzhäuser entlang der Dorfstraßen mußten dran glauben und wurden durch jene Betonmonstren der siebziger Jahre ersetzt, die man als Deutscher besser kennt, als einem lieb ist.

Das Märchen hatte gerade begonnen, da prophezeite mir ein Verwandter mit wohliger Düsternis, seit dem 14. Jahrhundert sei Norwegen nichts Vergleichbares mehr zugestoßen. Damals raffte die Pest ein Drittel der norwegischen Bevölkerung dahin. Ganz so schlimm ist es zum Glück nicht gekommen, aber wie im Märchen üblich hatte auch dieses Geschenk seine Schattenseiten. Rund um die Ölförderung entstanden neue Arbeitsplätze mit korrumpierend hohen Löhnen. Das zog Männer (später auch Frauen) aus dem ganzen Land an, die bis dahin in der Landwirtschaft, der Fischerei, den Handwerksbetrieben oder den Fabriken gearbeitet hatten. Damals begann die Entvölkerung der strukturschwachen Randgebiete, die bis heute anhält. Die Inflation explodierte, Löhne und Produktionskosten stiegen so stark, daß viele Fabriken schließen mußten, weil sie für den Export zu teuer wurden. Es gibt viele Arbeitsplätze im Umfeld der Öl- und Gasförderung, die bestbezahlten sind die etwa 6000 auf den Bohrinseln. Dort wird in hochkonzentrierten und gefährlichen Zwölf- bis Sechzehnstundenschichten gearbeitet, die Leute sind zwei Wochen in der Nordsee und haben dann vier Wochen frei.

2004 rechnete die *New York Times* maliziös vor, daß an einem normalen norwegischen Wochentag ein Viertel der arbeitsfähigen Bevölkerung krank, im vorzeitigen Ruhestand oder in Kur sei. Rechne man zu diesen Fehltagen noch Ferien, Feiertage und Wochenenden hinzu, hätten die Norweger statistisch 170 Tage im Jahr frei – die Hälfte des Jahres. Ob das wirklich so stimmt, sollen Statistiker nachrechnen. Sicher ist, daß sich Norweger doppelt so oft krank melden wie ihre europäischen Kollegen, fast sieben Prozent der Gesamtbevölkerung sind wegen Arbeitsunfähigkeit frühverrentet. Das Pensionsalter liegt für alle bei 67 Jahren, aber nur jede/r dritte 66jährige arbeitet noch. Das gilt als alarmierend, denn wer nicht arbeitet, kostet den Staat Geld und trägt nichts zu seiner Finanzierung bei. Man versucht, alle »Aussteiger« mit finanziellen Anreizen und flexiblen Arbeitszeiten ins Erwerbsleben zurückzulocken, denn sie fehlen nicht nur als Steuerzahler, sondern auch als qualifizierte Arbeitskräfte. Die Arbeitslosigkeit ist die niedrigste in Europa, und sie sinkt. Deutschland hat mehr Arbeitslose als Norwegen Einwohner. Weil Tausende von Ingenieuren und Naturwissenschaftlern fehlen, ist Norwegen ein Einwanderungsland für hochqualifizierte Arbeitslose geworden. »Importiert« werden Handwerker, Professoren und Ärzte, viele aus Deutschland.

Die Wirtschaft blüht, es gibt nahezu keine Inflation, die meisten Norweger sind überzeugt, daß auf der ganzen weiten Welt kein besseres Land existiert als das ihre. Was andere – wir Deutsche vor allem – für exzessive Heimatliebe halten könnten, ist objektiv wahr. 2006 kürten die Vereinten Nationen Norwegen zum sechstenmal in Folge zum Land mit der weltweit höchsten Lebensqualität. Paradoxerweise sind viele dieser begeisterten Patrioten zugleich ziemlich unzufrieden mit dem Zustand ihres Landes. Das Benzin sei zu teuer. Die Straßen seien in schlechtem Zustand, die Altersheime eine Schande, die Schulen verrottet, das Gesundheitssystem eine Katastrophe, die Krankenhäuser überlastet. Angeblich liegen täglich 227 Patienten auf Krankenhausfluren. Egal, ob diese Zahl stimmt, der Mißstand ist so alt, daß es ein eigenes Wort dafür gibt: *Korridorpatienten*.

Zankapfel ist das eingefrorene Ölgeld. Sechs von zehn Norwegern wollen laut Umfragen mehr Ölgeld ausgeben. Lange schien es, als wisse Gott allein, wovon das Land leben würde, wenn sich die *ölichten Säfte* eines Tages nicht mehr ergießen würden. Die Aussichten schienen düster, daher drehte die Regierung 1995 den Geldhahn rigoros zu: Seither werden die Erträge aus Konzessionen, Steuern und staatseigenen Betrieben als Notgroschen für die öllose Zukunft in einem Rentenfonds festgelegt. Während auf jedem Deutschen eine Staatsverschuldung von 17 500 Euro lastet, haben die Norweger ein Pro-Kopf-*Guthaben* von 40 000 Euro. Diese Zahl ist, wenn Sie das lesen, natürlich überholt, denn das Land ist dem Anschwellen seines Vermögens hilflos ausgeliefert: Es wächst pro Sekunde um etwa 1400 Dollar. Während manche europäischen Regierungen verzweifelt nachgrübeln, wie viele Schulden man künftigen Generationen aufbürden kann, fragt diese eine sich, wieviel Vermögen man ihnen vorenthalten darf.

Das mit dem Geld ist reichlich abstrakt. Man sieht wenig davon, weil es im Ausland investiert werden muß, nur vier Prozent des Fondsvolumens dürfen in den laufenden Haushalt fließen. Aber bei einem Fondsumfang von 185 Milliarden Euro – oder sind es schon 190 Milliarden Euro? – kommt da schon etwas zusammen. 2006 wurden 77 Milliarden Kronen entnommen, in der uns vertrauteren Währung sind das neuneinhalb Milliarden Euro.

Davon abgesehen, finanziert sich Norwegen natürlich aus Steuern, die Mehrwertsteuer beträgt 25 Prozent. Der Schriftsteller Jostein Gaarder, der diese und jene Krone verdient haben dürfte, seitdem sein Buch *Sofies Welt* 1995 das weltweit meistverkaufte Buch war, verblüffte einen deutschen Interviewer mit der Äußerung, er lasse sich von seinen Honoraren gern über 50 Prozent Steuer abziehen. Skilegende Bjørn Dæhlie findet Steuerflucht geradezu unmoralisch: »Ich habe mein Geld verdient, weil ich als Norweger bei den Wettkämpfen angetreten bin, und kann mir nicht vorstellen, dieses Land jetzt zu verlassen, nur um Steuern zu sparen.«

Wer sich über die angeblich so hohen Steuern in Norwegen wundert, weiß nicht, daß die Bürger dafür eine sehr weitgehende Absicherung, ja geradezu eine Rundumversorgung bekommen. Von der kostenlosen Entbindung und dem kommunalen Kindergarten bis zur Beerdigung durch die Lutherische Staatskirche kümmert sich der Staat um sie. Beim Hausarzt und bei den Medikamenten gibt es einen Eigenanteil von etwa 160 Euro pro Jahr, alles darüber hinaus ist kostenlos; kostenlos sind auch Krankenhausaufenthalte, kommunale Pflegeheime und häusliche Pflegeleistungen, im betreuten Wohnen muß die Miete bezahlt werden, nicht aber Hilfs- und Pflegedienste. Fast alle Studenten erhalten einen Studienkredit, alle Bürger, auch der König, beziehen ab 67 Jahren die gesetzliche Mindestrente.

Aber der gesamte norwegische Arbeitsmarkt ist in Schieflage. Nur 24 Prozent der Erwerbstätigen arbeiten in der Industrie, 70 Prozent im Dienstleitungsbereich. Jeder dritte Erwerbstätige bezieht sein Gehalt aus irgendeinem öffentlichen Säckel, in den nördlichsten Distrikten Troms und Finnmark sind es über vierzig Prozent. Wenn die Zahl der Beschäftigten im öffentlichen Dienst weiter so steigt, könnten bald die meisten Norweger davon leben, den Staat am Laufen zu halten.

Das Land droht durch die Monokultur des Öls zu »deindustrialisieren«. Darum schlagen manche Alarm, es müsse einen dritten Weg zwischen Sparen und Verjuxen geben. Das Land sei zu abhängig von Öl und Gas, es werde von den Herausforderungen der Globalisierung überrollt, wenn man nicht unverzüglich und in großem Stil in neue Technologien und neue Wirtschaftszweige investiere.

Tatsächlich kommen aus Norwegen weder Handys noch Billigklamotten, Selbstbaumöbel, robuste Familienautos, hochwertige Hi-Fi-Anlagen, Käse, Matratzen und wäßriges Schweinefleisch, nichts von all dem also, womit die Erfinder und Unternehmer in Dänemark, Schweden und Finnland unseren Alltag bereichern. Ein Elektroauto wird in Norwegen gebaut, vor allem aber hat das Land der Welt kleine unauffällige Nützlichkeiten geschenkt: Den »vielfach verstellbaren Kinderhochstuhl« (so der Firmenkatalog) Tripp-Trapp, den Käsehobel sowie die Büroklammer. Deren Erfinder Johann Vaalen mußte 1899 nach Berlin reisen, um sie zum Patent anzumelden, weil das in Oslo (das noch Kristiania hieß) nicht möglich war. Skurrilerweise avancierte ausgerechnet dieses kleine Ding im Zweiten Weltkrieg zum Symbol einer patriotischen Gesinnung und der Ablehnung der deutschen Besatzer: Eine norwegische Erfindung, jawohl, und so ein hübsches Sinnbild für ein Volk, das zusammenhält. Man konnte sie diskret am Revers tragen, ohne sich einer unvernünftigen Gefahr auszusetzen. Manche trugen sie noch etwas diskreter unter dem Revers. Und so steht nun vor dem Nobel-Friedens-Zentrum in Oslo eine mannshohe Büroklammer und mahnt zu Widerstand und Zivilcourage. Lustiger wäre ja die Skulptur einer roten Zipfelmütze; diese »typisch norwegische« Kopfbedeckung war als Widerstandssymbol so verbreitet, daß die deutschen Besatzern deren Tragen verboten.

Führend sind die Norweger in Dingen, um die man sich als Privatperson eher weniger kümmert: Sie sind Experten in allen Fragen der Öl- und Gasförderung, sie entwickeln innovative Gezeitenkraftwerke und neue Methoden der Fischzucht, sie bohren Tunnels wie kaum ein zweiter. Mit Meer und Fels kennen sie sich eben aus.

Der Schatz in der Barentssee

»Es ist wirklich unglaublich, wieviel Norwegen ein Norweger ertragen kann.« Diesem Kopfschütteln eines Deutschen wird jeder zustimmen, der sich einmal die geographische Lage dieses Landes vor Augen gehalten hat: Oslo liegt auf demselben Breitengrad wie die Südspitze Grönlands, von da aus erstreckt sich das Land 1700 Kilometer nach Norden. Noch in den frühen fünfziger Jahren konnte eine Reise von Oslo nach Trondheim unter ungünstigen Umständen, je nach Wetter, bis zu siebzehn Stunden mit dem Zug und weitere dreizehn Stunden mit dem Schiff dauern – und da hat man erst ein Drittel von Norwegens Süd-Nord-Ausdehnung hinter sich. In der Vergleichsgröße unserer Tage: Der Flug von Oslo nach Kirkenes dauert über zwei Stunden, viele Bewohner des Südens waren nie im Norden ihres Landes. (Aber natürlich waren vermutlich die meisten Aachener auch noch nie in Rostock, dabei ist das erheblich näher.)

Doch da oben im äußersten Norden geht etwas vor. Hammerfest, vor kurzem noch buchstäblich am Rand der zivilisierten Welt gelegen, ist nun Boomtown und Ziel einer Flut hochqualifizierter Arbeitskräfte aus dem Süden. Ein Erdgasprojekt mit dem idyllischen Namen *Snøhvit*, Schneewittchen, saugt jeden verfügbaren Mann, jede Frau auf; die Firmen am Ort, vor allem Baufirmen, suchen händeringend Leute, auch ungelernte Arbeiter. Sie finden sie nicht, weil es keine bezahlbaren Wohnungen gibt, wegen *Snøhvit* sind Mieten und Immobilienpreise höher als in Oslo.

Da oben, das ist auch die Barentssee. Da sind die wichtigsten Fischgründe der Welt, da liegen angeblich ein Viertel der verbliebenen Öl- und Gasvorkommen unseres Planeten. Die Felder sollen erschlossen werden, alle nennen das »et gigantisk eventyr«, was ebenso *ein gigantisches Abenteuer* wie *ein gigantisches Märchen* heißen kann.

Das neue Zauberwort im Politikernorwegisch lautete *nord-*

områdene – die Nordgebiete. Darin klingt *Nordnorge* an, was klare Eigentumsverhältnisse impliziert, die dem Wort *Barentssee* ebenso fehlen wie der realen Situation. Seit etwa drei Jahrzehnten wird zwischen Norwegen und der UdSSR, nun Rußland, ebenso zäh wie (meist) diskret um den Verlauf der Grenzen in der Barentssee verhandelt. Es geht nicht nur um die künftige Nutzung des Meeresbodens, sondern auch um die Fischbestände. Niemand bestreitet, daß russische Trawler in norwegischen Gewässern in großem Stil illegal fischen. Es gibt immer wieder Zwischenfälle, die allerdings selten so dramatisch verlaufen wie 2005, als vor Spitzbergen ein russischer Trawler aufgebracht wurde. Der Kapitän ließ zunächst zwei norwegische Beamte an Bord, machte dann aber kehrt und preschte – mit den Norwegern – Richtung Heimat davon. Norwegische Schiffe nahmen die Verfolgung auf, unterdessen waren russische Kriegsschiffe aufgezogen, um die nationalen russischen Gewässer zu schützen. Nach fünf Tagen hatte sich die Lage so zugespitzt, daß der russische Verteidigungsminister es für angebracht hielt, offiziell zu erklären, es bestehe keine Gefahr einer bewaffneten Auseinandersetzung.

Wenn Macht gegen Recht steht, muß ein kleines Land wie Norwegen gelegentlich klug agieren und einen Rückzieher machen. In der Barentssee steht viel auf dem Spiel. Dort liegt Norwegens größte außenpolitische Herausforderung. Und weil sich die Umweltorganisationen dieser Welt einig sind, daß es unverantwortlich wäre, die Erschließung der Öl- und Gasvorkommen in der Barentssee voranzutreiben, könnten die *Nordgebiete* auch zum Schauplatz schwerster umweltpolitischer Auseinandersetzungen werden.

LandMitMeer

Nirgendwo sonst auf der Welt treffen schroffer, steil abfallender Fels und Wasser so direkt aufeinander wie hier – Norwegen *ist* Stein und Wasser. Immer wieder liest man, diese Formationen seien von den Gletschern und vom Meer geformt worden, was natürlich nicht stimmt. Wer Douglas Adams *Per Anhalter durch die Galaxis* gelesen hat, weiß, daß Norwegen ein Entwurf des Planetenbaumeisters Slartibartfast ist, sein Meisterstück, für das er mit einem Designerpreis ausgezeichnet wurde. Er hatte eine besondere Begabung für zerrissene Fetzen LandMitMeer im allgemeinen und Fjorde im besonderen. 2005 bekam er postum eine weitere Auszeichnung, UNESCO setzte den Geirangerfjord und den Nærøyfjord auf die Liste des Weltkulturerbes.

Im Süden, Westen und Norden gibt es nur einen direkten Nachbarn: das Meer. Bei einer Länge von 1752 Kilometern hat das Festland 21 000 Kilometer Küstenlinie, rechnet man jede Bucht und jedes Inselchen mit, gibt es sage und schreibe etwa 83 000 Kilometer Meeresufer. In der Kontur des Landes sehen die Norweger den Kopf eines Löwen, der ja Norwegens Wappentier ist, Fjorde und Einbuchtungen bilden seine lockige Mähne. Daß mein hessischer Erdkundelehrer statt eines Löwen einen Schafskopf sah, habe ich meiner norwegischen Mutter immer verschwiegen. Am besten gefällt mir die Assoziation des Schriftstellers Johan Borgen, wenn er die Karte betrachtete, sah er eine Hammelkeule. Dieser Vergleich ist nicht nur schön, weil es in Norwegen so viele Schafe gibt. Besonders mag ich, ehrlich gesagt, die kulinarische Assoziation.

Geographisch ist Norwegen ein ziemlich merkwürdiges Gebilde. An der breitesten Stelle mißt es 430, an der schmalsten gerade einmal sechs Kilometer. Der westlichste Punkt – bei 5 Grad östlicher Länge – liegt etwa auf dem gleichen Längengrad wie Amsterdam, der östlichste viel weiter östlich, als man meinen sollte. Das Land streckt sich nämlich nicht, wie das Reden von Polarkreis, Nordkap und Eismeer vermuten läßt, linealgerade nach Norden, sondern schmiegt sich wie ein plattgedrückter Kaugummi um Finnland herum bis an die russische Grenze. Da endet es erst bei 31 Grad östlicher Länge, also etwa auf dem Längengrad von St. Petersburg, Kiew und Antalya. Festlandnorwegen reicht vom 58. nördlichen Breitengrad bis zu dem berühmten Punkt 71° 10' 21" – dem Nordkap. Die Norweger nennen ihr Land aus offensichtlichen Gründen »unser Langgestrecktes« und messen Entfernungen mit einem Maß, das dazu paßt: Wenn sie *Meile* sagen, meinen sie zehn Kilometer.

Ein amerikanischer Passagier der Hurtigrute vertraute mir einmal kurz vor Bergen an, er könne das Ende der elftägigen Schiffsreise kaum erwarten: Er habe für den Rest seines Lebens mehr als genug grauen Stein ohne jede Vegetation gesehen. Und der tschechische Schriftsteller Karel Čapek schrieb, an dieser Küste gebe es weit und breit keinen Baum, zwischen den Steinen seien nur bräunliche Grasflecken. Der Mensch habe nichts als den nackten Fels, auf dem er seinen Fisch trocknen könne. Wer wie diese beiden halbwegs unsentimental an der Küste entlangfährt, erkennt, daß Slartibartfast nicht an die Menschen gedacht haben kann. Vielleicht waren sie ihm ja auch egal.

Zur Küstenkultur gehörte seit jeher der Fischbauer. Er fischte in Küstennähe und hatte auch noch eine Kuh und einen meist kümmerlichen Acker. Richtiges Ackerland gibt es nur im Südosten Norwegen, und erstaunlicherweise sind die Bauern dort für die Kultur und das Selbstbild des Landes so prägend geworden, daß in den großen Freilichtmuseen des Landes wie Bygdøy in Oslo oder Maihaugen in Lillehammer fast ausschließlich die Bauernkultur bewahrt und dokumentiert wird. In dieser Selbstdarstellung haben die Küstenbevölkerung und die Fischer kaum Platz. Die Erklärung dafür findet sich –

natürlich – im 19. Jahrhundert, als Norwegen um seine Souveränität kämpfte, und sie ist ebenso einfach wie zynisch: »Die urbane Oberschicht war es, die die Kultur der Gebirgsbauern – in idealisierter Form – als das bis an die Wurzeln Norwegische definierte.« Das Zynische daran ist, daß diese bäuerliche Inlandskultur nur darum das »bis an die Wurzeln Norwegische« werden konnte, weil von Oslo, dem damaligen Kristiania, keine Kutschwege an die Küste oder gar in den Norden des Landes, sondern nur in ein paar entlegene Täler im Norden und Osten der Hauptstadt führten. Und die urbane Oberschicht hatte es offenbar versäumt, auf einer Landkarte nachzusehen, wie ihr geliebtes Norwegen überhaupt aussah.

So erklärbar dieses bauernromantische Selbstbild der Norweger sein mag, letztlich bleibt es mir rätselhaft. Wie kann man in Norwegen etwas anderes sehen als eine Küstennation? Neun von zehn Norwegern leben keine fünfzehn Kilometer vom Meer entfernt, die Menschen an der langen Küste wissen traditionell über das Meer mehr als über das Land. Sie lebten am Meer, auf dem Meer, durch das Meer. Ihm verdanken sie ihr Überleben, ihren Wohlstand, ihren Reichtum. Wer weiß, was ohne Kabeljau, Heringe, Wale und ohne die Schiffahrt aus diesem Land geworden wäre, wer weiß, wie es heute ohne Öl und Gas aussähe.

Sie lernten auch, das Meer bis in die Details ihres Alltags hinein zu respektieren: Die Kirche der Fischereistadt Ålesund ist »verkehrt herum« gebaut, der Altar steht nicht im Osten, sondern im Westen. Läge das Eingangsportal nach Westen, könnten die schweren Stürme vom Meer im Westen durch das offene Portal ungehindert bis zum Altar brausen.

Alle größeren Städte liegen am Meer, noch das versprengteste Grüppchen Häuser drängt sich um eine Bucht, um den Hafen. Traditionelle Fischereihäfen wie Stavanger, Bergen, Ålesund und Trondheim haben die Lagerhäuser im Zentrum zu Büros, Hotels und Wohnungen umgebaut, an den Stegen schaukeln Yachten. Irgendwo in diesen Städten wird noch

Fisch verarbeitet, aber davon sieht und riecht man nichts mehr. In diesem unbekannten, unsichtbaren Irgendwo ankern angeblich Fischereischiffe, sie löschen ihre Ladung, dort soll es auch Fischfabriken geben. Vermutlich sind dort auch die Möwen hingeflogen, die mit all den großen und kleinen Fischerbooten verschwunden sind, einige wenige Kutter ausgenommen, die morgens ihren Fang direkt am Kai verkaufen.

Vor einigen Jahren brauchte ich für eine Radiosendung ein voluminöses Möwengeschrei. Ich stand mitten in Ålesund in einem der umgebauten Speicher am Fenster, direkt unter mir schlappte das Wasser an die Hauswand, ein bißchen wie in Venedig. Ich streckte das Mikrophon hinaus und hörte – nichts. Nicht eine Möwe. Ich holte Brot, um sie anzulocken. Aber es kamen nur ein paar, und die pfipsten so kläglich, daß es für die Sendung nicht zu gebrauchen war. Was sind drei oder vier zerrupfte Vögel gegen die Hitchcockschen Möwengeschwader, an die ich mich so gut erinnern konnte?

Als ich das dem Leiter des Verkehrsbüros erzählte, wurde es für ihn eine Frage der Ehre, Ålesunder Möwengeschrei aufzutreiben. Er fuhr mit mir und meinem Mikrophon auf eine nahe Insel und dann, der Weg war nicht leicht zu finden, unter eine Spannbrücke. Da standen mehrere langgestreckte, containerartige Gebäude. Es gab auch dort keine Möwen, aber nun kenne ich das Irgendwo, wo die Fischereistadt Ålesund ihre Fischverarbeitung versteckt und Millionenumsätze gemacht werden.

Es gibt Orte wie Honningsvåg im äußersten Norden, in denen man die Fischerei noch sieht. Aber mit der Fischverarbeitung geht es bergab; sogar auf den Lofoten, die jahrhundertelang ausschließlich von der Fischerei gelebt haben, ist heute der Tourismus lohnender. Der Besitzer einer Fischfabrik meinte düster, Norwegen werde »in Sachen Fisch zu einer Bananenrepublik«, es versinke in der Bedeutungslosigkeit. Ein wesentlicher Grund dafür ist, daß es für die Schiffe, die weiter hinaus fahren, lohnender ist, den Fang an Bord einzufrieren. Wenn sie den Fisch frisch an Land bringen, ist die Fangzeit kürzer, die Treibstoffkosten werden höher, und ein Teil des Fanges ist nicht mehr ganz frisch. Das Einfrieren macht Fang und Verarbeitung unabhängiger voneinander. Was so harmlos klingt, bedeutet den wirtschaftlichen Untergang ganzer Regionen. Fisch, der in norwegischen Gewässern von norwegischen Fischern gefangen wurde, wird zur Verarbeitung nach China geschickt und kommt als Filet oder Fischstäbchen nach Europa zurück, auch nach Norwegen.

Aus diesem Grund liegt die Arbeitslosigkeit in den nördlichen Provinzen Nordland, Troms und Finnmark weit über dem Landesdurchschnitt, obwohl vor der Küste die größten Fischvorkommen der Welt liegen. Man hat diese Gegend als »Norwegens Mezzogiorno« bezeichnet. Das ist ein treffender Vergleich, denn als Norwegen arm war, waren diese Provinzen besonders arm, als Norwegen reich wurde, änderte sich an dem Gefälle nichts. Norwegen hat eine der niedrigsten Armutszahlen der Welt, daher ist man im Norden auf hohem Niveau »arm«; aber das Gerede vom märchenhaft reichen Norwegen mit dem höchsten Lebensstandard der Welt klingt dort bitter. Die Leute zogen und ziehen nicht fort, weil sie vor den extremen Lichtverhältnissen oder der Kälte kapitulierten. Der wichtigste Grund ist die Chancenarmut im *Utkant Norge* – jenen strukturschwachen »Randgebieten«, die geographisch den weitaus größten Teil des Landes ausmachen. Der gesamten Region nördlich von Trondheim – das sind zwei Drittel des Landes – droht seit Jahrzehnten der Kollaps.

Damit der Norden nicht völlig verödet, versucht eine Regierung nach der anderen, den Exodus zu stoppen. Die Maxime lautet, daß keine Region schlechter gestellt sein darf als eine andere. Es werden Unsummen ausgegeben, um die Lebensverhältnisse im dünnbesiedelten Norden denen im dichtbesiedelten Süden anzupassen. Man versucht, das Leben durch aufwendige Straßen-, Tunnel- und Brückenbauten weniger witterungsabhängig und damit einfacher zu machen, man verlegt staatliche Behörden in den Norden, hält Bibliotheken, Schwimmbäder, Krankenhäuser, Buslinien und Kleinschulen mit Subventionen am Leben; aber was immer man unternimmt, um die Volkswirtschaft und die Lebensqualität zu verbessern – die Leute gehen fort. In offenbar nicht zu stoppenden Strömen ziehen sie von den Inseln aufs Festland, von den Tälern an die Küste, vor allem aber: vom Norden in den Süden.

Niemand kann wissen, ob nicht ohne die Investitionen noch viel mehr Leute weggezogen wären. Sicher ist, daß jeder, der bleibt, den Staat Geld kostet, viel Geld. Früher gab es für diese Subventionen noch triftige geopolitische Argumente. Die Finnmark mußte bewohnt bleiben, weil das Areal an der Grenze zur damaligen UdSSR für die NATO wichtig war. Seit das vorbei ist, zeigen sich im Süden deutliche Anzeichen von Neid und Mißgunst. Dort erfüllt es viele mit tiefem Groll, daß sie »mit ihren Steuern die Sozialhilfeempfänger da oben finanzieren sollen, nur weil die nicht umziehen wollen«. Bedient wird diese Klientel von der Fortschrittspartei, die die Unterstützungen der nördlichen Distrikte kürzen oder ganz einstellen will.

Man versteht, daß die Partei in diesen Distrikten weniger Wählerstimmen bekommt als in der Gegend um Oslo. Erstaunlich nur, daß es bei den letzten Parlamentswahlen 2005 dennoch siebzehn Prozent waren.

| Straßen wie in Dänemark

Wenn im norwegischen Märchen ein abenteuerlustiger Bursche aus den Wäldern und Bergen seiner Heimat in die Welt hinauszieht, kommt er mitunter an einen Ort, »wo es Straßen gibt, auf denen man ein Ei rollen kann«. An dieser Stelle weiß jedes Kind, daß er sehr weit gegangen sein muß. Vermutlich sogar bis Dänemark, wo man ja Asphalt wie Teppichboden ausrollt, wenn man eine neue Straße braucht. Zu Märchenzeiten, lernen wir daraus, gab es in Norwegen keine ebenen Wege, es gab überhaupt kaum befahrbare Wege. Was es kostete, eine Straße zu bauen, zeigt dieses Schild am Geirangerfjord im westnorwegischen Distrikt Sunnmøre:

1889.
Reichsstraße 68. Geirangerstraße.
Ein Meilenstein des norwegischen Straßenbaus.
38 km lang, 9 Brücken, 5368 Randsteine, 29 Kurven, größte Steigung 8 %.
0–1038 Meter über dem Meeresspiegel.
300 Arbeiter bauten die Straße in 8 Jahren.

Jeder Quadratzentimeter mußte (und muß) aus dem Fels gehauen und gesprengt werden. Heute führen die Straßen meist durch den Berg hindurch, früher hackte man Absätze in die Bergwand, knapp so breit wie ein Lastwagen. Auf der einen Seite war die Felswand, auf der anderen Seite ein tiefer Abgrund, der lotrecht in den Fjord abfiel. Auf dieser Seite standen rechteckige Steinblöckchen, jene Randsteine, die auf dem Schild erwähnt sind. Sie waren granitgrau wie Fels und Fahrbahn und daher nur bei grellem Tageslicht zu erkennen. Ich mißtraute ihnen schon als Kind, denn sie standen so weit auseinander, daß (mit etwas Pech) unser Auto hindurchgepaßt hätte.

Zu den Schrecken jeder Reise gehörten – vor allem im Winter – die Langholztransporter. Tauchten sie wandhoch vor einem auf, mußte man als kleineres Fahrzeug im Rückwärtsgang bis zum nächsten *møteplass* zurücksetzen: lächerlich schmale, kaum wahrnehmbare Verbreiterungen der Straße, in die man zentimetergenau rückwärts einparken mußte. Hatte man das geschafft, harrte man mit Unbehagen der Wand, die direkt auf einen zu – und dann mit etwa achtzehn Millimeter Abstand vorbeifuhr. Diese Manöver gingen erstaunlicherweise meist gut, auch wenn – das fällt mir bei dem Wort »Manöver« ein – Wehrmachtssoldaten, die zwischen 1940 und 1945 als Besatzungssoldaten in Norwegen stationiert waren, in ihren Briefen nach Hause oft von Militärfahrzeugen erzählten, die samt Mannschaft in den Fjord gestürzt waren.

Gefährlich waren die Straßen auch wegen des Steinschlags, alles von tückischen Geröllsteinchen bis zu riesigen Felsbrocken. Die Steinchen konnten den Wagen ins Rutschen bringen, Felsblöcke die Straße blockieren. Dann mußten alle Fahrzeuge aus beiden Richtungen manchmal kilometerweit in den nächsten Ort zurückstoßen und dort ausharren oder umkehren, denn es gab ja nur diese eine Straße. Daran hat sich nicht viel geändert. Viele Straßen führen nur geradeaus, alle abzweigenden Straßen und Wege sind Stichstraßen. Und alle Wege nach Westen enden selbstverständlich früher oder später am Wasser.

Meer und Fjord verbanden, schreibt der Journalist Andreas Hompland, während Wälder und Hochebenen trennten. Die Regionen waren sehr isoliert voneinander, Straßenbau war auch ein Projekt zur Einigung der Nation. Bis weit ins 19. Jahrhundert hinein gab es im Landesinneren keine öffentlichen Verkehrsmittel, keine Kutsche, gar nichts, und oft kam man im Winter, mit dem Schlitten, einfacher voran als im Sommer. In Nordnorwegen war der Handel mit Jägern und Fischern in Rußland jahrhundertelang selbstverständlicher als mit dem Süden des Landes, die Seefahrer an der Westküste blickten sowieso zum Atlantik, da war man übers Meer schneller in Großbritannien als in Kristiania.

Viele Küstenorte waren bis nach dem Zweiten Weltkrieg nur über das Meer zu erreichen, manche Ortschaften sind immer noch im Winter vom Hinterland abgeschnitten. Sie haben, wie das im Norwegischen heißt, eine Sommerstraße, aber keine Winterstraße.

Aber das sind nicht mehr viele. Denn als Ölgeld kam, begann man Straßen zu bauen, als sei man in Dänemark. Nun wickeln sich keine Ziegenpfade mehr um den Berg herum, und man muß auch immer seltener die Fahrt unterbrechen, um auf die Fähre zu warten, die einen auf die andere Fjordseite bringen sollte. Straßen wurden verbreitert, häufiger neu gebaut (wobei sich eine große Freude an Kreisverkehren Bahn bricht). Brücken überspannen Buchten und Meeresarme, zweispurige Straßen führen in beleuchteten Tunnels unter dem Meeresboden oder durch Bergmassive. 25 der hundert längsten Straßentunnels der Welt sind hier, auf Platz eins mit 24,5 Kilometern liegt der Lærdaltunnel, erst der neue Gotthard-Tunnel mit seinen zwei 57 Kilometer langen Röhren wird ihn von diesem Platz verdrängen. Der Lærdaltunnel hat (technisch unnötige) Kurven, verschiedene Lichteffekte, hallenartige Erweiterungen mit Möglichkeiten für Notstops, um die Autofahrer wach und bei Laune zu halten. Wer seine Klaustrophobie zwanzig Minuten lang in Schach hält, spart von Oslo nach Bergen zwei Stunden Fahrzeit.

Und man kann umsonst durchfahren. Das ist keineswegs selbstverständlich, so weit geht die Fürsorge des Staates für seine Bürger nun auch wieder nicht. Für die meisten neuen Tunnels und Brücken wird eine heftige Maut erhoben, die Fähren waren billiger, aber sie werden eingestellt, weil sich die Brücken und Tunnels nur amortisieren, wenn alle sie benutzen müssen. Sobald sie abbezahlt sind, fällt die Maut weg, dann verdienen andere: Als bekannt wurde, daß in absehbarer Zeit die Mautpflicht für eine Brücke zwischen der Stadt Bergen und einer vorgelagerten Insel wegfallen würde, schossen die Haus- und Grundstückspreise auf der Insel in die Höhe.

Die Fährfahrten werden also seltener. Aber es gibt sie noch, und das Norwegischste an diesen Überfahrten ist nicht die (oft grandiose) Aussicht. Nur Touristen stürmen für die zehn oder fünfzehn Minuten ans windige Oberdeck und verdrehen staunend und fotoklickend den Kopf. Die Einheimischen bleiben entweder im Auto sitzen oder begeben sich schnurstracks in einen anderen geschlossenen Raum.

Es ist der – nein, kein *salong*, auch wenn er so heißt, und es ist auch kein Café. Es ist eher ein Aufenthaltsraum mit Tischen und plastikbezogenen Sitzbänken, wo Kaffee, kalte Getränke, belegte Brote, Süßigkeiten und Zeitungen verkauft werden. Früher lag der *salong* unter Deck und war grün gestrichen, wie ein surreales, neonlichtbeschienenes Aquarium, auch wenn die Wandfarbe eher erbs- als wassergrün war. Dort unten roch es wie nirgends sonst auf der Welt, nach Meer, nach altem Holz, vor allem aber nach kaltem Zigarettenrauch und feuchten Wollsachen. Auf den Holzbänken saßen Passagiere, die von ihrer Insel aufs Festland oder zurück fuhren. Frauen hatten ihre Einkaufstaschen und Pakete um sich geschart, sie tranken eine Tasse Kaffee, die sie an der Theke gekauft hatten, manchmal aßen sie eine gebutterte Lefse oder eine Svele, zwei urnorwegische Varianten des Pfannkuchens. Die Männer tranken Kaffee, rauchten und lasen Zeitung. Geredet wurde auch. Aber nur zwischen denen, die sich schon immer kannten, und auch da nicht viel.

Kaffee, Zeitungen, die Svele und Lefse gibt es noch. Aber in den neuen Fähren liegt der *salong* nicht mehr unter Deck, sondern weiter oben, und es kommt sowieso kaum noch jemand zu Fuß auf die Fähre. Rauchen ist natürlich verboten, das Erbsgrün ist einem globalen Plastikfurnierbeige gewichen. Es stimmt wehmütig, daß die Fährfahrten über einen Fjord oder zwischen Festland und Inseln verschwinden. Mit ihnen geht auch die »Entschleunigung« verloren, die das Warten, das An-Bord-Rollen, die Überfahrt erzwangen.

Diese Wehmut bleibt allerdings jenen vorbehalten, die nicht auf die Fähren angewiesen sind. Wer bei jedem Wetter übers Wasser muß, will eine Straße, wenn sie nicht kommt, denken viele ans Weggehen. Und manche gehen fort, obwohl sie eine Straße bekommen.

Der Überlandbus unserer Tage ist das Flugzeug, es gibt offenbar keine akzeptable Alternative zum Fliegen, das zudem oft billiger scheint als andere Verkehrsmittel (was oft täuscht, wenn man die Nebenkosten und den Zeitaufwand für die Anreise zum Flugplatz usw. mitrechnet). Als Fremde befällt einen auf solchen Inlandsflügen rasch ein Gefühl tiefer Einsamkeit, weil sich die anderen Passagiere gut zu kennen scheinen. In keinem vergleichbaren Land wird so viel im Inland herumgeflogen wie in Norwegen, über fünfzig Flugplätze werden regelmäßig angeflogen. Ich vermute, daß sich immer jeweils ein Drittel der norwegischen Bevölkerung in der Luft befindet, sonst könnten die Flugzeuge auf den innernorwegischen Flügen nicht so voll sein.

Natürlich ist man in Norwegen nicht ohne Einsicht in das umweltpolitische Dilemma, in das man mit drei Millionen jährlichen Passagieren allein auf den Strecken Oslo – Bergen und Oslo – Trondheim geraten ist. Aber das Streckennetz der Norwegischen Staatsbahn ist 4077 Kilometer lang und das gesamte Kursbuch kaum dicker als die Gebrauchsanweisung für eine Kaffeemaschine. Im Norden endet der Zug in Bodø, 1000 Kilometer vor dem Nordkap. Norwegen setze nur auf das Flugzeug und schicke den Güterverkehr über die Straße, sagte mir ein Schwede. Es habe die Eisenbahn als öffentliches Verkehrsmittel völlig aufgegeben, das sei, spottete er, Norwegens Beitrag zum Kyoto-Protokoll. Das Land kann die gemachten Zusagen nicht erfüllen.

Mit einem Hochgeschwindigkeitszug wie dem ICE wären Oslo und Trondheim angeblich nur drei Stunden entfernt – drei Stunden und mindestens 150 Milliarden Kronen für die umfassende Modernisierung des Streckennetzes. Das große Vorbild derer, die jetzt auf einen Ausbau der Eisenbahn drängen, ist die Bergenbahn. Sie verbindet Oslo und Bergen in sieben langen Stunden und ist darum das Verkehrsmittel der Reisenden mit Zeit oder Flugangst, jener, die an der Strecke aussteigen wollen, sowie für wichtige Frachtstücke. Aber als sie 1909 eröffnet wurde, hatte man fünfzehn Jahre gebaut und einen gesamten Staatshaushalt investiert. Sie war ein technisches Wunder, der Stolz der gerade einmal vier Jahre alten Nation. Das Projekt war kühn gewesen und extrem, die Strecke über die Hochebene Hardangervidda hat Steigungen von 21 Prozent und Norwegens höchste Bahnstation: Finse auf 1222 Meter. Das klingt nicht nach viel, entspricht jedoch so weit nördlich einer Höhenlage in den Alpen von 2700 Metern. Trotz einer vorgespannten Lok mit Schneepflug blieb der Zug früher oft im Schnee stecken. Inzwischen macht ein Lawinenschutz aus 200 Tunnels und zahllosen Galerien das Ankommen sicherer und das Reisen reizloser: Kaum hat man mit dem Bewundern der Hardangervidda angefangen, guckt man auf eine Mauer – nein: auf das eigene Gesicht, das sich plötzlich im Fenster spiegelt. Sollte auf dieser Strecke wirklich der Hochgeschwindigkeitszug kommen, würde es mich bei der Liebe der Norweger zum Tunnelbau nicht überraschen, wenn die Trasse komplett unterirdisch verliefe.

Das würde auch ein weiteres Verspätungsrisiko ausräumen: Unfälle mit Kühen, Rehen, Rentieren und Elchen. Für diesen Fall führt der Lokführer eine Waffe mit, denn bei einem solchen Zusammenprall muß er den Zug anhalten und das Tier töten. Er könnte natürlich auch Fahrerflucht begehen oder das Tier mit dem Zug noch einmal überfahren, aber beides wäre sehr unnorwegisch.

| Fußbodenheizung für Autoreifen

Als der liebe Gott die Energie verteilte, muß Ola Nordmann ordentlich gekämmt und mit sauberen Fingernägeln in der ersten Reihe gestanden haben: Er bekam viel Holz und viel Wasser, und als er dafür wohlerzogen dankte (statt über zuviel Felsen und zuwenig Sonnenschein zu maulen), bekam er auch noch Öl und Gas. Wie wir wissen, entdeckte Ola das erst einige hunderttausend Jahre später.

Nachdem man viele Jahrhunderte lang Holz gehackt hatte, begann die Elektrizitätserzeugung durch Wasserkraft. Die war so absurd reichlich vorhanden, daß man den Strom fast umsonst abgeben konnte. Die Norweger lernten schnell, sich den Freuden der Elektrizität hinzugeben, denn »hell und warm« waren seit jeher Lebensnotwendigkeit und Sehnsucht. 1900 leistete sich Hammerfest als erste europäische und weltweit zweite Stadt nach Boston eine elektrische Straßenbeleuchtung, hundert Jahre später begannen einige Städte, im Winter ihre Fußgängerzonen zu beheizen, was Wohlhabende auf den Gedanken brachte, die Einfahrt zu ihrem Haus oder ihrer Berghütte mit einer solchen Fußbodenheizung eis- und schneefrei zu halten. Das sind die sichtbarsten Spitzen eines Lebens voller strombetriebener Dinge und Geräte; norwegische Haushalte verbrauchen bis zu achtmal mehr Strom als deutsche, das ist Weltspitze. Statt einer Deckenlampe brennen sommers wie winters viele Tisch- und Wandlampen, selbst wenn niemand im Zimmer, in der Wohnung, im Haus ist. Wer beim Verlassen eines Zimmers das Licht ausmacht, erntet erstaunte Blicke. Wohnungen und Häuser werden mit Strom geheizt, das verbraucht schon deswegen viel, weil 200 Quadratmeter Wohnfläche für eine Familie als normal gelten.

Der größte Stromfresser ist natürlich die Industrie, auch das war lange kein Problem. Brauchte sie mehr Strom, wurden mehr Wasserkraftwerke gebaut, für die immer mehr Flüsse und Wasserfälle durch Rohre geleitet wurden. Damit ist jetzt Schluß, die Kapazitäten sind nahezu ausgeschöpft. Sobald es weniger regnet als erwartet, schnellen die Strompreise hoch, denn die Stromversorgung wurde privatisiert. Kaum war das durchgeführt, verdreifachten sich die Preise von einem Monat zum nächsten. Strom ist zwar im internationalen Vergleich immer noch preiswert, aber die Kosten wachsen vielen Norwegern über den Kopf. Nun sollen sie lernen, ihren Stromverbrauch zu drosseln, nun wird erwogen, unnötige Stromfresser wie Whirlpools und beheizte Auffahrten mit einer »Luxussteuer« zu belegen. Der Energieminister empfahl bereits, sich fürs Heizen und Kochen auf eine norwegische Tradition zu besinnen: Holzhacken.

Das grenzt an Zynismus, denn Mittelnorwegen droht eine schwere Energiekrise. Schuld daran ist der Strombedarf einer neuen Aluminiumfabrik sowie eines neu erschlossenen Nordsee-Gasfelds namens Ormen Lange. Weil Ormen Lange ab 2008 zwanzig Prozent des britischen Gasbedarfs decken soll, könnte privater Strom für die Westküstennorweger bis zu dreimal teurer werden. Zur Überbrückung »vorübergehender Engpässe« werden möglicherweise mobile Gaskraftwerke in Betrieb genommen, die im Ruf stehen, wahre Emissionsschleudern zu sein. Es gibt nicht viele – weder an der Westküste noch anderswo –, die bereit sind, diese Logik zu verstehen.

Natürlich wird – etwas spät – über alternative Energiegewinnung nachgedacht. Der wenig originelle Einwand gegen Sonnenkollektoren lautet, damit könne man knapp »den rachitischen Schwarzweißfernseher im Wochenendhaus zum Laufen bringen«. Meer und Wind, an der Küste ausreichend vorhanden, sollen genutzt werden; in Nordnorwegen wird ein innovatives Gezeitenkraftwerk entwickelt und erprobt, Windkraftanlagen sind geplant. Dagegen protestiert die Tourismusindustrie, sie verkauft ja unberührte Natur.

Auch der Volkswirt Rögnvaldur Hannesson, der sich bevorzugt mit Umweltschützern zu Land und See anlegt, meint, man solle »Norwegens Küste nicht mit diesen häßlichen Windrädern verschandeln, die weder tatsächlich noch ökonomisch je in Schwung kommen. Wir müssen ein Kernkraftwerk bauen.« Der richtige Ort dafür sei der Oslofjord, da diese Gegend den meisten Strom verbrauche.

Hannesson ist gebürtiger Isländer. Man fragt sich, welche Rechnung er mit seinem Gastland noch offen hat.

1700 Kilometer Buckeleispiste

In den neunziger Jahren gab es in der Vestfold, dem Distrikt südwestlich von Oslo, ein Weingut, das einen sehr passablen Rotwein hergestellt haben soll. Das Wetter in Norwegen ist also besser als sein Ruf. Andererseits machte das Weingut nach wenigen Jahren wieder zu. Über die Gründe ist nichts bekannt, aber irgendwie muß man doch daran denken, daß es selbst im Süden des Landes (»Norwegens Riviera«) nicht immer so sonnig ist wie auf den Fotos der Hüttenvermieterkataloge.

Sie haben vermutlich auch schon gehört, daß es in Norwegen kälter ist als in Italien. Tatsächlich, das muß jetzt einmal gesagt werden, kann es in Italien sehr kalt werden. Das tun die Italiener allerdings als Mythos, ja feindliche Propaganda ab, Kälte hat in ihrem Selbstbild keinen Platz. Daher sind sie Jahr für Jahr völlig überrascht, wenn sie in ihren unbeheizbaren Wohnungen zittern, daher beteuern sie Jahr für Jahr, selbst ihre Urgroßmutter könne sich nicht erinnern, daß es jemals so kalt gewesen sei wie in den letzten beiden Wochen.

Dergleichen werden Sie in Oslo, Bodø oder Røros deutlich seltener hören. Nicht zufällig heißt ein Buch über Norwegen *Ein langes kaltes Land fast ohne Menschen (Et langt, kaldt land nesten uten mennesker)*. Zu dem *fast ohne Menschen* wäre zu sagen, daß in der nördlichsten Provinz Finnmark, wo es besonders kalt ist, auf einem Quadratkilometer – statistisch – 0,3 Menschen leben. Auf das ganze Land – Norwegen ist größer als Deutschland – kommen 15 Einwohner pro Quadratkilometer (in Deutschland sind es 235 und im Gazastreifen 3500).

Zu dem *fast ohne Menschen* wäre des weiteren zu sagen, daß es ja nur diese 4,6 Millionen Norweger gibt, da muß man aufeinander aufpassen. Die halbstündigen Hauptnachrichten des staatlichen Fernsehsenders brachten einmal nacheinander Berichte über Sicherheitsgurte, eine neue Methode zur

Krebsfrüherkennung sowie über Alternativen in der medizinischen Betreuung von Fixern. In jedem Beitrag wurde mehrfach betont, es gehe darum, »Leben zu retten«. Auf die Nachrichten folgte eine Diskussionssendung über die norwegische Alkoholpolitik, in der Gegner und Befürworter einer Liberalisierung unentwegt davon sprachen, daß nur ihre eigenen Pläne »Leben retten« würden.

Ich schweife ab, es ging um die Kälte. Daß sie in einem *kalten Land* leben, gehört so sehr zum Selbstbild der Norweger, daß einige geradezu stolz darauf sind, *wie* kalt es bei ihnen ist. Man könnte auch sagen: wie kalt es *bei ihnen* ist. So wird kein Besucher die ehemalige Bergbaustadt Røros verlassen, ohne mehrfach den Triumphruf vernommen zu haben: »Hier wurden die tiefsten Temperaturen Europas gemessen! Als Sommer gelten hier alle Tage ohne Frost und Schnee am Boden. Das sind 66 Tage im Jahr.« Dieser Lokalstolz ist lebensklug, die einzigen Alternativen sind klinische Depression oder Wegzug.

Nur eine Handvoll weiterer Staaten liegen so weit im Norden – Schweden, Finnland und Island, natürlich, außerdem Rußland, Kanada und Amerikas Zipfel Alaska. Es erscheint fraglich, ob der liebe Gott bei diesem Eckchen seiner Schöpfung an etwas anderes dachte als an Elche, Rentiere und Schneehühner, denn am Polarkreis liegt die Jahresdurchschnittstemperatur unter null Grad, im ganzen Land bei knapp vier Grad plus. Temperaturunterschiede von vierzig Grad zwischen draußen und drinnen sind nicht ungewöhnlich, und je weiter man nach Norden kommt, um so herber werden sie, die Witterungsbedingungen. Dabei rede ich gar nicht von Svalbard, der ebenfalls zu Norwegen gehörenden arktischen Inselgruppe halbwegs zwischen dem Nordkap und dem Nordpol. Dort kann es im Sommer durchaus schon einmal sechs Grad warm werden. Erstaunlicherweise sehen die Häuser im Norden genauso aus wie die im Süden, die Unterschiede müssen sich als Isolierung zwischen Außen- und Innenwand verstecken.

Selbst wenn Sie es mehrfach in Ihrer Tageszeitung gelesen haben sollten: Die Norweger haben nicht unter jeden Pflasterstein ihres Landes eine Fußbodenheizung gelegt. In Wahrheit werden im ganzen Land nur ein paar Trottoirs geheizt, worüber nur der den Kopf schüttelt, der noch nie im Januar in Norwegen, vor allem im südlicheren Teil des Landes gewesen ist. Dann liegt nämlich auf den (zu 99,8 Prozent unbeheizten) Bürgersteigen eine unebene Eisfläche. Sie hat den sprechenden Namen *Buckeleis* und entsteht, wenn Eis und Schnee mehrfach tauen und wieder gefrieren. Ort und Ausdehnung dieser Rutschbahnen bleiben aber im vagen, weil es immer wieder auf sie schneit. Gehwege werden weder geräumt noch gestreut, was ich mir nur so erklären kann, daß das entweder als widernatürlich oder als Akt der Feigheit gewertet wird, vermutlich beides. Sollten Sie in Oslo eine linealscharfe Trennlinie zwischen Buckeleis und sommergleich geräumten Bodenplatten überschreiten, heben Sie den Blick: Sie befinden sich vermutlich vor der Oscarsgate 45, dem Haus der Deutschen Botschaft. Die öffentlichen norwegischen Institutionen hingegen bleiben untätig. Das Munch-Museum beispielsweise gleicht im Winter einem von Packeis eingeschlossenen Schiff. Ich will Sie nicht mit Details ermüden, nur soviel noch: Das Museum liegt an einem Hügelchen, alle Wege rundum sind abschüssig. Da kann man mitten in der Stadt echte Polarexpeditionsgefühle erleben.

Dergleichen findet aber offenbar außer mir kaum jemand problematisch, denn während ich mich, um Leib und Leben fürchtend, in klobigen Wanderschuhen mit Profilsohle yetigleich vorwärts schiebe, ziehen Rentnerinnen mit strammer Dauerwelle scharenweise und munter plaudernd an mir vorbei. Sie tragen Stiefelettchen mit kleinem Absatz; von den jungen Frauen mit ihren Stiletto-Overknees, deren Designer eher an sonnige Oktobertage in Rom gedacht haben dürften, will ich gar nicht reden. Mit grimmiger Genugtuung habe ich allerdings einem schwedischen Freund zugehört, der berichtete, im Winter gebe es nirgends so viele gebrochenen Hüften wie in Oslo. Er selbst montiert sich bei Buckeleis Spikes unter die Schuhe, die tatsächlich in Norwegen hergestellt werden. Das ist insofern erstaunlich, als kein Norweger mit Selbstachtung sie benutzen würde, zumindest so lange er noch nicht im achten Lebensjahrzehnt ist und hoffen kann, nach einem Knochenbruch wieder auf die Beine zu kommen. Diese Spikes werden in Deutschland von *Manufactum* vertrieben. Das sind ja vernünftige Leute.

Und während selbst engste Freunde mich nicht erkennen würden, wenn ich in Mütze, Handschuhen, Schal sowie Polardaunenschlafsack mit Ärmeln vor die Tür trete, schlendern Männer, die das Teenagertrotzalter schon Jahrzehnte hinter sich haben, im Anzug mit – höchstens! – einem Wollschal durch die Stadt. Erst wenn das Thermometer noch weiter sinkt, so bei minus zehn, zwanzig oder dreißig Grad, zieht man sich ein bißchen mehr an. Was heißt hier Kälte? Kälte ist nur ein technisches Problem.

Der Norweger kennt offenbar deswegen keinen Kälteschmerz, weil ihm das beizeiten abgewöhnt wird. Im Elternblatt eines Kindergartens steht wörtlich: »Die kleinen Kinder spielen unter zehn Grad minus, die großen Kinder unter fünfzehn Grad minus nicht mehr im Freien.«

Kinder sind wirklich bei *jedem* Wetter draußen. Täten sie es nicht, kämen sie manchmal viele Tage lang nicht aus dem Haus, denn Norwegen hat bekanntermaßen viel Wetter. Als die Töchter meiner Cousine klein waren, wohnte die Familie in einem Neubaugebiet mit zahllosen Schlammlöchern. Wenn es an der Haustür klingelte, stand in der Regel eines der Kinder davor, die Arme seitlich ausgestreckt. Meine Cousine packte das schlammpanierte und meist auch triefende Mädchen unter den Achseln, hob es hoch, trug es auf einem roten Plastikläufer, der Haustür und Bad verband, vor sich her in die Badewanne und duschte es komplett ab – wie es war. Dann wurde es ausgezogen, trockengerieben, neu angezogen und wieder in den Regen hinausgeschickt. Wer das einmal mitangesehen hat, dem erscheinen die Expeditionen von Nansen und Amundsen in etwas anderem Licht.

Später fand ich diese Beobachtungen von Johan Galtung, einem norwegischen Friedensforscher, zu ihrem logischen Ende weitergedacht: »Morgens früh nehmen Norwegens Mütter und Väter ihr kleines Kind, vielleicht zwei Jahre alt, packen es ein und schmeißen es hinaus in den Schnee. Dann schwimmt es im Schnee mit den anderen Kindern, sie bauen Schneemänner, und nach einiger Zeit verschwinden die Unterschiede zwischen ihnen und den Schneemännern. So gegen vier Uhr nachmittags werden sie wieder auseinandersortiert, und die Schneemänner, die noch gehen können, werden entpellt und gebadet. Und aus der Wanne steigt dann *der* Norweger, *die* Norwegerin. Unser Idealbild ist jemand, der überall mit dem Fallschirm abspringen kann. Er setzt sich sofort hin, macht mit zwei Stöckchen Feuer und überlebt natürlich.«

Der so erzogene Norweger liebt das *friluftsliv*, das ist das Leben im Freien und in der Natur. Der eigene Garten, das Wäldchen hinter dem Haus, der Stadtpark oder gar der Bonsai auf dem Fensterbrett sind mit *Natur* nicht gemeint, *Leben im Freien* bedeutet nicht, mit der Gondel auf den Berggipfel zu fahren, dort bei Kaffee und Kuchen die Aussicht zu bestaunen und zum Abendessen wieder hinunterzufahren.

Die Rede ist von fast religiös-mythologischen Naturerlebnissen, wie die Journalistin Ranveig Eckhoff sie nennt. »Ich glaube, wenn die Norweger sonntags *Tour gehen*, ist das für viele wie ein Gottesdienst. Wenn wir allein und im Gebirge sind, ist das wie eine Volksreligion.« Um dieses »allein und im Gebirge« geht es. *Natur* heißt, sich anstrengen, sehr hoch klettern, weit über Gipfel gucken (oder sich im Nebel verlaufen).

Norweger lieben dieses *Tour gehen*. Das ist weder wandern noch spazierengehen, das ist Fortbewegung zu Fuß oder auf

Skiern in beachtlichem Tempo und mit der Trittsicherheit einer Bergziege. Angeblich hat eine Studie ergeben, daß Norweger auf unebenem Gelände meßbar anders gehen als Menschen anderer Nationalitäten. Sehr gut möglich. Ich selbst habe jedenfalls gesehen, wie eine Fünfzigjährige, um einen Bus in die Stadt zu bekommen, ihr Abendkleid raffte und in ziemlich hohen Pumps einen steilen, unebenen Waldpfad hinunterrannte, wobei sie über mehrere Felsbrocken auf dem Weg hinwegsprang. Ich blieb oben stehen, sah ihr ehrfurchtsvoll nach und wußte nicht, ob ich mehr um ihre Knochen oder ihre Schuhe bangen sollte. Im Vertrauen auf ihre Selbsteinschätzung entschied ich mich für letzteres.

Lange schien es, als handele es sich bei des Norwegers Hang zu körperlicher Ertüchtigung in Eis, Schnee und *fjell* (dem nackten Fels) um eine genetische Konstante, der er ausgeliefert ist. Aber jetzt sitzen immer mehr Kinder mit Kartoffelchips und Eis vor dem Fernseher und werden dick, immer mehr Teenager und junge Erwachsene verbringen ihre Freizeit, wie es Gleichaltrige in ganz Europa tun: vor dem Computer und in Kneipen. Wie sollte es auch anders sein!

| Lichtstreifen am Horizont

Im Winter zieht das Polarlicht einige Touristen in den Norden, in den Süden kommen ein paar Skiläufer, Winterpassagiere fahren im Postschiff an der Küste entlang. Aber es ist kein Zufall, daß die meisten Touristen, die über die N-A-T-U-R in Norwegen in Verzückung geraten, sie in ihrer domestizierten Sommer-Kuschelform aufsuchen und nicht, wenn sie mit Stürmen und Kälte ihre lebensbedrohliche Seite zeigt. Fünf Monate Winteralltag sind erheblich länger als zwei- oder dreiundzwanzigmal eine Woche Seereise oder

Wintersport, da gibt es mehr als die Wunder der Polarnacht und das Gleißen sonnenbeschienener Loipen.

So ist es beispielsweise eine Legende, daß das ganze Land im Winterhalbjahr von Süden bis Norden unter einer geschlossenen Schneedecke liegt. Vor allem entlang der südlichen und mittleren Küste kann davon gar keine Rede sein. Dort sind Schneeregen, Schneematsch und Schmuddelwetter die Regel. Besonders auf die Stimmung drücken die Wochen, bevor der erste Schnee kommt, in denen es nicht mehr Herbst und noch nicht Winter ist: der späte Oktober und der November, wenn es schon dunkel ist, wenn es ständig regnet, wenn der Himmel nicht aufreißt und die Herbststürme über die Küste fegen, Stürme, die nicht nur die Schirme umknikken, sondern einen ausgewachsenen Mann von einer Straßenseite auf die andere oder, wenn er Pech hat, auch ins Hafenbecken drücken können. An der Westküste wurde vor einigen Jahren ein Auto von der Brandung und dem Wind ins Meer gerissen.

Geradezu unerträglich sind Januartage, an denen einem der nasse Schnee so dicht und hart ins Gesicht peitscht, daß man nur wenige Meter weit sehen kann. Die Kälte zieht ins Mark, es bleibt selbst um die Mittagszeit düster. Wenn man an einem solchen Tag aus dem Fenster auf die Straße blickt, sieht man nichts als wirbelndes Hellgrau, durch das Schatten hetzen, in spitzem Winkel geneigte Pilze ohne klare Konturen, Fußgänger, natürlich, die dem Schnee ihre Schirme wie einen Schild entgegenhalten. Das sind die naßkalten, wirklich bitteren und zutiefst deprimierenden Tage, vor denen die Norweger in vollbepackten Chartermaschinen ans Mittelmeer flüchten – für eine Woche oder zwei, bevor sie in ihre heimische Trostlosigkeit zurückkehren und sich wieder nach dem Sommer, der Wärme und Blumen sehnen. Diese Sehnsucht sitzt schon sehr lange sehr tief: Eines der häufigsten Muster auf den Norwegerpullovern ist ein Stern, manche glauben auch, es sei eine Schneeflocke. Beides ist falsch: Es ist eine abstrahierte Rose.

Natürlich gibt es im Winter schneeweiße Hügel und Berge. Vor allem im Landesinneren sind viele Gegenden so schneesicher, daß die Wintersportorte in den Alpen vor Neid frostblau anlaufen. Und während in anderen Ländern bereits ein Bruchteil dieser Schneemengen alles lahmlegt, funktioniert das Leben in Norwegen nahezu reibungslos. Auf einer (wegen eines Verkehrstaus) außerordentlich langen Taxifahrt zum Osloer Flughafen erzählte mir allerdings der Fahrer, beim ersten Schnee breche in Oslo jedes Jahr der Verkehr zusammen. Er stammte aus Tromsø und schilderte voller Häme, Spott und mit dem blumigen Erzähltalent, das angeblich alle Nordnorweger haben, wie dämlich sich die Osloer Memmen anstellten, kaum daß ein halber Meter Schnee gefallen sei. Hier im Süden wisse eben keiner, was Winter sei...

Wer sich hier mit einem munteren »Als ich in Trondheim war...« ins Gespräch bringen will, feuert einen Nordnorweger erst richtig an. Es folgt eine gepfefferte Lektion zum Thema Nordnorwegen, die in aller Regel mit einem verächtlichen »*Trondheim*? Trondheim soll *Nordnorwegen* sein? Von uns aus liegt Trondheim fast am Mittelmeer!« anhebt, worauf unweigerlich die Trumpfkarte folgt, daß es vom Nordkap nach Oslo ebensoweit sei wie von Oslo nach Afrika. Darauf mit einem buchhalterischen »Guter Mann, haben Sie sich da nicht um mindestens tausend Kilometer vertan?« zu antworten, hat sich in der Praxis nicht bewährt. Klüger ist: »Ach wirklich!?« Und das nicht mißtrauisch-nachhakend, sondern freundlich, ja tendenziell enthusiastisch. Tatsächlich ist es von Hammerfest nach Oslo etwa so weit wie von Oslo nach Rom, und das ist ja auch schon ganz hübsch.

Das gerade erwähnte Tromsø hat übrigens seit 1966 eine Städtepartnerschaft mit dem indischen Poona. Eine bemerkenswerte Wahl. Was fangen die Tromsøer und die – was? Poonaer? – miteinander an, wenn sie sich treffen? Finden sie sich gegenseitig exotisch, oder gibt es in einer globalisierten Welt keine Überraschungen mehr?

Es wird viel über den Winter in Norwegen geredet und wenig über den Sommer. Das ist sehr eigenartig, denn nirgends auf der Welt ist er (wenn er denn kommt) so ersehnt wie dort. »Und plötzlich ist er da. Mittsommer und Sommerferien. Der siebte Tag unserer Zeit«, seufzt die Schriftstellerin Linn Ullmann. Ach, der norwegische Sommer, seufzt auch mein Freund Kåre Olav Solhjell in einem Brief an mich. Er lebt im Hallingdal, und weil er Historiker und Bauer ist, verbringt er ebensoviel Zeit drinnen wie draußen. »Der norwegische Sommer ist Freiheit. Er ist vor allem LICHT. Die langen Tage und die kurzen Nächte. Und die Farben. Der Winter ist weiß, der Sommer hat alles. Wir wollen nicht schlafen gehen. Und dann die WÄRME, die vielleicht kommt, vielleicht auch nicht. Darum drehen sich alle Träume, die Hoffnung, daß das Frühjahr und die Wärme kommen. Wie gierig wir in diesem Land die Wettermeldungen lesen, sehen und hören! Es gibt Jahre, da erleben wir kaum einen jener warmen Sommertage, die weiter im Süden so selbstverständlich sind. Im Herbst kommt die Wehmut, der Sommer ist vorbei, das heißt, er ist auch in diesem Jahr wieder nicht gekommen. Der Herbst ist die Zeit des Kummers. Es ist der Sommer, an den wir denken, vom Sommer träumen wir das ganze Jahr. Der Winter ist schön, aber er ist nur eine Notwendigkeit, sonst käme der Sommer nicht. Ja, so ist es: Es geht immer nur um den Sommer.«

Der Sommer am Saum von Meer und grauem Fels ist der schönste. Jede Widerrede ist zwecklos, ich lasse nicht mit mir handeln. Und das fällt *mir* dazu ein: Wasser, Sonne, Uferfelsen, Wind, Licht, Limonade, Wind im Haar, Wärme, Möwen, Kinder, Schwimmen, Quallen, Eiscreme, salzige Haut, Regen, Angeln, Ruderboote, Bier, Mücken, Wolken, Walderdbeeren, Feuerquallen, Einmalgrill, Bootssteg, Mittsommerfeuer, Luftmatratze, Schwalben, die hellen Nächte. Die Sonne, die kurz vor Mitternacht den Horizont rot färbt und wenig später wieder aufgeht.

| Die Erfinder der Reisekatalogpoesie

Norwegen vermarktet sich in Reiseprospekten als »das Land der Mitternachtssonne«, was ja nur insofern stimmt, als in einigen Landesteilen die Sonne ein paar Wochen lang rund um die Uhr nicht untergeht. Wahrer ist, daß Norwegen das »Land der extremen Lichtverhältnisse« ist. Im Hochsommer ist es in weiten Teilen des Landes fast rund um die Uhr hell (wenn es nicht regnet, was vorkommt), winters ist es nicht nur kalt, sondern auch drei Monate lang – sagen wir mal: tageslichtarm. Am extremsten ist es auf Svalbard, wo man den Winter in drei Abschnitte teilt: November, Dezember und Januar ist die Polarnacht, das ist die *Dunkelzeit*. Ende Januar und der Februar, wenn das Licht zurückkehrt, ist die *Blauzeit*, die Monate März, April und Mai schließlich sind der *helle Winter*. Ab März, nachdem man vier Monate auf diese ersten Sonnenstrahlen warten mußte, ist die Sonne wieder da. Und ab Mitte April scheint schon die Mitternachtssonne.

Ständige Dunkelheit oder Helligkeit, auch wenn sie nicht vollkommen sind, sind anstrengend. Der Orientierungssinn leidet, das Zeitgefühl kommt durcheinander. Flaggen werden nicht bei Sonnenaufgang und -untergang gehißt und eingeholt, sondern nach festen Uhrzeiten, auch die Ramadanregeln der Moslems in Norwegen orientieren sich an der Uhr. Die Worte *Tag* und *Nacht* verlieren ihren Sinn, darum hat das Norwegische ein eigenes Wort für den 24-Stunden-Tag: *døgn*. *Døgnvill* ist jemand, der seinen Tagesrhythmus verloren hat, aber auch jemand, der nicht weiß, ob Tag oder Nacht ist. Unter Wehrmachtssoldaten, die während des Zweiten Weltkriegs länger in Nordnorwegen stationiert waren, grassierte der gefürchtete Polarkoller, eine Gemütskrankheit mit nicht vorhersehbaren Stimmungsschwankungen. Schlichter gesagt: Die Männer drehten durch.

Auf die verwunderte Frage südlich wohnender Europäer, warum die Norweger denn überhaupt dort wohnen, lautet die entwaffnende – und vermutlich einzig sinnvolle – Antwort eines Norwegers: »Aus gar keinem Grund. Wir wohnen *trotzdem* hier.« Das ist glaubwürdig, denn in diesem Volk gibt es, wie Sie schon bemerkt haben werden, eine gewisse Neigung zu Trotz.

Und doch begannen die Norweger schon früh, einem inneren, manchmal auch äußeren Drang gehorchend, die Welt jenseits des westlichen Horizonts zu erkunden. Die Gründer Islands waren Norweger, sogar ihre Namen sind bekannt: Ingólf Arnarson und Hjörleifur Hródmarsson. Sie stammten von der Westküste nördlich von Bergen, dorthin waren ihre Vorfahren geflohen, weil sie im heimischen Telemark ein paar Leute umgebracht hatten. Diese Art der Konfliktlösung war wohl erblich, denn aus ganz ähnlichen Gründen mußten die beiden um 870 nach Island weiterziehen. Wie also soll man die Behauptung der Isländer verstehen, ihre frühesten Vorfahren seien die emigrierten Intellektuellen Norwegens gewesen?

Wie Ingólf Arnarson und Hjörleifur Hródmarsson zog es auch vor zwölfhundert Jahren die Männer aus einem *vik*, also einer Bucht, aufs Meer. Sie bauten offene Boote mit spitzem Bug und spitzem Heck, packten Trockenfisch ein, der ja jahrzehntelang wenn nicht genießbar, so doch verzehrbar bleibt, und begannen die Welt zu erkunden.

So segelte der Wikinger Erik der Rote um das Jahr 1000 mit ein paar Leuten gen Westen und traf dabei auf eine riesige Eisscholle, die er mit feiner Ironie Grünland (Grönland) taufte. Westküstennorweger, die sich auf ihre Schläue einiges zugute halten, behaupten, ihr Landsmann habe seinerzeit König eines neuen Reiches werden wollen und darum versucht, mit einem vielversprechenden Namen möglichst viele seiner Landsleute dazu zu bewegen, ihm zu folgen. Ob es stimmt oder nicht, weiß ich nicht. Es ist jedenfalls eine clevere Behauptung, macht sie doch den *Norweger* Erik zum Ahnherrn, ja Schutzheiligen aller phantasiebegabten Reisekatalogtexter.

Erik blieb in Grönland, weil er verbannt war, und sehnte sich bestimmt krank nach seiner westnorwegischen Granitküste. Erinnern Sie sich an den Monty-Python-Sketch, bei dem ein Mann in eine Zoohandlung kommt, einen Papagei zurückbringt und sich darüber beschwert, daß der Vogel schon beim Kauf tot gewesen sei? Darauf antwortet der Verkäufer, es handele sich um einen »Norwegian blue«, seine Lethargie sei Ausdruck seiner tiefen Melancholie und seiner Sehnsucht nach den Fjorden. Genau so ist es: Die *Norwegians* mögen im Ausland Urlaub machen oder arbeiten, sie mögen über das Wetter, die Politiker oder die Provinzialität daheim schimpfen, in Wahrheit haben sie immer Heimweh. Trieb es nicht auch Henrik Ibsen heim, nachdem er 27 Jahre in einer, wie er sagte, freiwilligen Verbannung ausgeharrt hatte?

Zurück zu Erik: Als dessen Sohn Leif Eriksson Jahre später in See stach, wollte er vermutlich ins Land seiner Väter. (Andere behaupten anderes, aber das halte ich für wenig glaubwürdig. Wohin soll der Sohn eines exilierten Norwegers schon wollen?) Er versegelte sich aber gründlich und kam an ein Gestade, das er Weinland nannte (die poetische Ader hatte er von seinem Vater geerbt) und das sehr viel später unter dem Namen *Nordamerika* bekannt werden sollte. Andere Wikinger drangen in der zweiten Hälfte des neunten Jahrhunderts in Nordfrankreich ein und blieben. Diese Normannen sollen überwiegend Dänen gewesen sein. Sie mögen eigene Gründe gehabt haben, ihre charmante Heimat für immer zu verlassen.

Seither brechen die Norweger mit dem Wilhelm-Busch-Satz »Schön ist es auch anderswo, und hier bin ich sowieso« auf und kehren mit ihrem eigenen *Ute bra men hjemme best* (Draußen ist's schön, daheim ist's am schönsten) vom Fernweh geheilt nach Hause zurück. Generationen von norwegischen Seeleuten erlebten das Mittelmeer, die Südsee, die Karibik und zogen schließlich doch ihren Regen, ihre Dunkelheit, ihre kurzen Sommer, ihr hartes Leben den Verlockungen von Rio und Shanghai vor. Man will nicht ausschließen, daß sie auch ein bißchen Sehnsucht nach ihren Frauen hatten, die unterdessen diesen Laden namens *Norge* am Laufen hielten.

| Der Nabel der Welt

Norweger reden gern über Norwegen. Auch intellektuelle Norweger reden gern über Norwegen, sie tun das, indem sie sich mit feiner Ironie darüber auslassen, wie schrecklich provinziell und selbstzentriert das ganze Land ist und wie wenig ihre Landsleute über den Tellerrand schauen. Sie sagen: »Ich finde, die Norweger neigen sehr dazu, sich als Nabel der Welt zu fühlen«, sie formulieren knappe, elegante und vernichtende Sätze wie: »Was wir können, wächst enorm über seine Bedeutung hinaus« und führen als Beweis an, sie hätten mitangehört, wie ein Norweger einem anderen sagte, Norwegen habe England im Fußball eins zu eins besiegt.

Selbstverständlich ironisieren sie sich auch selbst: »Dieses Flagellantentum, bei dem aufrechte Norweger sich dafür auspeitschen, daß ihr Land so hoffnungslos provinziell und zipfelmützig ist, ist zu einer Art Volkssport geworden. In diesen Kreisen pflegt man Landsleute, die man schätzt, mit Adjektiven wie *unnorwegisch* zu beschreiben.« Immer wieder gern zitiert wird das Bonmot des früheren Außen- und Verteidigungsministers Thorvald Stoltenberg, es sei ein wahres Glück, »daß es nur knapp fünf Millionen Norweger gibt. Wären wir fünfzig oder 500 Millionen, die Welt wäre nicht auszuhalten.«

Der Extremintellektuelle Thomas Hylland Eriksen spottete über das Mißverhältnis von Norwegens realer Größe und dem Stolz der Norweger darauf, Norweger zu sein: »Ein unbedeutendes kleines Land? Ja, schon. Auf jeden Norweger kommen zweihundert Inder. Andererseits: Sie sind natürlich keine Norweger.« Das Zitat ist über zehn Jahre alt. Seither hat sich einiges geändert. Nun kommen auf jeden Norweger 240 Inder. Allein Neu-Delhi hat dreimal mehr Einwohner als ganz Norwegen.

Sie sehen schon: Es ist kein Hochmut, wenn sich die Norweger für etwas Besonderes halten, es ist die schlichte Wahrheit. Nicht einmal ein Promille der Weltbevölkerung hat diesen Paß mit Krönchen und Löwen auf dem roten Umschlag. Was doch nur beweist, daß ein echter Norweger global gesehen so selten ist wie ein schwarzer Schwan.

Daher freuen sie sich, wenn einer von ihnen etwas richtig gut kann, sie loben und ehren ihn und sind sehr stolz. Das hat zu dem schon etwas angestaubten Witz geführt, daß es in Norwegen viele weltberühmte Norweger gibt, von denen man außerhalb von Norwegen noch nie etwas gehört hat – was natürlich alle nur deswegen witzig finden, weil man ja weiß, daß das Unsinn ist.

2002 hatten Journalisten der Tageszeitung *Aftenposten* die Idee, diese Frotzelei zu überprüfen. Ihre Ergebnisse übertrafen die wildesten Erwartungen.

Sie riefen Zeitungsredaktionen in der ganzen Welt an und fragten ihre Kollegen, welche Norweger sie kennen. Hier das Gespräch mit Redakteuren der *Frankfurter Allgemeinen Zeitung*. Der Artikel nennt ihre Namen, dieses Outing erspare ich ihnen:

»Welche Norweger kennen Sie denn?«

»König ... Haakon?«

»Das ist der Kronprinz.«

»Entschuldigung. Mette-Marit. Eine interessante Geschichte. Hat ja einen unehelichen Sohn. Es gingen Gerüchte um die Hochzeitsreise nach Deutschland, sie wurden in Düsseldorf gesehen.«

»Sonst noch jemand?«

»Ja, ich sollte ja wohl noch – aber ich bin Experte für den Mittleren Osten.«

»Dann kennen Sie doch sicher Rød-Larsen?«

»Natürlich. Ach, der ist Norweger? Wir Deutschen sehen Skandinavien eher als Region, verstehen Sie?« (Gibt den Hörer an eine Kollegin weiter.)

»Missis Brundtland, Direktorin der WHO.«

»Weitere?«

»O Gott...Ich bin nicht repräsentativ für die Zeitung. Wissen Sie, ich bin Asienexpertin.«

Den Herrschaften von der FAZ zum Trost: Kaum jemand wußte mehr als einen oder höchstens zwei Namen zu nennen, dem Herrn vom *Time Magazine* fiel kein einziger ein.

| Die Guten

Vor gar nicht langer Zeit schien die Welt in Norwegen noch auf so beängstigende Weise in Ordnung, daß ein Norweger seinen Sohn für ein Jahr auf eine englische Schule schickte, weil er befürchtete, daß »jemand, der sein ganzes Leben in Norwegen verbringt, nie verstehen wird, warum die Welt ein solches Chaos ist«.

Da war das Leben noch so in Ordnung, daß Odd Børretzen, der ein sehr komisches Buch mit dem Titel *Wie man einen Norweger versteht und benutzt* geschrieben hat, seine Landsleute in Schutz dafür nahm, daß sie in die Welt hinausziehen, um ihr still und bescheiden das Gute zu bringen. Sie seien immer schon der Ansicht gewesen, »daß es niemandem gutgehen könne, der nicht lebt wie wir, der kein Norwegisch spricht oder im handgestrickten Pullover in Loipen Ski läuft«. Sie seien einfach nur zu bescheiden, um laut zu sagen, was doch fast jeder weiß: Sie sind die Guten.

Vielleicht wußte Alfred Nobel das, als er testamentarisch verfügte, nicht die Schweden, sondern die Norweger sollten seinen Friedenspreis verleihen. Über die Gründe kann man nur spekulieren, denn er hat diese Entscheidung nicht begründet. König Harald sagte, er frage sich manchmal, ob Nobel »Norwegen ausgewählt hat, weil er das Land mochte oder weil eher das Gegenteil zutraf«, denn die Vergabe sei Jahr für Jahr eine heikle Angelegenheit. Jedenfalls reichen die Reaktionen auf die Osloer Entscheidungen regelmäßig von Bewunderung für ihre kluge Wahl bis zu weltweitem Kopfschütteln.

Aber die Norweger honorieren nicht nur die Friedensbemühungen anderer, sie handeln auch selbst. Sie erkennen, wo ihre Hilfe gebraucht wird, und übernehmen Verantwortung. Beispielsweise machen sie schon so lange bei Blauhelm-Einsätzen mit, daß ein Prozent der norwegischen Bevölkerung als UNO-Soldat im Ausland Dienst getan hat.

Natürlich gibt es immer Menschen, die solch schöne Gesten schlechtmachen müssen: Nichts beherrschen die Norweger so perfekt wie Moralisieren, vor allem im Ausland, schrieb eine norwegische Studentin spitzzüngig, als es um die Frage ging, warum sich ihr Heimatland weltweit als Friedensvermittler engagiert. Immerhin haben sich die norwegischen Diplomaten in Sri Lanka eingeschaltet, in Guatemala und Kolumbien, in Äthiopien und Eritrea, im Sudan und an vielen weiteren Orten, das Wort *Oslo* ist untrennbar mit den Vermittlungsversuchen zwischen Israel und Palästina verbunden. Die Regierung nennt ihre Tätigkeit bescheiden »Brückenbau«, man habe »als kleines Land in diesen Konflikten kein starkes Interesse zum eigenen Nutzen. Unser einziges Interesse besteht darin, zu einer friedlichen Lösung beizutragen. Hierbei ist auch unsere Bereitschaft zur Gewährung finanzieller Unterstützung für Friedensprozesse ein Gesichtspunkt.«

Wieder diese stille Zurückhaltung, die nur verhalten andeutet, daß 1 Prozent des jährlichen Bruttoinlandsproduktes in die staatliche Entwicklungshilfe fließt (in Deutschland sind es 0,28 Prozent). Das ist der höchste Pro-Kopf-Beitrag der Welt, in absoluten Zahlen steht das Land an fünfter Stelle, was die Tageszeitung *Bergenske Tidene* mit der Giftigkeit kommentierte, es sei »ein Faktum, daß die Welt immer noch zwei Supermächte hat. Die USA sind, wie bekannt, die militärische, Norwegen, wie kaum bekannt, die moralische. Gemeinsam ist den beiden Supermächten ihr missionarischer Auftrag. Die USA haben obendrein Macht. Norwegen hat nur recht.«

Das stimmt nicht ganz. Norwegen ist der weltweit drittgrößte Exporteur von Öl und Gas, man hat in den letzten Jahren oft genug erlebt, wie andere Öl- und Gaslieferanten diese Macht nutzen, um ihre Gegner in die Knie zu zwingen. Norwegen hat das niemals getan und hat das auch nicht vor, wie Finanzministerin Kristin Halvorsen von der Sozialistischen Linkspartei versichert: »Wir spielen die Energie nicht als Trumpfkarte, im Gegenteil haben wir diese Naturressource in den vergangenen Jahrzehnten bewußt nicht politisiert.«

Außerdem hat Norwegen Geld, da die Erträge aus dem Öl- und Gasgeschäft nicht ausgegeben, sondern in einen Fonds investiert werden. Dieser Fonds belief sich am Ende des ersten Quartals 2006 auf rund 185 Milliarden Euro und umfaßte ein Portfolio von 4000 Gesellschaften. Mit diesem gigantischen Vermögen ist das Land einer der *Big Player* auf den internationalen Finanzmärkten. Soviel Geld verleiht sehr reale Macht, und die Regierung unter Jens Stoltenberg hat beschlossen, diese Macht zu nutzen, um auf Anraten des norwegischen Ethikrats »schamlosen Kapitalisten einige ethische Richtlinien nahezubringen«. Finanzministerin Halvorsen gab unumwunden zu, daß ihr das wirklich sehr großes Vergnügen bereite.

Der Fonds zog sich 2006 aus siebzehn Unternehmen zurück, weil sie auf den Gebieten Kinderarbeit, Umweltverschmutzung und Wahrung der Menschenrechte den ethischen Ansprüchen der Norweger nicht genügten. Sieben Konzerne wurden auf die Schwarze Liste gesetzt, weil sie Atomwaffenzulieferer sind. Norwegen, so die Sprecherin des Ethikrates diplomatisch, wolle »zeigen, daß man nicht wünscht, Teilhaber an der Produktion von Kernwaffen zu sein. Darin liegt keine Kritik an den Konzernen.« Der Verkauf von Wal Mart-Aktien im Wert von 322 Millionen Dollar hingegen ging mit massiver Kritik einher. Man habe »ethische Bedenken«, das Unternehmen verstoße systematisch gegen die Menschenrechte und das Arbeitsrecht, gesondert erwähnt wurde die Lohndiskriminierung von Frauen.

Das veranlaßte die Intellektuellenzeitung *Morgenbladet* zu der Bemerkung, daß »außer der Bush-Regierung keine Regierung so ehrgeizige Pläne zur Verbesserung der Welt hat wie die rotgrüne Regierung in Norwegen«. Mag sein. Aber es gibt Unterschiede: Bei der norwegischen Variante ist noch keiner zu Tode gekommen. Und sie funktioniert nachweislich jedenfalls ein bißchen, denn seit der Deinvestierung fragen Botschafter in Oslo diskret beim Verwalter des Fonds an, was sie tun könnten, damit ihre Unternehmen wieder aufgenommen beziehungsweise nicht aus dem Fonds gestrichen werden.

Mit ihrem Bemühen, sich auf allen Gebieten ethisch untadelig zu verhalten, stellen sich die Norweger einer Situation, die sie als moralische Zwickmühle empfinden: Je teurer das Öl wird, um so mehr verdienen sie, nicht zuletzt dank sehr unwillkommener Bundesgenossen. Überschriften wie *Bin Ladens Drohung läßt den Ölpreis steigen* bereiten jedem aufrechten Norweger Magenbeschwerden. Zudem haben sie für ihren Reichtum kaum einen Finger gekrümmt, was ein Protestant im Grunde nicht in Ordnung findet. Richtiger wäre es, hart zu arbeiten, viel Geld zu verdienen und dann daran keine Freude zu haben. Das Land tut sich also mit seinem Geldregen immer noch ein bißchen schwer, wenn auch nicht mehr halb so schwer wie anfangs. In den ersten Jahren beteuerten Politiker in Interviews, man müsse sich weder schämen noch schuldig fühlen, weil man nun eins der reichsten Länder der Welt sei. Auke Lont, Geschäftsführer von Norwegens größter Consultingfirma, meinte noch vor kurzem: »Das ist geradezu calvinistisch. Diese Menschen wollen sich fast bestrafen für den ungeheuren Geldsegen.«

Der missionarische Eifer und der spröde Umgang mit dem Vermögen haben tatsächlich eine calvinistische Komponente – genauer gesagt: eine haugianische.

Hans Nielsen Hauge, den man den norwegischen Calvin nennt, wurde 1771 geboren. Er hielt als Laienprediger kleine Hausandachten ab und ermahnte zu einem strengen, nüchternen und arbeitsamen Leben. Aber Hauge war auch ein Rebell: Weil nur Pfarrer predigen durften, verstießen seine Andachten gegen das Gesetz, deswegen saß er viele Jahre im Gefängnis. Seine wahre Unbotmäßigkeit und seine Gefahr für die Obrigkeit war aber nicht der formale Akt der Andacht, sondern die Tatsache, daß seine frommen Lehren nachgerade anarchistisch waren: Jeder Mensch sei gleich vor Gott und gleich geboren. Jeder könne ohne Vermittler mit Ihm in Verbindung treten. Nur Ihm schulde man unbedingten Gehorsam. Hauges wachsende Anhängerschaft erkannte also kirchliche Autoritäten nicht an, was ein sehr kritisches Verhältnis zur weltlichen Obrigkeit nach sich zog. Die Haugianer wurden eine große und einflußreiche Gemeinschaft, die Bethäuser dieser pietistischen Laienbewegung waren lange Zeit die wahren Zentren des ländlichen Lebens. Was in ihnen geschah, war politisch so brisant, daß die Staatskirche schließlich pietistische Elemente in ihre Lehre aufnahm.

Nun mußte man, um auf dem Land oder an der Küste überleben zu können, sowieso eigensinnig und autark sein. Der Haugianismus bestärkte die Menschen in ihrem Gefühl, daß sie allein zurechtkamen und »die im Süden« nicht brauchten. *Die im Süden* – das waren die Herrschenden in Kopenhagen, dann in Stockholm, in Kristiania, in Oslo und schließlich diese Leute in Brüssel.

Der Haugianismus hat keinen realen Einfluß mehr, aber er hat die Norweger geprägt. Manche sehen im Bethaus den tiefsten Grund dafür, daß das mit Norwegen und der EU nichts geworden sei: 1972 stimmten 53,5 Prozent gegen den Beitritt zur EG, wie sie damals noch hieß, 1994 52,2 Prozent.

Die Spaltung in Befürworter und Gegner des Beitritts verlief nach klaren Grenzen, sie bestätigten die traditionelle Kluft zwischen Stadt und Land: Die politischen, wirtschaftlichen und kulturellen Eliten waren (und sind) ebenso dafür wie die meisten Norweger und Norwegerinnen in Bergen sowie Oslo und Umgebung. Die meisten Beitrittsgegner kamen und kommen aus dem ländlich-peripheren Mittel- und Nordnorwegen, im Norden stimmten 1972 mehr als 80 Prozent dagegen.

Kurz vor dieser Abstimmung war ich in Ålesund. Die Gegner hatten ein Ladenlokal angemietet und Stellwände mit Argumenten gegen den Beitritt beschriftet. Ich hatte damals kaum eine Ahnung, worum es überhaupt ging, war aber über die geradezu vorsätzliche Schlichtheit der Behauptungen entsetzt. An eine Tafel erinnere ich mich: Sie zeigte anhand von Statistiken, daß in den EU-Ländern viel mehr Katholiken als Protestanten leben, und behauptete, daß die Norweger bei einem Beitritt unter die Gewalt des Papstes kämen. Und ich erinnere mich, daß sich zwei Leute mit geradezu fanatischer Aggressivität stritten und schließlich anbrüllten, was in Norwegen sehr ungewöhnlich ist.

Der haugianische Hintergrund ist natürlich nur einer von vielen Gründen, warum die Hälfte der Norweger nicht in die EU wollten. Ein Hauptargument war und ist der Schutz der Fischerei und der Landwirtschaft. Beide erhalten sehr hohe Subventionen, weltweit erheben nur die Schweizer höhere Einfuhrzölle zum Schutz ihrer Landwirtschaft. Ohne das mit den Haugianern und Calvinisten zu weit treiben zu wollen, fällt doch auf, daß ausgerechnet die calvinistischen Schweizer 1992 bei einem Referendum weder einen EU-Beitritt noch das EWR-Abkommen guthießen. Jetzt gehört Norwegen mit Island und Liechtenstein zum EWR, dem Europäischen Wirtschaftsraum. Diese Länder müssen sich einseitig den EU-Beschlüssen anpassen, dürfen aber nicht mitbestimmen. Das kommt einer EU-Mitgliedschaft ohne politischen Einfluß gleich, ein Beitrittbefürworter meinte wütend, mit seiner Entscheidung habe Norwegen sich zu einem einflußlosen Vasallenstaat der Europäischen Union gemacht.

Halb im Scherz, halb im Ernst heißt es, daß die Schlacht um Norwegen endgültig verloren gegangen sei, als die *Europäische Wirtschaftsgemeinschaft* in *Europäische Union* umbenannt wurde. Das Wort *Union* hat im Norwegischen einen geradezu katastrophalen Klang, es ist praktisch ein Synonym für Unfreiheit und Fremdbestimmung. Bei jeder großen und kleinen Festrede, wann immer es um Nation und ewige Werte geht, wird die Auflösung der erzwungenen Union mit Schweden im Jahr 1905 als der glorreiche Beginn von Norwegens Souveränität beschworen. Daher ist es ziemlich schwierig, den Norwegern etwas zu verkaufen, was *Union* im Namen hat. Man hätte fast darauf wetten können, daß das schiefgehen würde.

Hinzu kommt, daß die drei heiligen Jahreszahlen in der norwegischen Geschichte – 1814, 1905 und 1945 – die Unabhängigkeit von Dänemark, Schweden, Deutschland bezeichnen, also die Befreiung von der Vereinnahmung durch eine fremde Übermacht. Vielleicht hätte es geklappt, wenn die EU-Abstimmung wenigstens nicht im gleichen Jahr stattgefunden hätte wie die Olympischen Spiele in Lillehammer. Sie waren ein unglaublicher Erfolg, Norwegen präsentierte sich als perfekt organisierter und dabei entspannter Gastgeber, die norwegischen Sportler schnitten, wie schon bei der Winter-Olympiade 1992 in Albertville, sensationell gut ab. Zwischen diesen beiden Winterspielen ließ sich die damalige Ministerpräsidentin Gro Harlem Brundtland in einer Neujahrsansprache zu der Bemerkung hinreißen: »Es ist typisch norwegisch, gut zu sein.« Sie meinte das ein wenig ironisch, es wurde aber – typisch norwegisch – überhaupt nicht so verstanden. Seither ist das eine stehende Redewendung, die unablässig und in allen möglichen Zusammenhängen zitiert wird, meist spöttisch-herablassend und nicht selten in der Variante »Es ist gut, typisch norwegisch zu sein«. Es sollte mich wundern, wenn Brundtland nicht den Moment verflucht, in dem sie das sagte.

Aber was immer sie damit gemeint haben mag, der Satz spiegelte genau wider, was die Norweger vor 1994 und nach 1994 dachten: Wir lassen uns von keinem hereinreden. Wir kommen großartig allein zurecht. Was sollen wir mit denen im Süden, mit diesem Europa da unten? Wir sind die Guten. Na ja. Eigentlich sind wir die Besten.

| Gemauschelt wird nicht

Eine wichtige Figur im norwegischen Märchen ist der *Askeladd*, wörtlich übersetzt: der Aschenkerl, der dem jüngsten Bruder in den Grimmschen Märchen ähnelt. Er stammt aus erbärmlichen Verhältnissen, bewacht das Feuer und stochert in der Asche. Da macht er nicht viel her, doch der Schein trügt. Mit List, Beharrlichkeit und etwas Glück überwindet er alle Widrigkeiten und schafft es an seinen beiden ehrgeizigen Brüdern vorbei nach ganz oben. Nicht wenige sehen das Land selbst als diesen tüchtigen Glückspilz, der die Brüder Dänemark und Schweden überflügelt hat.

Im Alltag gilt *Askeladd* durchaus als Vorbild, eine Märchenforscherin bezeichnet ihn als »die Inkarnation des gesellschaftlichen Strebers, der Erfolg hat, weil er tüchtig ist und weil die Standes- und Klassengrenzen innerhalb der Gesellschaft nicht hermetisch abgeschottet sind«. Ein solcher *Askeladd* ist der ehemalige Fischer Kjell Inge Røkke, er ist, so die deutsche Tageszeitung DIE WELT, »ein norwegischer Milliardär, der nie Abitur machte, er besitzt eine Boeing 737 mit goldener Krone, eine Yacht von der Größe eines Schlosses, Hütten im norwegischen Gebirge, deren Badewannen mit Gold ausgekleidet sind, und nebenbei auch noch die Warnowwerft bei Rostock«.

Es liegt in der Natur der Sache, daß Røkke, einer der reichsten Männer Norwegens, oft im Wirtschaftsteil der norwegischen Zeitungen vorkommt. Erheblich häufiger ist er allerdings wegen seiner aberwitzig teuren Autos, Yachten, Villen und Ferienhäuser in den Schlagzeilen. Røkke wird zumindest von seinen männlichen Landsleuten bewundert, vielleicht sogar insgeheim geliebt, weil er sich all die Dinge leistet, von denen große Buben träumen. Genau darum ist er auch Gegenstand ihres unversöhnlichen Neides.

»Es wird nicht ohne Grund behauptet, daß Norwegen eines der wenigen Länder ist, wo der Neid immer noch stärker ist als der Geschlechtstrieb.« Diese ehrenrührige Behauptung ist weder neu, noch stammt sie von mir. Der norwegische Literaturkritiker Iver Tore Svenning zitierte sie bereits in den frühen siebziger Jahren, und er nahm vermutlich zu einem Zitat Zuflucht, um sich, wie nun ich, den Vorwurf der Beleidigung vom Hals halten zu können.

Neid und Mißgunst sind die schielenden Geschwister einer Auffassung, wonach keiner mehr ist oder haben darf als ein anderer. Da Gleichheit geradezu eine Leidenschaft der Norweger ist, ist es vermutlich nur folgerichtig, daß sie auch ein neidfreudiger Haufen sind. Man gönnt sich gegenseitig nicht die Butter aufs Brot oder, um es zeitgemäßer auszudrücken, nicht das Auto in der Garage. Autos sind nämlich ein Dauerbrenner der Boulevardpresse, woraus ich schließe, daß sie den zeitungskaufenden Norweger stark beschäftigen.

Im Durchschnitt ist ein Auto hier gut zehn Jahre alt und hat damit fast drei Jahre mehr auf der Motorhaube als die Autos in Deutschland. Anschaffung, Steuern und Benzinpreise sind hoch, das Land war jahrzehntelang geradezu ein Rostlaubenreservat. Die Zahl der neuen Autos steigt, wobei vernünftige Marken wie Volvos oder japanische Kleinwagen dominieren.

Der Reichtum des Landes zeigt sich an den vielen neuen SUVs, die teuer sind, aber als praktisch gelten. Das kann man von Porsches und Ferraris nicht behaupten. Dabei mag eine Rolle spielen, daß man auf den allermeisten Straßen höchstens achtzig Stundenkilometer fahren darf, wichtiger scheint mir, daß solche Luxuswagen noch mit der calvinistischen Grundhaltung des Landes kollidieren. Sich von ihr zu befreien ist inzwischen eine nationale Anstrengung, erste Erfolge sind auf Oslos Straßen zu erkennen, wo immer mehr Limousinen herumkurven.

Vor einigen Jahren bekam der Ministerpräsident – damals Kjell Magnus Bondevik – einen neuen Dienstwagen. Die gepanzerte Hochsicherheitslimousine, ein BMW, war der Standardwagen der europäischen Politiker und Wirtschaftsbosse, aber sie wog vierzig Kilo mehr, als die norwegischen Straßenbestimmungen erlaubten. Vierzig Kilo sind kein Scherz. Der Leiter der Zulassungsstelle sagte: »Das Gesetz ist für alle gleich. Es kann keine Ausnahmen geben.« Das konnte der Vizepräsident des Parlaments nur bestätigen: »Ministerpräsident oder Schuster, das spielt keine Rolle. Das ist norwegische Tradition.«

Der Wagen blieb erst einmal sechs Wochen stehen, in denen sich die Journalisten auf etwas anderes einschossen: die Rückbank des Wagens, die per Knopfdruck zum Schlafsessel heruntergelassen werden konnte, so daß der Ministerpräsident ausgeruht in seiner zwei Stunden von Oslo entfernten Hütte ankommen würde. Das, so eine reichlich amüsierte *New York Times*, »war eine unheilvolle Gewichtsverlagerung in der Berichterstattung, denn wenn irgend etwas die Norweger noch mehr aufregt als eine Ungleichbehandlung vor dem Gesetz, dann vermutlich der offene Genuß von Luxus«.

Nachdem Überlegungen, die vierzig Kilo an der Panzerung einzusparen, als nicht praktikabel verworfen wurden, weil das die Sicherheit des Regierungschefs gefährdet hätte, fand man die Lösung: Der Wagen wurde an BMW zurückgeschickt, wo er eine Rückbank bekam, die zu den norwegischen Straßen und einem norwegischen Politiker paßte.

Dergleichen ist kein Einzelfall. Bondeviks Nachfolger Jens Stoltenberg wurde von Presse und Volk (verbal) gesteinigt, weil er zum privaten Gebrauch einen Mini Morris haben wollte, obwohl ihm doch »ein Riesenschlitten mit Chauffeur zur Verfügung steht«, wie eine Zeitung empört konstatierte. Stoltenberg wagte einzuwenden, daß er liebend gern zur Arbeit laufen oder radeln würde, das aber aus Sicherheitsgründen nicht dürfe. Damit konnte er keinem imponieren. In England entstehen »politische Skandale« dieser Größenordnung, wenn das Boulevardblatt SUN wieder einmal einen Minister wegen außerehelicher Schnuckeleien auf die Titelseite bringt. Wie viele Mini Morris mit Schlafbank ein Minister besitzt, interessiert die Briten nur, falls sie der Schauplatz erotischer Dingsdas waren.

Die norwegische Gesellschaft *ist* (noch) homogen, vor allem aber *sieht* sie sich als homogen. Es gab nie wirklich krasse soziale Unterschiede. »Norweger in Haus und Hütte«, heißt es in der Nationalhymne, »Norwegen, Hütten und Häuser und keine Burgen«, fügte ihr Verfasser Bjørnstjerne Bjørnson stolz hinzu. Natürlich waren einige reich und die meisten arm, aber niemand war obszön reich, es gab weder Sonnenkönig noch Junker, niemand galt allein aufgrund seiner Geburt als besser oder gar gottähnlich. Darin wurzelt die unerschütterliche Überzeugung, daß alle Menschen gleich geboren und mit gleichen Rechten ausgestattet sind. Der sozialdemokratische Wohlfahrtsstaat der Nachkriegszeit baute auf diesem Gleichheitsglauben auf, und der wurde seinerseits durch den erfolgreichen Wohlfahrtsstaat weiter gestärkt.

Für höfischen Pomp und für Zeremonien um der Zeremonie willen hat man wenig Sinn, das Land ist trotz der Monarchie zutiefst republikanisch. So überreicht in Norwegen der Vorsitzende des Nobelkomitees den Preis, während das in Schweden der König tut, in Oslo geschieht das nicht im

Schloß, sondern im Rathaus. Geir Lundestad, der Direktor des Nobel-Instituts Oslo, erklärt die Gründe: »Die Schweden behaupten, sie hätten dabei mehr Stil – ich sage, sie haben einfach mehr Hierarchie. Wir hingegen gehen das Ganze eher demokratischer und irgendwie anarchistischer an.« Der kluge Spötter Odd Børretzen sieht seine Landsleute nicht ganz so regellos: »Der Schwede befolgt alle Gesetze, ob neu oder alt. Punkt. Der Norweger befolgt die Gesetze auch, aber er protestiert und schreibt Leserbriefe an Zeitungen.«

Zur demokratischen – und vielleicht anarchistischen – Grundhaltung der Norweger gehört, daß sie Hierarchien als gegen die Natur empfinden; Korruption und jeder Versuch, sich auf Kosten anderer zu bereichern, gelten als wirklich verwerflich. Daß der Fall *Elf Aquitaine*, der größte (bekannte) Korruptionsskandal Europas, von einer Norwegerin aufgedeckt wurde, scheint mir nicht überraschend. Und es paßt zu meinem persönlichen Weltbild, daß die Ermittlungsrichterin Eva Joly, die 37 Manager und Mittelsmänner vor Gericht brachte und jahrelang mit Morddrohungen und medialen Verleumdungskampagnen leben mußte, auf internationalen Konferenzen auch heute noch »als Au-pair-Mädchen aus Norwegen« vorgestellt wird, das »nach Paris kam, um Sprachlehrerin zu werden, dann aber eine erstaunliche Karriere als Juristin gemacht hat – bis sie zu weit gegangen ist«.

Norwegen ist eine ungeheuer transparente Gesellschaft. Vieles unterliegt einem strengen Datenschutz, andererseits werden persönliche Informationen mit einer Offenheit und Öffentlichkeit gesammelt und verbreitet, die Datenschützer weltweit aufschreien und Statistiker vor Neid erblassen lassen. Vor dreißig Jahren wurde eine Personennummer eingeführt, ohne die im Alltag nichts läuft. Man muß weder Norweger sein noch in Norwegen leben, um sie zu bekommen, es genügt, in Norwegen ein Konto zu eröffnen. Ob beim Arbeitgeber, der Bank oder im Gesundheitssystem, sobald etwas nur halbwegs offiziell ist, wird die Nummer notiert.

All diese Daten werden dem Statistischen Zentralbüro gemeldet. Dorthin fließen auch Daten vom Einwohnermeldeamt, dem Strafregister, der Verkehrssünderkartei, der Ausbildungsstatistik, den Arbeitsämtern, der Sozialversicherung, den Polizeiakten und vieles, vieles mehr. In einem geheimen Raum in Oslo steht ein Computer, in dem – rein theoretisch – Nummer zu Nummer finden und der alles über Jens Jensen oder Kari Karlsen kombinieren kann, was sich statistisch zu wissen lohnt: Jahreseinkommen, Zahl der Ehen und der Kinder, Berufsabschluß, Arztbesuche, Krankenhausaufenthalte samt Diagnose, alle Verwarnungen wegen Geschwindigkeitsüberschreitung. Beim Gedanken an diesen Daten-Fundus dürften so manchem Big Brother vor Begehrlichkeit die Finger jucken, und tatsächlich erwirtschaftet das Zentralbüro über zwanzig Prozent seiner Einkünfte aus Statistiken, die es aus diesen Daten gewinnt. Sie werden an Ministerien, politische Parteien, Arzneimittelfabrikanten oder auch an Lebensmittelketten verkauft, die nach den idealen Standorten für eine neue Filiale suchen.

Das Statistische Zentralbüro versichert, daß personenbezogene Daten niemals zu einem identifizierbaren gläsernen Bürger zusammengestellt werden können, nicht einmal Jens Jensen und Kari Karlsen könnten jemals erfahren, was in diesem gigantischen Computer über sie gespeichert ist.

Es paßt zu dem tiefverwurzelten Vertrauen der Norweger in ihren Staat und ihre Regierungen, daß das offenbar kaum jemand anzweifelt. Das ist nur zu verstehen, wenn man um ihr außerordentlich positives Verhältnis zu ihrem Staat weiß. Sie leben, anders als in vielen anderen Ländern, tatsächlich in dem Gefühl, keinen Staat zu *haben*, sondern der Staat zu *sein*. Ihr Bild vom guten Staat, in dem vernünftige Bürger zusammen etwas Vernünftiges tun, ist in hundert Jahren nicht enttäuscht worden, vor allem der Aufbau des Sozialstaates hat das Staatsvertrauen gestärkt.

Ob man sich in Norwegen denn nicht über diese Datensammelei aufrege, wollte ich von einem Angestellten wissen, nachdem er mir begeistert erzählt hatte, welch ungeheure statistische Möglichkeiten eine solche Datenfülle eröffne. Eher nicht, antwortete er. Das sei schon so lange normal, das falle kaum noch auf. Wenn man die Personennummer heute einführen wollte, wäre das sicher nicht mehr so einfach. In den siebziger Jahren habe das keinen interessiert.

Die Statistiken kann man sich umsonst im Internet ansehen; viele sind sehr aufschlußreich – von dort habe ich beispielsweise die Information, wie lange die Norweger ihre Autos fahren. Andere Auskünfte sind unterhaltend, aber ziemlich nutzlos: Was fange ich mit der Information an, daß in Norwegen 459 Frauen namens Ebba leben und 176 von ihnen nur diesen und keinen zweiten Vornamen haben? Wer will wissen, daß es vierzehn Bærbel gibt?

In die Datensammlung gehen natürlich auch Steuerdaten ein. Die allerdings sind nicht geheim. Im Gegenteil: In Norwegen ist kaum etwas weniger geheim als die Angaben, wieviel jemand in einem bestimmten Jahr verdient hat, wie hoch sein Vermögen ist und wieviel Steuern er bezahlt hat. Das alles steht in den sogenannten Steuerlisten, und die gehören zu den Dingen, die mich an Norwegen am nachhaltigsten verwirren: Früher lagen die Listen eines Bezirks im Rathaus oder – wenn das zu weit entfernt war – auf der Theke des Kolonialhandels aus. Jeder konnte hingehen und nachsehen, was sein Nachbar verdient. Irgendwann wurden die Listen ins Internet gestellt, das damit zur weltweiten Kolonialwarentheke wurde. Nun kenne ich das Einkommen meiner Bekannten, jetzt weiß ich, daß Ministerpräsident Jens Stoltenberg 2002, als er noch kein Ministerpräsident war, 612 100 Kronen verdient und 284 302 Kronen Steuern bezahlt hat und Königstochter Märtha Louise, die sich wegen ihrer Liebesheirat zur Bürgerlichen degradierte, ein Privatvermögen von 27 Millionen Kronen hat.

Das mit dem Internet ging selbst den Norwegern ein bißchen zu weit: Seit 2004 stehen die Angaben zwar nach wie vor im Internet, aber nur drei Wochen lang. Danach kommt man nur mit der jeweiligen Personennummer dran. Um die zu erfahren, bedarf es allerdings keiner großen kriminellen Energien, denn sie steht beispielsweise auf der Kreditkarte, mit der der Kellner für einige Zeit außer Sichtweite verschwindet. Und wie Sie sich vermutlich denken können, ist die Veröffentlichung der jeweils neuesten Listen ein Fest für die Boulevardzeitungen, bei der sie Prominente nach Krone und Øre entblößen.

Da spielt es schon keine Rolle mehr, daß jeder in der Zeitung nachlesen kann, an wen und zu welchem Preis Sie Ihre Wohnung oder Ihr Haus verkauft haben. Gemauschelt wird nicht. *Das* ist gelebter Protestantismus. Dagegen sind die gardinenlosen Fenster der Dänen und Holländer ein müder Witz.

|Lächeln und anpacken

Norwegen ist eine Do-it-yourself Gesellschaft. Natürlich *könnte* man sich alle möglichen Dienstleistungen kaufen, aber man tut es nicht. Darauf ist man so national-stolz, daß die Norweger 2004 den Inbegriff dieser Haltung zum norwegischen Nationalwort kürten: *dugnad*. Zum *dugnad* kommen Leute zusammen, die etwas gemeinsam haben – seien es Kinder in einer Klasse, die Mitgliedschaft in einem Verein oder dieselbe Adresse –, um in der Gruppe etwas zu tun, was man als unbezahlte Gemeinschaftsarbeit bezeichnen könnte. Das aber trifft den Kern von *dugnad* nur sehr ungenau. Das speziell Norwegische daran ist, daß diese Leute sich treffen und Arbeiten ausführen, für die man in anderen Ländern jemanden bezahlen würde. Daß Eltern ein Schulfest vorbereiten, ist nicht sehr aufsehenerregend, daß Mitglieder ihr Vereinshaus streichen, schon eher, vor allem, wenn es sich nicht um einen

Jugendclub handelt. Aber *dugnad* ist auch, wenn die Bewohner von Eigentumswohnungen am Wochenende geschlossen in Arbeitskleidung antreten, um Haus und Anwesen auf Vordermann zu bringen: die gemeinsame Grünanlage herrichten, Zäune reparieren, den Keller aufräumen, die Türrahmen streichen und eine Menge anderer Dinge tun, für die man nicht nur in Deutschland entweder einen Hausmeister beschäftigt oder Firmen beauftragt. Jeder Hausbewohner ist zu einer bestimmten Anzahl Arbeitsstunden verpflichtet, wer die nicht leisten kann oder will, muß zahlen. In den Tagen vor einem *dugnad* wird pflichtschuldig ein bißchen rumgemault, aber kaum einer versucht, sich rauszumogeln oder freizukaufen, denn das gehört sich nicht.

Also krempelt man die Ärmel hoch und geht die Aufgaben an, gern in Form eines *skippertak*, ein weiteres unübersetzbares Wort. Ein *skippertak* ist ein Anfall von Arbeitswut, ein plötzlicher Kraftakt von meist kurzer Dauer zur überfälligen Lösung eines bereits allzu lange anstehenden Problems. Ich höre immer wieder, das sei typisch für Norweger. Sollte das wahr sein, ist allerdings mein privates und berufliches Umfeld von Kryptonorwegern unterwandert.

Nach einem *dugnad* sitzen alle noch Kuchen essend und Würstchen grillend zusammen – das zu schwänzen, gehört sich natürlich auch nicht. Das alles hat die sehr angenehme Seite, daß man seine Nachbarn kennenlernt, und die sehr unangenehme, daß man als halbwegs arbeitsfähiger Mensch dem erzwungenen gemeinsamen Tun mit den möglicherweise gar nicht so netten Nachbarn nur entkommt, wenn man krank oder verreist ist oder eines von beiden vorschützt, was ja nicht so einfach ist, wenn man im selben Haus wohnt. Das Maß an sozialer Kontrolle ist hoch, Gleichheit, im positiven wie im negativen Sinn, gilt immer noch mehr als individuelle Freiheiten.

Im schlimmsten Fall erzeugt das eine Atmosphäre von Borniertheit, geistiger Muffigkeit, Mittelmäßigkeit und Angst.

Genau das steckt in dem Begriff *janteloven*, das *Gesetz von Jante*. Es besteht aus zehn Regeln, die der Schriftsteller Aksel Sandemose in einem Roman formuliert hat; sie benennen in der Art der Zehn Gebote, wie Gemeinschaften jedes ihrer Mitglieder klein und gefügig halten: »Du sollst nicht glauben, daß du jemand bist«, lautet das erste Gebot, »Du sollst dir nicht einbilden, daß du besser bist als wir« ein anderes, »Du sollst nicht glauben, daß du uns etwas beibringen kannst« das zehnte und letzte.

Dergleichen kennt auch, wer nie in Norwegen war, denn es sind die ehernen Gesetze des Dorfes. Das Besondere an Norwegen ist, daß die Norweger das Gesetz von Jante als wichtigsten Aspekt ihres nationalen Wesens bezeichnen – vor allem, wenn sie sich von ihren Landsleuten distanzieren wollen.

Außerordentlich *Jante* an Norwegen ist beispielsweise, daß Auffallen selten belohnt wird. Während es der norwegische Traum ist, allein gegen die Großen anzutreten und zu gewinnen, ist es das norwegische Ideal, zu gewinnen und dann still und leise in die Reihe zurückzutreten. Unter der Knute von *Jante* werden Eliten (die Sportelite ausgenommen) gekappt, eine Wissenschaftlerin machte sich im akademischen Milieu äußerst unbeliebt, als sie in einem Interview erzählte, daß ihre Kollegen gegen jeden, der sich in den Medien zu sehr hervortut, eine strenge innere Justiz üben. Der schärfste Ausdruck der Mißbilligung sei in aller Regel ein völliges Verschweigen. Wenn sie beispielsweise im Fernsehen auftrete, werde das in den folgenden Tagen von keinem ihrer Kollegen erwähnt. Niemand sollte sich dem Verdacht aussetzen, mit seinen Leistungen prahlen oder andere übertrumpfen zu wollen, keiner möchte als elitär gelten. Daher stellt man sein Licht immer und überall unter den Scheffel. Wer anerkannt werden will, muß bescheiden bleiben.

Und nett. Denn ein weiteres, eng mit *Jante* verwandtes Gesetz Norwegens ist der *snillisme*, was mit »Harmoniesucht« nur ungenügend übersetzt ist. *Snill* bedeutet lieb und nett.

Das charakterisiert den normalen Umgangston der Norweger untereinander und macht den Alltag sehr angenehm. Unter das Gebot des *Nettismus* fallen selbstverständlich auch Konflikte, Kompromisse stehen hoch im Kurs. Manche meinen abschätzig, Konsens sei erste Bürgerpflicht. Ich würde eher sagen, daß das Land eine hohe Streitkultur hat – *Ombudsmann* ist auch ein norwegisches Wort. Man läßt dem Gegner das Gesicht. Wenn der Vertreter der Partei A bei einer Talkshow Dinge sagt, die seinen Opponenten von der Partei B rotsehen lassen, wird dieser seine Entgegnung gleichwohl meist mit der Versicherung beginnen, er verstehe durchaus, wieso A dieser Ansicht sei. So könne man das Problem tatsächlich sehen. Er, also B, *reagiere* allerdings *ein wenig* auf die Behauptung vom A, daß (und dann zieht er vom Leder). Er finde es auch *etwas irritierend*, wenn A wiederholt bestreite, daß (und dann zieht er wieder vom Leder).

Wenn es irgend geht, streitet man nicht, jedenfalls nicht mit harten Bandagen oder gar unter der Gürtellinie. Und die Norweger sind sehr verstört, wenn sich jemand auf eine Weise aufführt, die sie zwingt, nicht nett zu reagieren. Ein Diplomat meinte lachend: »Wir sind doch die besten Menschen der Welt. Wenn wir keine andere Wahl mehr haben, als uns anders zu verhalten, sind wir ziemlich verzweifelt.«

| Eine ganz normale Familie

Zwei Jahre, nachdem Lady Di der Welt und somit auch der deutschen Boulevardpresse verlorenging, hatte der norwegische Kronprinz Haakon die Liebenswürdigkeit, sich in eine junge Frau zu verlieben, die den Blutdruck aller Klatschkolumnisten schlagartig hochtrieb. Sie war weder alter noch neuer Adel, das allerdings verstörte kaum jemanden, da Europas Prinzen und Prinzessinnen inzwischen ja prinzipiell nur

Bürgerliche heiraten. Außerdem schicken die Skandinavier ihre Königskinder bekanntermaßen nicht in Elite-Internate, sondern in die Grundschule um die Ecke, mit Hans und Liese, Pardon: mit Ola und Kari. Daß da etwas hängenbleibt, ist ja wohl klar.

Haakon und seine Freundin zogen dann auch wie Ola und Kari unverheiratet zusammen. Aber diese Freundin war nicht die Tochter eines Reedermillionärs. Sie war arm und ihr Vater lebt von Sozialhilfe. Sie hatte ein uneheliches Kind von einem Mann, der wegen Drogen vorbestraft war, sie selbst schien auf dem Gebiet »Sex and Drugs and Rock 'n' Roll« wenig ausgelassen zu haben. Man munkelte sogar von gewissen Fotos, die ein ehemaliger Geliebter der Presse zum Kauf angeboten habe. Doch während aus dem rehäugigen Schlichtchen Diana eine Mischung aus Mutter Teresa, Marilyn Monroe und Schwarzer Witwe wurde, ging das wilde Partygirl Mette-Marit Tjessem Høiby den entgegengesetzten Weg: Sie zog sich einen akkuraten Scheitel ins flachsblonde Haar und wurde zum Schwiegermuttertraum.

Wie die düpierte Boulevardpresse dennoch Woche für Woche und Jahr für Jahr versucht, ihre Krönchen ins Trockne zu bringen, soll ihr Problem bleiben. Interessanter ist, was man aus dieser Aschenbrödel-wird-Prinzessin-Geschichte über das Selbstverständnis des modernen Norwegens lernen kann – über die offenkundige Tatsache hinaus, daß auch im emanzipierten Norwegen der Königsweg einer Frau zu Ruhm und Wohlstand über eine kluge Partnerwahl führt:

1. Natürlich zählen auch in Norwegen Familie und Herkunft. Da das aber nicht zu dem Ideal von Gleichheit paßt, wird es generell heruntergespielt. Man kann niemanden für seine Eltern haftbar machen, aus welchem »Stall« jemand kommt, darf daher nicht für und schon gar nicht gegen ihn (oder sie!) verwendet werden. Daher spielte Mette-Marits Vater für die Frage, ob seine Tochter eines Tages Königin werden kann, im Norwegen des Jahres 1999 keine Rolle, auch

wenn er, ehrlich gesagt, so peinlich ist, daß man bei der Nennung seines Namens reflexhaft die Augen schließt, und es der Boulevardpresse gelang, ihn zu manchen weiteren Unsäglichkeiten zu ermuntern.

2. Norwegen ist, soweit ich weiß, das einzige Königreich der Welt, das einen König, aber keinen einzigen Adligen hat. Das norwegische Parlament schaffte 1821 alle Adelstitel ab und zwar gegen den Willen des schwedischen Königs, der damals auch norwegischer König war. Die Norweger machten es dennoch, ruhig und entschieden, einfach so. Dreißig Jahre zuvor hatten auch die Franzosen ihre Adligen abgeschafft, was bekanntermaßen etwas anders vonstatten gegangen war.

Als 1905 Norwegen souverän wurde, wollte das Volk nach 550 Jahren wieder einen eigenen König. Sie nahmen einen dänischen Prinzen und gaben ihm den Namen Haakon VII.; seine Gemahlin war eine englische Prinzessin, das norwegische Königshaus ist also eigentlich dänisch und englisch. Deren Sohn Olav heiratete Märtha von Schweden, seine Cousine. (Bitte blättern Sie nicht weiter, jetzt kommt es!) Auch deren Sohn, der spätere König Harald, hätte im Ausland nach einer adligen Gefährtin suchen müssen. Ob und wie intensiv er das tat, spielt keine Rolle, denn seine Wahl fiel auf die Osloerin Sonja. Vater Olav sperrte sich acht Jahre lang gegen eine bürgerliche Schwiegertochter, Jahre, in denen die Presse von der Liaison wußte, aber nicht darüber berichtete. (So waren Journalisten früher einmal.) Angeblich willigte König Olav erst ein, als sein Sohn ihn erpreßte: Wenn er Sonja nicht heiraten dürfe, werde er nie heiraten. Ziemlich romantisch. Hätte man nicht gedacht von so einem kühlen Norweger, oder? Und ziemlich pflichtbewußt: Sein entfernter Verwandter Edward VIII. hatte in einer ähnlichen Zwickmühle bekanntlich ein Leben mit Wallis dem Dienst am Vaterland vorgezogen.

Harald heiratete Sonja, die eine attraktive, beliebte, vor

allem aber klug agierende Landesmutter wurde. Als Mette-Marit auftauchte, hatten Volk und Königshaus also bereits seit dreißig Jahren die besten Erfahrungen mit einer »bürgerlichen« Königin.

3. Und Mette-Marits Kind? In Norwegen kommt jedes zweite Kind unehelich zur Welt. Daher regte es das norwegische Volk nur mäßig auf, daß ihr künftiger König eine ledige Mutter heiraten wollte. Die Öl- und Energieministerin Marit Arnstad bekam 1999 während ihrer Amtszeit ein Kind und blieb – bitte bedenken Sie: als Ministerin eines der wichtigsten Ressorts! – ein halbes Jahr im Mutterschutz. Sie hatte weder Ehemann noch offiziellen Partner, über den Vater des Kindes schwieg sie sich aus. Solange eine Frau nicht vorhat, den Kronprinzen zu heiraten, gilt dergleichen in Norwegen als Privatsache einer Frau. All das nahm die norwegische Öffentlichkeit noch gelassen hin. Doch selbst diesem liberalen Völkchen stockte kurz der Atem, als Arnstad ihren acht Monate alten Sohn zu einem Staatsbesuch nach Saudi Arabien mitnahm – in ein Land, in dem ledige Mütter noch immer Gefahr laufen, zu Tode gesteinigt zu werden!

Regierungschef war damals Kjell Magne Bondevik, Christdemokrat und Pastor der lutherischen Staatskirche. Bondevik mußte drei Jahre später einen weiteren »Sexualfrosch« schlucken, als sein Finanzminister als erster Minister des Landes offiziell seinen Freund heiratete, obwohl die Christdemokraten gesetzlich legitimierte Partnerschaften von Homosexuellen nicht gutheißen.

Angesicht dieser gesellschaftlichen Gesamtlage kommentierte das Schloß Mette-Marits Sohn selbstverständlich mit keiner einzigen abfälligen Silbe, und seit die Verbindung zwischen ihr und Haakon offiziell besiegelt ist, unterhält jeder mit jedem ein demonstrativ zivilisiertes, ja freundschaftliches Verhältnis. Nach Art der aufgeklärten Patchworkfamilie wurde der leibliche Vater des Jungen zur Hochzeit eingeladen, er fuhr mit ihm und dem Kronprinzenpaar in Urlaub, zur Einschulung wurde das Kind von Mutter, Vater und Stiefvater begleitet. Alles sehr vernünftig. So macht man das in Norwegen.

4. Was die Leute wirklich aufbrachte, war Mette-Marits Vergangenheit, so liberal ist Norwegen nun auch wieder nicht. Nur noch sechzig Prozent der Bevölkerung stützten die Monarchie. In dieser Situation griffen die Strategen des Schlosses auf ein Ritual aus der pietistischen Tradition des Landes zurück: Der Sünder stellt sich vor die Gemeinde, bekennt seine Sünden, bereut, gelobt Besserung.

Die Bilder der Pressekonferenz gingen um die Welt: Das zerknirschte Mädchen, die Haare straff zurückgebunden, der Kopf gesenkt, die Stimme leise, eine Hand geborgen in der Hand des Bräutigams neben ihr. Es war ein Spiel mit hohem Einsatz, doch das Kalkül ging auf.

Beim Hochzeitsbankett sagte der Mann, der noch wenige Stunden zuvor einer der begehrtesten Junggesellen der Welt gewesen war, zur Braut (und der hyperventilierenden Boulevardpresse): »Ich war noch nie so stark und noch nie so schwach wie mit dir. Mette-Marit, ich liebe dich.« Der heiratsfähige weibliche Hochadel Europas wird geschluchzt haben, und das nicht nur aus Rührung.

Eine Woche nach der – unter allen Aspekten außerordentlich erfolgreichen – Hochzeitsinszenierung fragte die Tageszeitung *Aftenposten* ihre Leser, was sie von der Ehe des Kronprinzenpaares hielten. Achtzig Prozent sahen sie positiv. (Neun Prozent negativ und zwölf Prozent hatten keine Meinung, die Redaktion war also offenbar nach dem Festrausch intellektuell noch nicht wieder ganz auf der Höhe.)

Die Romantik der Liebesheirat rührte das Volk und führte überraschenderweise dazu, daß bei jüngeren Leuten, denen die Monarchie bis dahin relativ gleichgültig gewesen war, die Zustimmung zum Königshaus stieg. Sie meinten, Mette-Marit kenne »das normale Leben von normalen Leuten« und werde das als Kronprinzessin und Königin nicht vergessen.

Die traditionellen Monarchisten gaben sich noch eine Zeitlang reserviert, aber wie bei verstimmten Verwandten üblich, waren auch sie spätestens beim ersten gemeinsamen Kind weichgeklopft. Als 2003 Ingrid Alexandra, künftige Königin aller Norweger, zur Welt kam, hatte das ganze Land vor Rührung feuchte Augen. Selbst die Zeitung *Klassekampen* (Der Klassenkampf), einstmals Sprachrohr der Maoisten und auch heute noch irgendwie links, brachte auf der Titelseite ein Foto des strahlenden jungen Vaters. Vielleicht war es eine späte Ehrung dafür, daß dessen Urgroßvater König Haakon 1932 die Empörungen der Konservativen darüber, daß er die Sozialdemokraten mit der Regierungsbildung beauftragt hatte, mit einem souveränen »Meine Herren, ich bin auch der König der Kommunisten« parierte.

Die Königlichen, wie man die Royals in Norwegen nennt, gaben bis ins letzte Detail die »ganz normale Familie«: Die ersten offiziellen Fotos der neugeborenen Kinder von Mette-Marit und Haakon, die das Schloß an die Presse gab, tragen den Copyright-Vermerk: H. K. H. Kronprins Haakon (Seine Königliche Hoheit Kronprinz Haakon). Er war bei der Geburt beider Kinder dabei, bei der Pressekonferenz nach der Geburt des Sohnes gestand er, daß er geweint habe. Er habe bekanntlich »nah am Wasser gebaut«. Vermutlich schrieben es deutsche Zeitungsleser dieser partiellen Umnachtung zu, daß er sein Neugeborenes originellerweise als »frisch und fein« bezeichnete. Partiell umnachtet war eher der Korrespondent. Haakon hatte gesagt, das Kind sei »veldig fin og frisk«: sehr schön und gesund. Konventioneller geht es kaum.

Die Probleme einer dermaßen volksnahen Königsfamilie sind offenkundig: Ist sie zu normal, macht sie sich schnell entbehrlich. Benimmt sie sich zu aristokratisch, wirft man ihr »Allüren« vor – ein vernichtendes Urteil, ist doch das größte Lob der Norweger für ihre Prominenten, daß er (oder sie) *folkelig* sei. Diese unübersetzbare Anerkennung bedeutet, daß der so Bezeichnete volksnah ist und »sich nichts einbildet«, schon gar nicht, etwas Besseres zu sein.

Realistisch betrachtet – und das heißt hier ganz ausnahmsweise einmal: nach den Kriterien des europäischen Adels – ist das norwegische Königshaus aber schon jetzt nur noch ein klein wenig besser: Ingrid Alexandra, die, falls es bei der Monarchie bleibt, nach ihrem Vater Haakon den Thron besteigen wird, hat eine bürgerliche Großmutter und eine bürgerliche Mutter. Sie ist also zu Dreiviertel Bürgerliche. Wer diese wirklich einfache Rechnerei im Beisein von Norwegern laut ausführt, löst bei seinen Gesprächspartnern Hüsteln, Räuspern, Stirnrunzeln und die Frage aus, ob man noch etwas Kaffee möchte, kurz, die klassischen Anzeichen dafür, daß man sich gerade hüfthoch in ein Fettnäpfchen manövriert hat.

In zweierlei unterscheiden sich die Königlichen aber unangefochten von ihrem Volk: Zum einen steht man auf, wenn ein Mitglied der königlichen Familie den Raum betritt. Für monarchielose Gesellen wie unsereins ist es befremdlich, wenn ein vollbesetzter Theatersaal (und man selbst mittendrin) aufsteht, weil eine sehr junge Frau – Prinzessin Märtha Luise vor ihrer Hochzeit – mit ein paar Leibwächtern hereinkommt. Wann beginnt man damit? Wie alt müssen Prinzessin Ingrid Alexandra und ihr Bruder Prinz Sverre Magnus sein, bevor die Nation für sie aufsteht?

Und sie sind möglicherweise die einzigen Menschen in ganz Norwegen, die automatisch gesiezt oder gar in der dritten Person angesprochen werden. Das *Sie* begann schon in den sechziger Jahren zu verschwinden, nun gibt es nur noch ein dem englischen *you* vergleichbares *du*. Man spricht sich mit dem Vornamen an, wenn man sich gar nicht kennt, benutzt man gelegentlich den Nachnamen, dann aber ohne *Frau* oder *Herr*. Das klingt für deutsche Ohren grauenvoll unhöflich: »Ach Drolshagen, das ist aber nett, daß du anrufst.«

Nun, die Königsfamilie beherrscht die Regeln des *»folke-

lig«-Spiels meist hervorragend: Vermutlich war es nur in Norwegen denkbar, daß ein König während der Ölkrise 1973/74 mit der S-Bahn zum Skilaufen in den Norden Oslos fuhr und vorher eine Fahrkarte löste, daß ein Königspaar winterliche Staatstermine nicht in Kaschmirmänteln und Pelzen, sondern in robusten Anoraks von der Stange absolviert. Ein Weihnachtsbild aus dem Schloß zeigt die Königin, wie sie auf dem Fußboden kniet und mit dem unehelich geborenen Stiefkind ihres Sohnes spielt. Für die Untertanen ist dergleichen keineswegs eine Entweihung der Majestätswürde, sondern der Beweis, daß auch Herr und Frau König im Grunde nichts Besonderes sind. Das hat Tradition: Der König im norwegischen Märchen gleicht eher einem Großbauern als einem Sonnenkönig von Gottes Gnaden.

Zu den wichtigsten Terminen des Jahres zählen die drei Stunden am 17. Mai, dem Nationalfeiertag, in denen die Königsfamilie lächelnd auf dem Balkon steht und winkt und winkt und winkt. Dort haben sie, die Kriegsjahre ausgenommen, seit 1906 jedes Jahr gestanden, aber vielleicht haben sie nicht von Anfang an unentwegt fröhlich gewinkt. Wer immer damit angefangen hat, seine Nachfolger werden ihn verfluchen, denn für dieses stundenlange Winken muß man vermutlich das ganze Jahr über Krafttraining machen. Queen Elizabeth jedenfalls war sicher gut beraten, mit solchen sportlichen Exzessen gar nicht erst anzufangen, sondern nur alle halbe Stunde einmal matt die Hand zu heben.

Auf dem Balkon dürfen (und müssen) nur die Königlichen stehen. Mette-Marits uneheliches Kind darf (muß) also ebensowenig winken wie Königstochter Märtha Louise, die seit ihrer Heirat mit dem (wie man ihn ein bißchen gehässig nennt) Pop-Poeten Ari Behn keine »Königliche« mehr ist und nun den bemerkenswerten Namen Prinzessin Märtha Louise Frau Behn trägt. Märtha Louise ist, sagen wir es einmal diplomatisch: äußerst romantisch veranlagt. Bei ihrer Hochzeit waren Blumen zu »A loves M« gesteckt, über die Hochzeitskarten urteilte ein Professor für Design, sie sähen aus »wie eine Einladung zu einer russischen Mafiahochzeit in Cannes«, die Chefredakteurin einer Designzeitschrift meinte: »Außerordentlich niedlich. Ich muß sofort an Barbie denken.«

Zurück zum Schloßbalkon. Dort tragen alle Winkenden Hüte, die Männer Zylinder, die Frauen hatten bisher Königin Elizabeth-Hüte auf: bieder umrahmte Sicht auf das königliche Antlitz. Auch auf diesem Gebiet sorgt Mette-Marit von Anfang an für Gesprächsstoff, sei es, daß sie zur Taufe ihrer Tochter ein explodiertes Geschenkband auf dem Kopf trägt, sei es, daß sie das 17.-Mai-Winken mit einem so ausufernden burgunderroten Wagenrad absolviert, daß darunter ein Double kaum aufgefallen wäre.

Wie eng der Spielraum eines »Volkskönigs« ist, zeigt sich immer dann, wenn die Königlichen in den Verdacht kommen, Geld zu verjuxen oder sich Sonderrechte herauszunehmen, nur weil sie Königs sind. Dann werden sie nicht nur auf eine Stufe mit Ministerpräsidenten gestellt, sondern gleich auf die von Kari und Ole Nordmann, wie die Durchschnittsnorweger heißen.

Als vor einigen Jahren Teile des Osloer Schlosses renoviert wurden, baute die ganze Nation mit und empörte sich: 2001 verließen die letzten Handwerker die (wieder) glanzvolle Residenz, aber die Arbeiten hatten nicht, wie ursprünglich veranschlagt, 85, sondern 512 Millionen Kronen gekostet. Königin Sonja, hieß es, habe das Geld mit vollen Händen ausgegeben. Zum Symbol für Luxus und Verschwendung wurde ausgerechnet ein neuer Aufzug in der königlichen Wohnung: Der Innenraum war in Birke und Mahagoni gehalten, er hatte indirekte Deckenbeleuchtung, einen mit dunkelbraunem Leder bezogenen Klappsitz und – jawohl! – einen Messinghandlauf.

Bereits im Vorfeld fuchtig reagierte die Presse auf Gerüchte (die sie, wenn nicht in die Welt setzte, jedenfalls freudig verbreitete), das Kronprinzenpaar wolle auf einer Insel in Südnorwegen ein Wochenendhaus bauen, die Kommune habe ihnen bereits ein 800 Quadratmeter großes Ufergrundstück zu einem lächerlich günstigen Preis angeboten. 800 Quadratmeter am Ufer zum Sonderpreis? Das klingt nach Bevorzugung, das würden die Norweger ihren Königs nie nachsehen – egal, wie süß die Kinder sind. Das Schloß ließ umgehend und in alle Richtungen dementieren. Um Schadensbekämpfung bemüht, bestieg Königin Sonja kurze Zeit später höchstpersönlich einen Berg und ließ sich, nach einer Wegstunde oben angekommen, in veritabler Wanderkluft samt Wanderschuhen und um die Taille gebundenem Pullover vor dem weltberühmten Geirangerfjord ablichten.

Das Balancieren zwischen zu »folkelig« und zu »königlich« ist eine Gratwanderung ohne Sicherheitsnetz. König Harald nennt das Königshaus den Klebstoff, der das Land zusammenhält, aber sobald die Familie sich ein bißchen quer zu dem bewegt, was man von ihr erwartet, wird die Frage gestellt, ob die Monarchie noch zeitgemäß sei. Bislang lautete die Antwort landauf, landab immer noch, sie würden ihren Job doch ganz gut machen, die Königlichen: »Es gibt wirklich keinen vernünftigen Grund dafür, sich ein Königshaus zu halten; aber wer will schon ein Leben, das nur auf Vernunft basiert?«

| Die Mär vom ewig betrunkenen Norweger

Er fühle sich in Westeuropa immer zu der Erklärung gedrängt, daß er »kein Alkoholiker sei, sondern daß bei uns einfach alle schnell trinken«, sagt der Litauer Marius Ivaskevicius, der sich mit seinen Trinksitten in Norwegen wie zu Hause fühlt. Ich weiß nicht, wie das in Litauen endet, in Norwegen jedenfalls trinkt man zwar nur am Freitag- und Samstagabend, aber wer damit anfängt, führt sich oft auf, als drohe am nächsten Tag die Prohibition. Vor allem Jugendliche saufen oft exzessiv, ja bis an die Grenze der Bewußtlosigkeit. Auf norwegisch heißt das *helgefyll* – Wochenendsuff. Eingerahmt ist das teure Trinken in Kneipen von einem *vorspiel*, bei dem man sich zu Hause mit Freunden eine solide Basis antrinkt, und einem *nachspiel*, bei dem man privat weiterfeiert, weitertrinkt und sich möglicherweise endgültig die Kante gibt. Wieso die Wörter Vorspiel und Nachspiel bei ihrer Reise nach Norwegen einen solchen Bedeutungswandel erlebt haben, ist etymologisch ungeklärt, auch wenn sich natürlich der Gedanke aufdrängt, daß die Freuden von *vorspiel* und *nachspiel* denen von Vorspiel und Nachspiel gleichkommen oder sie, wenn mit zuviel Leidenschaft und Hingabe gevor- und genachspielt wurde, gänzlich ersetzen.

In Gruppen wird oft zum Trinken gedrängt, auch dafür gibt es ein eigenes Wort: *drikkepress* – Trinkdruck. Die charmante Tradition des Kampfsaufens reicht weit zurück. Schon zur Wikingerzeit galt es als unhöflich, sich als Gast nicht zu betrinken, und auch später hat die stolze Seefahrernation nicht abstinent gelebt – wer richtig hackevoll ist, ist in Norwegen *voll wie ein Seemann*. Es kommt vor, daß er auch stirbt wie ein Seemann: Indem er ersäuft. In Norwegen (wie übrigens auch in Finnland) ertrinken in den hellen Nächten des Sommers viele Männer, mindestens jeder Dritte hat Alkohol im Blut, viele sterben mit offener Hose: Sie wollten über Bord oder über eine Klippe schiffen und verloren dabei das Gleichgewicht.

Weil durchschnittliche Norweger nicht an unbeschränkte Alkoholvorräte gewöhnt sind, geben sie sich im Ausland gern dem Suff hin. Dort ziehen sie dann durch lautes, fröhliches Rufen, Lallen, Torkeln und Schlimmeres die Aufmerksamkeit auf sich. So ist der Eindruck entstanden, daß sie sich auch zu Hause unentwegt im Zustand fortgeschrittener Trunkenheit befinden. Die Wahrheit ist ziemlich ernüchternd: In Europa trinken nur die Isländer *weniger* Alkohol; die Deutschen zum Beispiel kippen dreimal so viel Bier und Schnaps weg. Eine schlüssige Erklärung, wie es zu diesem irrigen Eindruck kommen konnte, fand ich in einem Büchlein des Norwegers Odd Børretzen: »Obwohl also der Alkoholverbrauch des Norwegers einer der niedrigsten in Europa ist, kann es manchmal so aussehen und sich anhören, als sei das nicht der Fall. Das kommt daher, weil der Däne, der Engländer, der Franzose usw. während der gesamten statistischen Periode jeden Tag ein bißchen trinken, während der NORWEGER oft die gesamte Statistik mit einem Mal austrinkt. Das geschieht oftmals auf der Fähre nach Dänemark oder auf anderen Reisen ins Ausland. Und dann können 3,2 Liter Wein, 45,1 Liter Bier und 1,2 Liter Schnaps als mehr erscheinen, als sie faktisch sind, rein statistisch. Nachdem er die Jahresstatistik getrunken hat, ist er glücklich, zufrieden und freundlich.« Und mitunter etwas lauter als sonst. Außerdem wird er redselig. »Dann beherrscht er plötzlich mehrere Fremdsprachen (Englisch, Französisch, Italienisch, Russisch usw.), die er sonst nicht kann. Und er löst im Laufe des Abends die meisten Weltprobleme.« Das ist allerdings nicht sehr bemerkenswert, das versucht ja seine Regierung mit ihren weltweiten Friedensmissionen auch.

Selbst wer nahezu nichts über Norwegen weiß, hat gehört, daß Alkohol dort teuer ist. Und selbst wer das weiß, ist meist schockiert, festzustellen, *wie* teuer *teuer* ist. Das liegt an den hohen Steuern: Eine Flasche Smirnoff kostet im Laden 250 Kronen, 196 davon sind Steuer. Herstellung, Import und Verkauf von Alkoholika mit mehr als 4,5 % Alkohol unterstehen grundsätzlich und ausnahmslos der Aufsicht einer staatlichen Behörde namens *Vinmonopol,* die auch gleichnamige Läden betreibt. Es wäre ein leichtes, das Land in kürzester Zeit mehr oder weniger trockenzulegen, indem man die Läden und Lager bestreikt, was die Vinmonopol-Beschäftigten bei Gehaltsverhandlungen in eine beneidenswerte Position versetzt. Wenn ihr starker Arm es will, bleibt Norwegen nüchtern. Als es vor vielen Jahren wirklich einmal zum Streik kam, erlebte das Land eine Blütezeit privater Außenhandelskontakte. Norweger strömten per Auto, Zug, Boot und Flugzeug über die Grenzen, um bei den Nachbarn die Vorräte aufzustocken; Verwandte, Freunde, Geschäftspartner und lange zurückliegende Urlaubsbekanntschaften wurden angeschrieben, die dann aus dem Ausland gluckernde Care-Pakete schickten. Nach fünfzehn Wochen mußte die Regierung eingreifen, um den Streik zu beenden. Andernfalls wäre womöglich eine Revolution ausgebrochen, denn Weihnachten stand vor der Tür.

Wenn ein Gastgeber (außer bei Hochzeiten, runden Geburtstagen usw.) die Getränke seiner Gäste bezahlen müßte, könnten sich viele kaum mehr als ein Kaffeekränzchen mit Likör leisten. Daher ist es nicht nur unter Jugendlichen üblich, daß jeder Partygast mitbringt, womit er sich zu betrinken gedenkt, denn kein Fest ohne Alkohol und ohne Alkohol kein Fest. Die allerbilligsten italienischen Rotweine kosten im *Vinmonopol* um die siebzig Kronen, also etwa acht Euro fünfzig. Als ich einer Norwegerin gegenüber Zweifel äußerte, ob dieser Wein in Italien als trinkbar gelte, rief sie mich scharf zur Ordnung. Die Qualitätskontrolle der eingeführten Alkoholika sei streng, es komme nur einwandfreie Ware ins Land. Bitte beachten Sie die Gleichsetzung von »trinkbar« mit »gesundheitlich unbedenklich«. Nun ja. Vielleicht sollte ich erwähnen, daß die Angst kursiert. Zwischen 2002 und 2004 starben mindestens zehn Menschen an Schmuggelsprit mit lebensgefährlichen Mengen Methanol.

Natürlich wird immer geschmuggelt, was das Zeug hält, und es wird, auch wenn nicht so viel wie früher, selbst gebrannt und gebraut. Es gehört nämlich zu Norwegens erfreulichen Ungereimtheiten, daß privates Schnapsbrennen und Bierbrauen verboten, der Verkauf von allen Gerätschaften, die man dazu braucht, hingegen erlaubt ist. Der »Selbstgebrannte« ist so hochprozentig, daß man ihn keinesfalls ohne Kaffee oder Cola trinken sollte. In den Supermärkten werden

Minifläschchen mit Aromen verkauft, die dem Sprit angeblich den Geschmack von Wodka, Cognac, Aquavit oder ähnlichem verleihen. Während ich in einem Osloer Supermarkt vier Geschmacksvarianten in einem bodennahen Regal verstauben sah, hatte ein Laden derselben Kette in Nordnorwegen elf verschiedene Aromen prominent in Augenhöhe plaziert.

Ich selbst verdanke dem durchaus mäßigen Genuß von selbstgebrautem Bier den mörderischsten Kater meines Lebens. Spätere Nachfragen beim Gastgeber ergaben, daß (a) von den Gästen in den Tagen nach dem Fest nur sein alkoholabstinenter Bruder außerhalb des Hauses gesichtet worden war und (b) der Alkoholmesser am Braufaß schon länger nicht zuverlässig funktionierte. Hätte er wegen einer solchen Lappalie alles wegschütten sollen?

Weißweine werden im Sommer und (angeblich) vor allem von Frauen getrunken, aber generell sind Rotweine beliebter als Weißweine, die Erklärung dafür lautet, daß man wegen der Kälte und Dunkelheit etwas mehr »Schwere« brauche. Vermutlich deswegen kaufen – und trinken – die Nordnorweger dreimal soviel Hochprozentiges wie die Südnorweger. Unter der Woche trinkt man kaum Alkohol, wenn in einem Roman eine Frau an einem normalen Wochentag mittags ein Glas Weißwein trinkt – obendrein ohne dazu etwas zu essen! – kann das nur zweierlei bedeuten: Sie ist entweder völlig verkommen, oder die Szene spielt im Osloer Westend. Dort ist sowieso alles anders, denn dort wohnen die bildungs- und vermögensnahen Schichten. Täte sich die Erde auf und würde diesen Stadtteil samt seiner Bewohner verschlucken, wäre mit einem Schlag ein beachtlicher Teil von Norwegens kultureller und wirtschaftlicher Elite fort.

Die *Vinmonopol*-Läden machen sich rar. Oslo mit über 500 000 Einwohner hat genau 22, die Finnmark im äußersten Norden, ein Distrikt von der Größe Dänemarks, alles in allem acht. In ländlichen Gebieten sieht es mit der Versorgung also düster aus, weswegen es gang und gäbe ist, sich Wein und Cognac per Paket ins Haus schicken zu lassen.

Bevor ein *pol*, wie die Läden genannt werden, in eine Kommune kommt, muß der Gemeinderat das erst beschließen und dann die Verkaufsstelle beantragen. Dem wird nicht automatisch entsprochen. Die Einwohner des nordöstlichen Finnmark-Städtchens Vardø wollten ihrem Wunsch Nachdruck verleihen, indem sie das *Vinmonopol* mit 1000 Postkarten bombardierten, sie bekamen aber nur die Antwort, sie mögen doch bitte mit diesen Postkarten aufhören, es sei vergebens. Die Bürgermeisterin des Inselstädtchens Hadsel hatte so oft vergeblich einen Laden beantragt, daß sie das als »halbjährliche Routine« bezeichnete. Als er endlich kam, hatten die Geschäftsleute zur Begrüßung die Straße festlich geschmückt, das *Vinmonopol* spendierte dem ersten Kunden einen Blumenstrauß und ein alkoholfreies (!) Begrüßungsgetränk.

Bier gilt als frei verkäuflich. Diese Behauptung weckt bei Mitteleuropäern falsche Vorstellungen. Im Lebensmittelgeschäft bekommt man nur Biere mit höchstens 4,5 % Alkohol, ein bayerisches Hefeweizen mit 5,5 % Alkohol gibt es nur im *Vinmonopol*. Frei verkäuflich heißt auch nicht, daß man jederzeit in einen offenen Lebensmittelladen hineingehen und mit Bier herauskommen kann. Bier darf an Wochentagen nur zwischen acht und zwanzig Uhr, samstags nur bis achtzehn Uhr verkauft werden, an Sonn- und Feiertagen sowie an Wahltagen (!) überhaupt nicht. Hat ein Geschäft länger geöffnet, als Bier verkauft werden darf, müssen die Glastüren der Kühlschränke abgeschlossen und die im Laden zum Verkauf gestapelten Bierkisten hinter einem Vorhang verborgen werden.

Die Kommunen können die gesetzlich festgelegten Zeiten verkürzen. So fand ich mich eines Nachmittags in Bergen, immerhin die zweitgrößte Stadt des Landes, in einer erhitzten Diskussion mit einer Supermarktkassiererin wieder, die mir einen Sixpack Bier nicht verkaufen wollte. Das sei nur bis vier Uhr erlaubt, es war zehn nach vier. Ich versuchte es mit dem Hinweis, daß das Gesetz für mich nicht gelte, weil ich Ausländerin bin. Mit diesem raffinierten Argument hatte ein Freund es geschafft, einem Tankwart auf dem flachen Land zwei Flaschen Bier zu entlocken, obwohl Sonntag war.

Die Bergenserin konnte ich mit dem Ausländer-Trick nicht beeindrucken, sie mußte nicht einmal darüber nachdenken. Ihre Kasse war ab sechzehn Uhr für den Strichcode von Bier gesperrt. Alkoholfreies Bier hätte ich bekommen, aber damit hätte ich bei dem Kollegen, bei dem ich eingeladen war, nicht punkten können. Die meisten Norweger finden Bier ohne Alkohol geradezu absurd. Runar Døving, der sich in einem Buch eingehend damit befaßt hat, was seine Landsleute essen und trinken, zitiert ein Gespräch über *Lettøl*, ein Dünnbier mit 2,5 % Alkohol:

»*Lettøl* ist mir entschieden zuviel *virtual reality*.«

»Wie meinst du das?«

»Das ist doch wohl klar: Warum soll ich ein Rauschmittel trinken, das keinen Rausch macht? Das ist doch völliger Quatsch.«

Sie sehen: Alkohol ist in Norwegen kein Genuß-, sondern ein Rauschmittel.

Doch das Verhältnis der Norweger zum Alkohol »normalisiert« sich, manche wollen das *Vinmonopol* ganz abschaffen. Solchen Forderungen würde die Regierung gern den Wind aus den Segeln nehmen, indem sie die Zahl der Verkaufsstellen drastisch erhöht, dagegen agitiert eine starke Anti-Alkohol-Lobby. Zu den gewichtigsten Gegner einer Liberalisierung zählt der Norwegische Ärzteverband, der nicht müde wird zu warnen, daß eine Freigabe zwingend (noch) mehr Alkoholiker und eine (noch) größere gesundheitliche Gefährdung bedeute. Dieser Protest kommt in gewisser Weise aus den eigenen Reihen: Der Komplex *Alkohol* wird nicht, wie in der EU, der Landwirtschaftspolitik zugerechnet, das *Vinmonopol* gehört zum Sozial- und Gesundheitsministerium.

Diese staatliche Behörde soll drei Aufgaben erfüllen, die in ihrer Kombination etwas knifflig sind: Sie soll (a) Alkohol auf geregelte und effiziente Weise verkaufen, (b) mit jeder hochbesteuerten Flasche, die über den Tresen geht, Geld in die Staatskasse bringen und (c) die Bevölkerung vom Alkoholtrinken abhalten. Zu letzterem gehört seit jeher ein striktes Werbeverbot. Vor wenigen Jahren startete das *Vinmonopol* in Zeitungen eine intellektuell angelegte Anzeigenkampagne, die natürlich keine Werbung (da verboten), sondern Aufklärung sein sollte. Neben dem Bild einer Flasche Olivenöl stand, daß die Norweger immer weniger Schnaps und immer mehr Wein tränken, weil sie ausländische Eßgewohnheiten angenommen hätten. Diese Entwicklung sei begrüßenswert, weil sie stärker auf den Geschmack von Alkohol und das Zusammenspiel von Wein und gutem Essen achteten. Man halte Broschüren zum Thema bereit, die man auch gern zuschicke.

Die Folge waren mehrere Diskussionsveranstaltungen im Fernsehen, bei denen Vertreter des *Vinmonopols* und aktiv missionierende Antialkoholiker aufeinander losgelassen wurden. Letztere sahen das Werbeverbot gröblichst und (was sonst) vorsätzlich verletzt. Sie forderten damals und fordern unablässig eine Verschärfung der bestehenden Alkoholgesetze. Viele von ihnen sind strenge Pietisten, daher würden sie Alkohol am liebsten ganz verbieten, aber daß sie damit keinen Erfolg haben werden, scheint selbst ihnen klar.

Bier in Norwegen ist in aller Regel Pils. Eine wichtige Untergruppe ist das *utepils* – wörtlich übersetzt: Draußenpils. Das ist keine Biersorte und keine Brauerei, sondern jedes Pils, das im Freien getrunken wird. Allerdings nicht auf der Straße oder der Parkbank, denn Trinken in der Öffentlichkeit ist verboten, sondern im Lokal, im eigenen Garten oder auf einem privaten Bootssteg. Ohne *utepils* ist in Norwegen kein Sommer, was ein relativer Begriff ist. Denn kaum sind die letzten Schneeflecken geschmolzen, rücken Gastwirte Tische und Stühle vor die Tür. Es mag gerade einmal elf Grad warm – warm? – sein, aber nun wird die Jacke abgeworfen, nun trinkt man in Hemdsärmeln eine Halbe. Das erste *utepils* nach dem Winter ist ein Markstein im Ablauf der Jahreszeiten, er wird in Regionalblättchen kommentiert oder, wie vom Norwegischen Studentenbund, auf der Homepage vermerkt. Dort stand an einem siebten März zu lesen: »Es ist vollbracht! Heute nachmittag wurde das erste *utepils* konsumiert.«

Ich vermute übrigens, daß das absolute Rauchverbot, das seit einiger Zeit in Kneipen herrscht, die Norweger noch erheblich wetterfester machen wird. Des weiteren vermute ich, daß es sich mit der Aufhebung des staatlich regulierten Alkoholverkaufs in Norwegen ähnlich verhält wie in Großbritannien mit der Umstellung auf den Rechtsverkehr: Der richtige Zeitpunkt wurde verpaßt, nun würde man das Leben zahlloser Landsleute gefährden.

Das einzige alkoholische Getränk, das Norwegen in großem Stil exportiert, ist *Linie Aquavit*. Er entstand als ideale Kombination aus dem protestantischen Bemühen, Alkohol außer Reichweite zu bringen, und dem Wunsch von Seeleuten, ihren Alkoholvorrat mit sich zu führen. Die Entstehung des *Linie*, erläutert die Firmengeschichte, verdanke sich einem Zufall. 1805 sei ein Faß Aquavit von einer Schiffsreise nach Ostindien unverkauft nach Norwegen zurückgekommen. Als man es öffnete und den Inhalt probierte, habe man erfreut festgestellt, daß die lange Reise dem Aquavit gutgetan habe. Wie es überhaupt ungeöffnet wieder nach Hause hatte kommen können, wird nicht erklärt, möglicherweise war der Kapitän Pietist. Seither schippert Aquavit in Sherryfässern auf norwegischen Schiffen einmal über die Äquatorlinie und zurück (daher das Wort *Linie*). Auf jeder Flasche ist vermerkt, wann und auf welchem Schiff der Inhalt das tat.

Selbstverständlich mögen die Norweger ihren *Linie Aquavit* lieber als alle anderen Aquavits, ein Fan ging so weit, ihn als eine der erogenen Zonen der Norweger zu bezeichnen. Es ist im internationalen Vergleich ungewöhnlich, daß eine Spirituose in ihrem Heimatland etwa doppelt so teuer ist wie im Ausland. Also kaufen die Norweger in ausländischen Schnapsläden oder im Duty-free viele, viele Flaschen *Linie* und bringen ihn so unauffällig wie möglich über eine weitere Linie: den norwegischen Zoll.

| Verschleiertes Bauernmädchen und Hammelinkohl

Als eine Osloer Tageszeitung ihre Leser nach empfehlenswerten Restaurants in der Stadt fragte, schlug eine dort studierende Amerikanerin IKEA vor. Etwas anderes könne sie sich in Oslo nicht leisten, außerdem gebe es kostenlose Busse dorthin (wen's interessiert: Die Haltestelle ist vor dem Hauptbahnhof auf dem Jernbanetorget).

Aber an Oslo ist man (leider oder zum Glück) bald vorbei, dann stehen einem noch gut und gern 2000 Straßenkilometer Norwegen bevor. Was den Reisenden dort an Eßbarem erwartet, rechtfertigt die Reise selten. Unumwunden gesagt, ißt der Tourist, der im Campingwagen seine mitgebrachten Dosenravioli erhitzt, nicht unbedingt viel schlechter als jemand, der sich den Eßstätten in den Ortschaften anvertraut, zumal deren Inneneinrichtung es oft mit dem Holzimitat und den karierten Sitzkissen der Busse aufnehmen kann: Es sind entweder Neonidyllen mit kindergartenresistentem Naturholzmobiliar oder schummrig erleuchtete, dunkel gebeizte Gemütlichkeitshöllen.

Die warmen Gerichte, die in den *Kafés, Kafeterias* oder den Schnellimbissen (die *Gatekjøkken*, also *Straßenküche*, heißen) serviert werden, sind oft sensationell schlecht. Wenn man richtig Pech hat, kann man zwischen Pizza unter der Wärmelampe und zerschnittenen Spaghetti mit Hackfleischbällchen wählen, die in einer dubiosen Tomatensoße vor sich hin gelieren. Kaum mehr Freude wird man in den meisten Fällen an »typisch norwegischen Gerichten« wie Fleischklößchen, Koteletts oder Schweinebraten haben, die mit Dosengemüse und Salzkartoffeln, beides verkocht, serviert werden. Überall, wirklich *überall* bekommt man Würstchen, die in *Lompe* (dünne Kartoffelpfannkuchen) gewickelt oder ein knatschweiches Brötchen geklemmt sind, darauf kann man sich Senf, Ketchup, rohe Zwiebeln oder Röstzwiebeln, Essiggurken und / oder Krabbensalat türmen. Vor letzterem bin ich bislang noch zurückgeschreckt, habe ihn aber auf meine Rechercheliste gesetzt. Soviel Professionalität muß sein.

Die düstere Realität des kulinarischen Restaurantalltags zeigt sich daran, daß das staatliche norwegische Fremdenverkehrsamt Kurse für Restaurantköche anbietet, in denen sie lernen sollen, landestypische Gerichte zuzubereiten – und zwar, was ausdrücklich hervorgehoben wird, aus frischen Zutaten der Region. Selbstverständlich gibt es Köche, die das hervorragend beherrschen, einige gute Restaurants haben als Tagesgericht jeweils einen Klassiker der norwegischen Küche auf der Karte. Aber in normalen Lokalen gibt es zum Beispiel erstaunlich selten Fisch. Wer das auf die Schnelle will, kann zu McDonald's gehen. Die Firma reagierte in Norwegen auf den Rinderwahn mit der Einführung eines Lachsburgers. Dummerweise machten wenige Wochen danach Gerüchte über verseuchten Zuchtlachs die Runde.

In den norwegischen Familien wird natürlich anders gegessen, wobei mir immer wieder auffällt, daß ich auf dem Land eine andere Art Essen bekomme als in Oslo, auch dann, wenn die finanziellen Möglichkeiten und der Bildungsstand meiner

Gastgeber gleich sind. Bekomme ich auf dem Land gekochten Lachs mit Gurkensalat, ist es in der Stadt eher gekochter Lachs mit Pesto-Sahnesauce. Essen die einen genau jene *kjøttkake* in brauner Sauce, die meine Großmutter machte, würzen die anderen das Hackfleisch vor dem Braten mit Knoblauch, Koriander, Kreuzkümmel und Chili.

Untrennbar zu Norwegen gehören *tilslørte bondepiker* und *fårikål*, was *Verschleierte Bauernmädchen* und *Hammelinkohl* heißt. Das eine ist kein Beitrag zur Debatte um moslemische Einwanderer, das zweite nicht die norwegische Entsprechung von »den Bock zum Gärtner machen«. Es handelt sich vielmehr um einen Nachtisch (Apfelmus, geschlagene Sahne und Semmelbrösel geschichtet) sowie um einen Eintopf: Hammelfleisch und Kohl, ebenfalls geschichtet und lange gekocht. Eine von mir persönlich durchgeführte repräsentative Befragung unter drei zufällig anwesenden Norwegern ergab, daß *fårikål* das norwegische Nationalgericht ist. Erst später erfuhr ich, daß auch die Hörer einer beliebten Radiosendung dieser Meinung waren. Wie stets, ist auch hier die Spitzenposition hart umkämpft. Ein sehr wahrscheinlicher zweiter Kandidat sind *kjøttkake*, Frikadellen in brauner Soße, die in einer (Pardon, es muß mal gesagt werden) ungleich vulgäreren schwedischen Variante als *kjøttboller* auf den Tellern eines bekannten Möbelhauses herumkullern.

Tilslørte bondepiker und *fårikål* sind Beispiele einer Küche, die mancher als *cucina povera* bezeichnet – solange sie aus Italien kommt. In Gegenden, wo man ohne frisches Gemüse und Kräuter und ohne dunkelgrünes Olivenöl auskommen mußte, also spätestens nördlich von Flensburg, schrumpft die schicke *cucina povera* auf das, was sie war, bevor im deutschen Fernsehen unentwegt gebiolekt und gemälzert wurde: Armeleuteküche. Das Wort riecht nach gekochtem Kohl – nach *fårikål* eben. Raffinesse sieht anders aus.

Die traditionelle norwegische Küche hatte aufgrund des Klimas kaum mehr als Kartoffeln, Wurzelgemüse, Kohl,

Schweinefleisch, das Fleisch und die Milch von Kühen und Schafen, weiter nördlich das Fleisch von Rentieren und Elchen, an der Küste Fisch und Walfleisch. Nichts durfte weggeworfen, alles mußte verarbeitet, fast alles haltbar gemacht werden. Das sagt nichts darüber aus, wie die Zutaten letztlich zubereitet wurden, aber ich fürchte, daß Tania Blixens Erzählung *Babettes Fest*, die 1871 im nordnorwegischen Fischernest Berlevåg spielt, ziemlich zutreffend schildert, wie wenig zuträglich pietistische Freudlosigkeit der Kochkunst und dem sinnlichen Genuß ist.

Es wurde gekocht, weil gegessen werden mußte, und weil die Menschen bei großer Kälte harte körperliche Arbeit verrichteten, aßen sie fett und kohlenhydratreich. Ein ebenso typisches wie extremes Beispiel dieser Ernährung ist das Weihnachtsessen, zu dem Schweine- und Hammelkoteletts, Fleischwurst, Schweinebauch, süßsaures Sauerkraut mit Kümmel, kompakte Kartoffelklöße von schwer zu beschreibendem Olivgrau, orangefarbenes Steckrübenmus und mattgrünes Erbspüree gehören. Das alles wird mit Strömen von ausgelassenem Speck übergossen, schmeckt großartig und führt bei Leuten, die sich sonst vorwiegend von Putenbruststreifchen an Rucola-Bouquet ernähren, sofort zu schwersten Übelkeitsanfällen.

Es sagt eine Menge über das frühere Leben aus, daß das norwegische Wort für »Flitterwochen« wörtlich übersetzt »Weizenbrottage« bedeutet. Statt Brot gab es meist Kartoffelfladen, wenn es Brot gab, war es immer dunkel. Um 1800 erwähnte ein Engländer nach einer Norwegenreise, *flatbrød* sei das Grundnahrungsmittel der Landbevölkerung. Das dünne Brot bestehe aus Wasser sowie Gerste, Roggen, Erbs- oder Weizenmehl, ähnele braunem Packpapier, schmecke aber nicht so gut. Woher nahm er seine Expertise hinsichtlich des Geschmacksspektrums von braunem Packpapier? Und hatte er sich zuvor durch die zahllosen Varianten von *flatbrød* durchprobiert – die für den Alltag, die für den Feiertag und die für das Leben dazwischen? Hat er ein weiches *flatbrød* namens *lefse* probiert? Und falls ja, war es *gnikkalefse, møsbrømlefse, feitlefse, krinalefse, rømmelefse, potetlefse, sunnfjordlefse, anislefse, rekneslefse, suldalslefse, skreppelefse* oder *mørlefse*? Sie alle gibt es noch, die Aufzählung stammt aus einer Feinschmekkerkolumne. Ich kenne leider nur *rømmelefse* und *potetlefse,* die eine wird mit saurer Sahne, die andere mit Kartoffeln gemacht, und ich verbürge mich dafür, daß sie mit Packpapier nichts zu tun haben.

Aber um der Ehrlichkeit willen – und weil die Passage so schön ist – möchte ich noch Jules Verne zitieren. Er besuchte Norwegen achtzig Jahre nach dem erwähnten Engländer und bestätigt nicht nur dessen Befremden über *flatbrød*: »Einen schöneren Ort findet man auf der ganzen Welt nicht... In der Telemark wird normales *flatbrød* serviert, schwarz und steif wie Pappe, oder ein Kuchen, der nach Rinde schmeckt und voller Spelzen ist. Frisch gelegte Eier sind eine Seltenheit. Im Überfluß bekommt man schlechtes, selbstgebrautes Bier angeboten. Süße oder saure Dickmilch und ganz selten auch eine Tasse Kaffee, so zäh und schwarz, daß er mehr mit Pech und Schwefel zu tun hat als mit dem, was wir als Mokka bezeichnen.«

Offenbar blieb ihm eine sehr spezielle Spezialität erspart, die laut Wolfram Siebeck »alle Befürchtungen eines ängstlichen Essers« erfüllt: *Smalahoved*. Das kam früher an der Westküste am vierten Adventssonntag auf den Tisch, Gerüchten zufolge ist das immer noch der Fall. Es handelt sich um einen Schafskopf *(smalahoved)*, der, längs geteilt, einige Tage in Salzlake gelegt, zum Trocknen aufgehängt und schließlich drei bis vier Stunden gekocht wurde. Man hat zu Beginn der Mahlzeit ein Schafsgesicht im Profil auf dem Teller liegen, Augen, Wimpern und Zähne inklusive. Siebeck sah sich an »Tutanchamuns kleinen Bruder« erinnert.

Während man mit seinem Abendessen Blickkontakt hält, packt man den halben Kopf und beginnt, wie ein Internet-

Koch mit dem urnorwegischen Namen Knut Pettersen rät, mit den Ohren, denn »sie sind sehr fett und müssen daher heiß gegessen werden«. Dann pult man das Fleisch vom Schädel, und »wer unerschrocken genug ist, das Auge zu essen, kann sich ein zusätzliches Erlebnis verschaffen, indem er es erst in etwas Aquavit mariniert: Legen Sie das Auge ins Schnapsglas. Lassen Sie es ein paar Sekunden darin liegen, dann leeren Sie das Glas in einem Zug.« Möglich, daß man sich zuvor mit mehreren Gläsern Aquavit und einigen Humpen selbstgebrautem Bier gestählt hat.

Auch in Island kennt man dieses Gericht, ißt es aber offenbar – Ohren hin, Fett her – kalt. Dort bekam Siebeck es vorgesetzt, er reagierte verhalten: »Kaltes Fleisch, man weiß es, hat keinen sehr ausgeprägten Geschmack, und so kann ich nur sagen, daß das geräucherte Fleisch zu salzig war und der Kopf eine lästige, feste Haut besaß. Er erinnerte mich nicht an Lammfleisch und nicht an eine ägyptische Mumie.« Packpapier und Mumien. Sie sehen, die Wikingerküche weckt Erinnerungen an lange zurückliegende Geschmackserfahrungen.

Wenn die Anweisung für ein »traditionelles Essen« im Internet steht, ist es mit der Tradition vermutlich nicht zum besten bestellt, der Augenaquavit vielleicht nur noch eine Art Mutprobe. Sollten sie sich aber in die kulinarischen Traditionen Westnorwegens einarbeiten wollen, übersetze ich Ihnen das Rezept gern Wort für Wort. Hier schon einmal der erste Satz: Man sengt dem Schafskopf Haare und Haut ab.

Eine weitere *sehr spezielle Spezialität*, die gerade eine rasante Wiederentdeckung erlebt, spaltet die Norweger, die ja untereinander sowieso gern uneins sind, in zwei Lager: Die Rede ist von einem gelblichen Glibber namens *lutefisk*. Das ist gesalzener und getrockneter Dorsch, der in einer Lauge aus Birkenasche (heute Ätznatron) gewässert wurde. Ich halte es für denkbar, daß es gerade dieser *lutefisk* gewesen sein könnte, der den Wiener Tenor Leo Slezak – der die raffinierte böhmische Küche gewohnt war – 1910 bei einer Norwegenreise zu dem

Ausruf veranlaßte: »Erwarten Sie nichts, und seien Sie auf alles gefaßt! Denn dieses wunderbare Norwegen hat eine schreckliche Küche!« Vielleicht hatte man ihm auch *rakfisk* serviert – das ist angegorene Forelle, die drei Monate in einer Salzlake gelegen hat. Aber vermutlich doch eher *lutefisk*, dem der wunderbare Odd Børretzen in seinem Büchlein *Wie man einen Norweger versteht und benutzt* eine charakterveredelnde Wirkung zubilligt: »Der Grund, daß *lutefisk* in Norwegen in ziemlich großen Mengen verkauft und gegessen wird, ist wahrscheinlich nationale Sturheit und daß man ihm einen gewissen pädagogischen Wert zuspricht: Kinder sollen lernen, stumm zu leiden und sich an die Unannehmlichkeiten des Lebens zu gewöhnen: Wenn du es schaffst, *lutefisk* zu schlukken, dann schaffst du es auch, die Enttäuschungen des Lebens (Liebeskummer, enttäuschte Hoffnungen, gebrochene Verkaufsverträge usw.) zu schlucken.«

Ich selbst interessiere mich mehr für die Geschichte und Zubereitung von Trockenfisch, der nicht in Ätznatron kulinarisch exekutiert wurde. Es gibt ihn als Stockfisch und Klippfisch, beide kommen aus Nordnorwegen, der eine wird ausgenommen und auf einem Stockgerüst zum Trocknen aufgehängt, der andere gesalzen und auf den Felsen am Meer zum Trocknen ausgebreitet. Trockenfisch hält sich angeblich nahezu ewig; die Hanse, die in Bergen ein Kontor unterhielt, hatte jahrhundertelang fast ein Monopol auf den Handel, sie verdiente damit sehr lange sehr viel Geld, denn Trockenfisch war schon im Mittelalter Europas Fastenspeise.

Norwegische Schiffe brachten den knüppelharten Fisch nach Portugal, Spanien und nach Südamerika, wo er *Bacalao* genannt wurde (das spanische Wort für Kabeljau). In Italien heißt er, von *stokkfisk* abgeleitet, *Stoccafisso*, das ist eines der ältesten Fremdwörter der italienischen Sprache, allein in Venedig soll es über dreißig verschiedene Zubereitungsarten geben. Die norwegischen Seeleute kehrten mit neuen Rezepten und den nötigen Zutaten nach Hause zurück, darum gibt es an der Westküste ein Eintopfgericht mit Trockenfisch, Tomaten, Kartoffeln, Knoblauch und Oliven, das *Bacalao* heißt und die *cucina povera* des Mittelmeers mit der des Nordmeers verbindet. Als »Tauschware« kam auch Portwein an die Westküste, jede bessere Familie besaß dafür winzige Stielgläser aus geschliffenem Kristall, die angeblich vor allem von Frauen geleert wurden.

Obwohl man also, jedenfalls entlang der Küste, schon früh »mediterrane« Zutaten kannte, wurden Knoblauch und Oliven erst vor zwanzig, höchstens dreißig Jahren populär. Damals begannen die ersten türkischen und pakistanischen Einwanderer, ihre eigenen Lebensmittel zu verkaufen, die Läden heißen bis heute *Einwandererläden*. Die ersten gab es natürlich in Oslo und den anderen größeren Städten, sie erweiterten das Angebot an frischem Gemüse und an Gewürzen geradezu dramatisch. Mit diesen Läden fing es an, daß man heute in Norwegen ebenso international kochen kann wie in allen anderen Ländern Europas.

Überhaupt nicht international hingegen sind die norwegischen Essenszeiten: Es wird reichlich gefrühstückt; etwa um siebzehn Uhr, nach der Schule und der Arbeit, treffen sich (idealerweise) alle Familienmitglieder zur warmen Hauptmahlzeit. Am späteren Abend gibt es noch einmal eine kleine Mahlzeit, Brote oder Kuchen und Kaffee. Die Mittagsmahlzeit ist ein weites Feld, darauf komme ich gleich zurück. Erlauben Sie mir vorher einen Exkurs über etwas außerordentlich Wichtiges, ja Fundamentales im Leben der Norweger: Kaffee.

Aus Südamerika brachten die Trockenfisch-Seeleute schon früh Kaffee mit, dem die Norweger sofort und unwiderruflich verfielen. Jeder trinkt (statistisch) einen halben Liter am Tag, das ist rekordverdächtig. Man bekommt in Norwegen ebenso sicher Kaffee, wie einem in England *a nice cup of tea* angeboten wird – rund um die Uhr. Bei ausländischen Besuchern gehen die Meinungen über dessen Qualität auseinander. Während, wie erwähnt, Jules Verne von »Pech und Schwefel« redete, kam ein Kalifornier namens J. Ross Browne, der zwanzig Jahre zuvor nach Trondheim gereist war, zu einem völlig anderen Ergebnis: »Kaffee ist ein Luxus, dem sie sehr verfallen sind. Selbst die Ärmsten tun viel, um an diese bevorzugte Droge zu kommen; und wohin ich in Norwegen auch kam, überall erhielt ich eine gute Tasse Kaffees. Wie eigenartig, daß der beste Kaffee, den man in den elegantesten Hotels auf dem europäischen Kontinent bekommt – Paris immer ausgenommen – nicht so gut ist wie der, den man dem Reisenden in der einfachsten Raststube in Norwegen serviert.«

Es überrascht kaum, daß ausgerechnet norwegische Forscher alle Schreckensmeldungen über die Gefahren des Kaffees widerlegen konnten. Ein moderater Kaffeekonsum, drei Tassen am Tag, sei nicht nur ungefährlich, er wirke vorbeugend gegen Zuckerkrankheit, Parkinson, Alzheimer, Gelenkgicht sowie Erkrankungen der Lunge, der Leber und der Niere.

Nun aber zum Mittagsessen, dem *lunch*. Was sich da Tag für Tag im ganzen Land abspielt, ist dermaßen *typisch norwegisch*, daß Norweger immer neue Artikel und wissenschaftliche Abhandlungen darüber verfassen, während die wenigen Ausländer, die das Phänomen in seiner ganzen Tiefe einmal erfaßt haben, mit Grübeln nicht nachkommen: Man ißt Butterbrote. Keine kunstvoll geschichteten *smørbrøds*, sondern Stullen, die morgens zu Hause geschmiert und bevorzugt mit einem braunen Käse namens *geitost* belegt werden, von dem noch die Rede sein wird. Die Scheiben werden halbiert, aber nicht wie ein Sandwich zusammengeklappt, sondern »offen« aufeinandergestapelt. Damit der Belag nicht an der Unterseite der nächsten Scheibe festpappt, kommt gewachstes »Zwischenlegpapier« dazwischen, das man passend zugeschnitten kaufen kann. Das Brot wird in Butterbrotpapier gewickelt, mit einem Apfel oder einer Banane in der Aktentasche oder dem Rucksack verstaut und mit zur Schule oder Arbeit genommen. Alles zusammen heißt *matpakke*. Zur Mittagszeit »faltet man das Papier auf und läßt die Scheiben darauf liegen, man legt sie nicht auf einen Teller. Gegessen wird mit den Händen«, so der Soziologe Runar Døving, der das *matpakke* als norwegische Institution bezeichnet.

Wörterbuchübersetzungen von *matpakke* – *Paket belegter Butterbrote, Butterbrotpaket, Pausenbrot, Stullenpaket* – sind zwar nicht falsch, gehen aber am Kern der Sache vorbei. *Matpakke* ist eins jener Wörter, an denen man die Erklärung einer ganzen Kultur aufhängen könnte, *matpakke* ist eins jener Dinge, von denen die Norweger mit gewisser Genugtuung sagen: So machen *wir* das, und das bedeutet: So sind wir als Volk, das gehört zu unserer Identität.

Auf der Kinderseite der Zeitung *Aftenposten* ging es einmal um die Frage, ob es in den Schulen statt der Pausenbrote künftig eine warme Mahlzeit geben sollte. Alle Kinder waren aufgefordert, mitzudiskutieren, sie durften sich frei äußern, aber das gab ihnen nicht das Recht, unnational zu werden! Da mußte Briefkastenonkel Simon ein Machtwort sprechen: »So ein Unsinn! Was du in der Schule ißt, mußt du von Zuhause mitbringen. Wir sind nicht arm in Norwegen. Das liegt auch daran, daß wir uns keine feinen und teuren und affigen Gewohnheiten zugelegt haben.« Sie sehen: *Matpakke* ist nicht nur Essen, es ist eine moralische Botschaft; *matpakke* steht für Vernunft, Genügsamkeit, Gleichheit, Gesundheit, darum haben Schokolade und andere Naschereien darin nichts zu suchen.

Vermutlich wurde der Reeder Fred Olsen zu einem der reichsten Männer des Landes, weil er mittags immer seine Knäckebrote mit braunem Käse aß, es heißt sogar, daß er sie sich selbst schmiert. Sein *matpakke* unterscheidet sich also kaum von dem eines Bauarbeiters, weil Familien mit altem Geld (in gewisser Weise) bescheiden leben. Sie finden es vulgär, mit ihrem Reichtum zu prahlen; das tun nur Neureiche.

Inzwischen wird gelegentlich vom Standardbelag Käse

abgewichen, man kann in der Mittagspause mit einem »exklusiven *matpakke*« sogar ein bißchen Bewunderung einheimsen. Die Exklusivität besteht in Salat und Schinken oder Lachs mit Rührei, auf dem durchaus eine Tomatenscheibe oder ein Gurkenschnipsel liegen kann. Norwegen entwickelt sich weiter.

Allerdings nicht so weit, daß man mit einem mittäglichen Restaurantbesuch sinnlos Geld verpulvern würde. Es mag in Oslo vorkommen, ist aber im Grunde dermaßen unnorwegisch, daß im Land homerisches Gelächter ausbrach, als ein Amerikaner, der angeblich sogar in Oslo lebte, in der *New York Times* behauptete, die Norweger würden nur darum Stullen essen, weil sie zu *arm* seien, um sich ein horrend teures Mittagessen in einem Restaurant leisten zu können.

Was die Preise angeht, hat er allerdings recht, der Amerikaner. »Wenn auch in den letzten Jahren eine Reihe guter Restaurants mit besonderen Eigenarten in Oslo eröffnet wurde – eines haben sie gemeinsam: Sie sind teuer. Und man darf ruhig wiederholen: Sie sind sehr teuer.« Diese Warnung aus einem *Merian*-Heft von 1971 (!) ist immer noch aktuell. Selbst McDonald's' Big Mac kostet fünf Euro fünfzig, in Deutschland knapp drei Euro. (Und in China einen Euro, aber das ist ein anderes Thema.) Eine Pizzakette verlangt für einen läppischen Teigfladen mit Tomaten sechzehn Euro, aber die beliebteste Tiefkühlpizza namens *Pizza Grandiosa* ist im Billig-Supermarkt für gut drei Euro zu haben. Grandios an ihr sind jedenfalls die Verkaufszahlen, sie soll eine der häufigsten Mahlzeiten in norwegischen Haushalten sein. Zur Frage, wie sie schmeckt, kann ich nichts beitragen; obwohl sie mir selten einen Wunsch abschlagen, war bisher keiner meiner Freunde bereit, meiner Bitte nach einer *Pizza Grandiosa* nachzukommen.

Leider hat mich auch noch niemand eingeladen, das andere Extrem der norwegischen Küche kennenzulernen: das *Bagatelle* in Oslo. In der angesagtesten aller angesagten Gourmet-

Adressen erlebte offenbar selbst Siebeck sein rot-weiß-blaues Wunder: »Das Essen schmeckte perfekt, vor allem der gedämpfte Kabeljau – ich kann allen Empfängern des Friedensnobelpreises nur raten, während ihres Aufenthalts in Oslo im *Bagatelle* einen Kabeljau zu essen.«

Tatsächlich gibt es viele gute Adressen, die den Ruf der norwegischen Küche mehr als nur retten. Einige junge Köche machen bei internationalen Wettbewerben von sich reden, gehen dann aber nicht, jedenfalls nicht auf Dauer, nach Dubai, Paris oder New York. Sie bleiben in Norwegen, wie Charles Tjessem, der 2003 beim »Bocuse d'Or«, der inoffiziellen Weltmeisterschaft der Köche, den ersten Preis gewann. Im Anschluß eröffnete er ein Restaurant bei Stavanger. Aber als er den Preis gewann, war er Kantinenkoch beim staatlichen Ölkonzern Statoil.

Da wird so mancher Statoil-Angestellte sein *matpakke* in der Aktentasche gelassen haben.

| Staatliche Kopfnüsse

Die Norweger haben sich verändert. Früher einmal, und das ist gar nicht *so* lange her, waren sie ein Volk in ständiger, selbstverständlicher Bewegung. Alle, ausnahmslos alle, waren schlank. Sie bewohnten ihren Körper ebenso beiläufig wie selbstbewußt, ihr Gang hatte eine auffallende Kombination aus Energie und Anmut. Das war weder das Ergebnis einer altmodischen Körperertüchtigung mit Reck und Hanteln noch die Folge des Muskelaufbaus und Konditionstrainings unserer Tage, gegen die im übrigen ja nichts einzuwenden ist, außer vielleicht, daß sie Kraft verleihen, aber weder Geschmeidigkeit noch gar Anmut.

Inzwischen haben die Norweger in Sachen Körper den Anschluß an Europa und die übrige Welt gefunden. Sie werden dicker. Eine Studie der Weltgesundheitsorganisation will 2006 sogar herausgefunden haben, daß es in keinem europäischen Land prozentual mehr übergewichtige Männer gebe als in Norwegen, jeder zweite sei übergewichtig. Dazu wäre erstens zu sagen, daß Norwegen, wie Ihnen jeder Norweger bestätigen wird, im Grunde nicht zu Europa gehört (ebensowenig übrigens, wie aus nordeuropäischer Sicht Schweden oder Finnland dazugehören. Dänemark hingegen ist eindeutig Europa). Zweitens sollte man den Weltgesundheitsorganisationsleuten einen Flug nach Norwegen spendieren, damit sie selbst sehen, was diese Behauptung ist: Unsinn.

Ich räume aber ein, daß jemand Ergebnis und Prognose verwechselt haben könnte, denn was absurd klingt, könnte bald Realität sei. Wie alle Industrienationen ernähren sich auch die Norweger inzwischen lieber ruckzuck statt langsam und gesund. In den letzten zehn Jahren ist allein der jährliche Würstchenkonsum pro Kopf von drei auf zehn Kilo angewachsen. Augenfällig viele Kinder und Teenager, mehr Jungen als Mädchen, sind zu dick.

Die Norweger legen so rapide zu, daß alarmierte Ernährungsexperten eine Notbremse vorschlagen, die wirklich »typisch norwegisch« ist: besteuern! Wenn Kuchen, Kartoffelchips, Schokolade und Fast food mindestens doppelt so teuer wären, würden die Leute mehr frisches Obst und Gemüse essen. Bereits hier greift man sich an den Kopf: Hat einer dieser *Ernährungsexperten* in den letzten dreißig Jahren einen Lebensmittelladen von innen gesehen? Weiß einer von ihnen, was Obst und Gemüse kosten – die doch gar nicht besteuert, sondern oftmals hoch subventioniert sind? Sich gesund und vitaminreich zu ernähren, verlangt eine völlig andere Art von Hingabe als in südlicheren Ländern. Ein Nordnorweger sagte: »Ich bin kein Millionär. Bei unseren Wintern und im Frühling kann ich mir gar nicht leisten, Vegetarier zu sein.«

Nun gut, der Staat soll es also richten, er soll die Leute zu ihrem Glück zwingen. In Sachen Alkohol und Tabak versucht er das bereits seit geraumer Zeit mit rabiaten Gesetzen und extremen Steuern, und der Erfolg gibt ihm recht: Früher rauchte jeder zweite, heute nur noch jeder vierte, in kaum einem Land wird pro Kopf weniger Alkohol getrunken. Wer sich gesundheitlich und finanziell ruinieren will, hat triftige Gründe, Gründe wie jener norwegische Seemann, der die Frage, ob Kautabak in Norwegen nicht wirklich viel zu teuer sei, souverän parierte: »Es kostet eben viel, ein Mann zu sein.«

Neun Euro muß man für ein Päckchen Zigaretten bezahlen, in Kneipen, wo man gar nicht mehr rauchen darf, werden einzelne Zigaretten zu sechzig Cent das Stück verkauft. Als eines der ersten Länder weltweit hat Norwegen 1975 die Tabakwerbung verboten, inzwischen ist Rauchen eigentlich nirgends mehr erlaubt. Daß es dennoch Raucher gibt, fällt einem vor allem im Winter auf, wenn sie verhuscht auf der Straße stehen und in Hauseingängen frieren.

Der Staat will seine Bürger erziehen, manche nennen es bevormunden. Sobald sich jemand unverantwortlich aufführt, setzt es staatliche Kopfnüsse: Wer ohne Parkschein auf einem (großen und leeren) Parkplatz erwischt wird, zahlt 35 Euro, ist das Auto zu dicht an der Kreuzung abgestellt, sind es hundert. Beim Überfahren einer roten Ampel werden 630 Euro fällig, wer statt der erlaubten siebzig Stundenkilometer mit hundert Sachen über die Landstraße brettert, ist 800 Euro los. Am Steuer sind 0,2 Promille erlaubt, das ist bekanntermaßen erreicht, wenn man jemandem eine Viertelstunde beim Biertrinken zugeschaut hat. Die Polizei läßt nüchtern wirkende Autofahrer nicht nur abends, sondern auch morgens im Berufsverkehr blasen. Dabei wird sie oft fündig, und das nicht, weil sich so viele norwegische Pendler morgens mit Cognac die Zähne putzen, sondern weil sie Alkoholreste vom Vorabend im Blut haben. Die Polizei rät daher allen Ernstes, sich am Morgen nach einem Rausch keinesfalls ans Steuer zu setzen.

Wer alkoholisiert – also mit mehr als 0,2 Promille – Auto fährt und erwischt wird, ist schnell viel Geld los. Der Führerschein ist also ständig in Gefahr, wer mehrmals erwischt wird, wandert in den Knast. Sich mit einem kleinen Notvorrat Heroin schnappen zu lassen kostet dagegen laue tausend Euro.

Wie nicht anders zu erwarten, sind Glücksspiele um Geld verboten. Außer Lotto und Lotterien natürlich, da kassiert der Staat kräftig mit. Das war auch bei Spielautomaten der Fall, die jahrelang in Supermärkten und Einkaufszentren standen. Dort konnte man das Kleingeld verspielen, das man übrig hat – oder nicht: Je mehr Sozialhilfeempfänger in einer Gegend wohnten, um so höher war die Spielautomatendichte. Mit der Zahl der Spielsüchtigen stieg auch die Zahl der Kritiker, die den Staat in die Pflicht nehmen wollten. Und der ließ sich, man soll es nicht glauben, in die Pflicht nehmen: Erst mußten die Automaten so umgerüstet werden, daß sie keine Scheine mehr, sondern nur noch Münzen nahmen, dann wurden sie ganz verboten.

Man kann den norwegischen Regierungen also nicht absprechen, daß sie entschieden umsetzen, was sie als richtig erkannt haben. Wenn aber die Gesundheitsministerin oder ihre Nachfolger alles besteuern wollten, was süß und fettig ist, müßten sie sich nicht nur mit der eigenen Bevölkerung anlegen, sondern auch mit McDonald's, Nestlé, Kraft Foods und einigen anderen mächtigen Weltkonzernen. Das erscheint mir wenig wahrscheinlich.

Andererseits sind die Norweger protestantische Sturköpfe und Moralisten. Es sollte zu denken geben, daß die Internetseite der norwegischen Regierung und der Ministerien *Offizielle Dokumente und Informationen über Norwegen* heißt und zu *Odin* abgekürzt wird. Odin aber, auch als Wotan bekannt, ist nach Auskunft meines Lexikons »der Herr und König der Götter und Menschen, Künder der höchsten Weisheit, sieghafter Kämpfer und Gott der Schlachten, Lenker von Kriegsgeschick und Todesschicksal«. So gesehen...

Wer ist *harry*?

»*Lidl* ist in Norwegen auf größere Herausforderungen gestoßen als in jedem anderen Land bisher«, schrieb eine Wirtschaftszeitung, jeder zweite potentielle Kunde begegne »dem Warenangebot mit Skepsis«. Die Firmenzentrale hatte wohl ihre Hausaufgaben nicht gemacht, sonst hätte sie vor der Eröffnung des ersten Ladens gewußt, daß Norweger generell *alle* Lebensmittel aus dem Ausland suspekt finden, alle Lebensmittel aus Norwegen hingegen für naturbelassen und unverseucht, kurz: makellos halten. (Diese Überzeugung wurde im Winter 2005 etwas angekratzt, als die Vermarktungskette der norwegischen Bauern Hackfleisch, Lammfleisch und Wurst auf den Markt brachte, die E-Coli-Bakterien enthielten, und es mehrere Wochen lang nicht schaffte, den Verursacher zu finden.)

Selbstverständlich sind Norweger für Neuerung zugänglich – sie finden es sogar spannend, »ab und zu einmal etwas Neues zu probieren, aber das kann man ja machen, wenn man im Ausland ist«. Zu Hause möchten sie gern wissen, was sie einkaufen, daher reagierten sie auf die unbekannten und überwiegend deutsch beschrifteten Dosen, Tuben, Gläser und Schachteln bei *Lidl* mit der gleichen Begeisterung, mit der sich deutsche Verbraucher auf ein norwegisch beschriftetes Sortiment stürzen würden. Nach anderthalb Jahren sah sich *Lidl* – man darf vermuten: aufgrund tiefroter Zahlen – gezwungen, das Sortiment um »klassische« norwegische Markenartikel zu erweitern. Die wiederum sind aber nicht so billig, wie *Lidl* sein müßte, um im großen Stil gegen die etablierten Lebensmittelketten auftreten zu können. Daß *Lidl* im Ruf steht, geltende Arbeitsrechtbestimmungen zu unterlaufen, hat die Firma nicht beliebter gemacht, daß sich die Geschäftsleitung vor der Presse geradezu verschanzt, ist in einem transparenten Land wie Norwegen keine gute Marketing-Strategie.

Ausländische Billigketten kommen auch deswegen nicht weit, weil sie nicht nach Belieben importieren können. Die norwegischen Bauern werden vom Staat mit rigiden Einfuhrzöllen geschützt, sie haben im eigenen Land praktisch eine Monopolstellung. Kaum sind die norwegischen Kirschen reif, gibt es im ganzen Land keine einzige importierte Kirsche mehr, Rindfleisch muß mit etwa 200 Prozent verzollt werden. Außer der Schweiz subventioniert kein Land seine Landwirtschaft so stark, denn die Arbeitsabläufe lassen sich wegen der schwierigen Bodenverhältnisse kaum rationalisieren, die Treibhäuser für Gemüse müssen mindestens sechs Monate geheizt werden, die Transportwege vom Produzenten zum Endverbraucher sind in diesem bizarr geformten Land lang und entsprechend kostspielig. Daher sind in Norwegen produzierte Lebensmittel oft teuer, Paprika werden einzeln verpackt, Salatgurken in Stücke geschnitten verkauft, viele Norweger sagen, daß sie sich nur gelegentlich Fleisch leisten können.

Wer kann, fährt zum Einkaufen über die Grenze nach Schweden, wo alles dreißig bis fünfzig Prozent weniger kostet (die Schweden fahren zum Sparen nach Dänemark, die Dänen nach Deutschland, die Deutschen nach Polen. Und die Polen? Wohin fahren die Polen?).

Strömstad, die erste schwedische Stadt in Richtung Göteborg, ist Norwegens beliebtester Supermarkt geworden und der einzige Ort außerhalb Norwegens mit norwegischen Bankautomaten. Die Supermärkte haben ihr Sortiment ganz auf die Nachbarn eingestellt, an Tagen wie Gründonnerstag, Karfreitag und Ostersamstag stauen sich die Personenwagen kilometerweit.

Selbstverständlich sind Einkaufsfahrten bis hinauf zum Eismeer an der Tagesordnung, oft mieten zwanzig oder mehr Leute zusammen einen großen Reisebus, weil das Benzinkosten spart. Auf dem Heimweg ist dann der Bus so vollgepackt, daß jeder sein Bierquantum auf dem Schoß halten muß.

Schmuggelversuche sind normal, nicht jeder schafft es damit in die überregionale Presse wie jene zwei Zollbeamten, die in ihrem Dienstwagen 24 Liter Wein und fünfzehn Liter Bier über die Grenze bringen wollten. Es spricht für Norwegen, daß ihre Kollegen von der Grenzpolizei sie nicht durchwinkten, sondern erst einmal zum Verhör mitnahmen.

Die Butterfahrten nach Schweden heißen »Harryfahrten«, seit ein Landwirtschaftsminister der *Venstre*-Partei (die zwar *Linke* heißt, aber eher zum bürgerlichen Lager zählt) seine »fremdkaufenden« Landsleute vor einigen Jahren als *harry* bezeichnete, was etwa *prollig* bedeutet. Woher das Wort kommt, liegt im dunkeln. Ein Freund, den ich bat, *harry* zu definieren, sagte: »Jemand mit schlechtem Geschmack, jemand, der ziemlich hinter seiner Zeit herhinkt. *Harry* ist zum Beispiel einer aus Mittelnorwegen mit Pferdeschwanz, Elchlederweste, kurzen Jeans, weißen Socken und Mokassins. Fährt vielleicht Motorrad. Nimmt jede Gelegenheit wahr, nach Schweden zu fahren, und sei es nur, um Bier zu kaufen.«

Die *harry*-Äußerung des Ministers sorgte für Wirbel. Vor allem wurde ihm vorgeworfen, er verdiene offenbar zu viel und habe den Kontakt zur Realität des Volkes verloren. In einem Land, in dem jeder *volksnah* sein muß, ist das ein gravierender Vorwurf. Bei einem Politiker ist er doppelt katastrophal, denn bei der Diskussion um die Harryfahrten geht es um mehr als nur um billige Rinderbraten und Zigaretten. Eine vom Staat in Auftrag gegebene Studie will nämlich nicht nur herausgefunden haben, daß die »Schwedenfahrer« rauchen und eine niedrige Ausbildung haben, sondern daß mindestens jeder zweite für die rechtspopulistische *Fremskrittsparti* (Fortschrittspartei) stimmt. Der Schwedenhandel sei daher auch ein Indikator für die politische Stimmung in dieser Schicht, wenn nicht gar im Land.

Die Lebensmittelpreise sind ständiges Thema in den Medien, die Rechtspopulisten haben, wie stets, eine einfache Lösung: Die Vorsitzende Siv Jensen will die teure norwegische Landwirtschaft abwickeln und dann alles billig aus dem Ausland importieren. Aber weil die Welt so viel komplexer ist als das überschaubare Weltbild der Frau Jensen, verhält es sich mit dieser einfachen Lösung, wie es sich mit einfachen Lösungen zu verhalten pflegt: Sie ist falsch.

Die Regierung versuchte schon vor Jahrzehnten, die Einkommen der Bauern durch Subventionen denen der Industriearbeiter gleichzustellen, um die Landwirtschaft lebensfähig zu halten und die Landflucht zu bremsen. Trotz aller Bemühungen geben jährlich zwei- bis dreitausend Bauern auf, und mit jedem geht jemand verloren, der berufsmäßig die Natur »in Schuß hält«. Das Geld, das in die Landwirtschaft fließt, soll den Erwerbszweig schützen, aber es ist auch, an vielen Orten *vor allem*, ein staatlicher Lohn für Landschaftspflege. Wer die touristische »Oh guck nur, die vielen hübschen Holzhäuser«-Brille ablegt, sieht die Probleme überall: Höfe werden verlassen, das ländliche Norwegen entvölkert sich. Weil es immer weniger Bauern gibt, gibt es immer weniger Schafe und Ziegen. Weil im Sommer keine Nutztiere mehr auf den Weiden sind, äsen dort Elche, sie kommen näher an die Häuser heran und werden zu einer Gefahr für Straßen- und Schienenverkehr. Es wachsen zu viele Bäume, Buschwerk wuchert an früher kahlen Felsen hoch, das Wild vermehrt sich explosiv. Hunderte von Tier- und Pflanzenarten sind vom Aussterben bedroht, weil die Kulturlandschaft, in der sie leben, verwildert. Norwegens wunderbar unberührte Natur ist inzwischen allzu unberührt.

Und während die Tourismusindustrie jubelte, als die UNESCO den Geirangerfjord in die Liste des Weltkulturerbes aufnahm, zwang das die wenigen Bauern, die dort noch arbeiteten, zum Aufgeben: Der Schutz der gesamten Gegend hat ihnen für den Umgang mit ihrem eigenen Grund und Boden so strenge Vorschriften auferlegt, daß sie nicht mehr vernünftig wirtschaften können.

Die Hälfte von Norwegens Grundfläche ist *fjell* – Land

über der Baumgrenze, Hochebenen, nackter Fels. Nur drei Prozent taugen überhaupt zum Ackerbau. Von den halbwegs normal wirkenden Feldern im Süden abgesehen, krallt sich das bißchen Krume mit sichtbarer Mühe an diesen blanken Fels, noch an den erstaunlichsten Flecken wächst ein bißchen Getreide, das vor allem zu Tierfutter verarbeitet wird.

Die meisten Bauern treiben Viehzucht. Sie gerieten ins Schlaglicht der internationalen Presse, als ein neues Gesetz sie zwang, für ihre Kühe Stallunterlagen zu kaufen. Keine Zeitung, die das nicht in der Rubrik »Bunte Welt« gemeldet hätte, die Rede war von Norwegen als »Himmel der Kühe« und von einer »Matratzenpflicht für das Milchvieh«. Der Tenor aller Artikel war: Also diese Norweger schon wieder. Ts ts ts. Auf was für Gedanken man so kommt, wenn man in Geld schwimmt. Kaufen ihren Kühen Matratzen!

Kåre Olav Solhjell, der vierzig Kühe im Stall hat, nennt das erwartungsgemäß Unsinn. Er habe bereits seit fünfzehn Jahren Gummimatten im Stall. »Die Kühe liegen erheblich besser als auf dem kalten und harten Beton und bekommen weniger Euterentzündungen. Außerdem ist der Beton vor Milchsäure und den Ausscheidungen geschützt, die ihn zersetzen und scharfkantig machen.«

Interessant an dieser Berichterstattung sei überhaupt nur, was alles an einem einzigen Wort hängt: »Das ist doch nur eine Meldung, weil sie die Unterlage *Matratze* nennen. Für *Gummimatte* hätte sich keiner interessiert.«

| Norwegen im Norwegenfieber

Die Norweger lieben Abstimmungen darüber, welche Dinge oder Menschen »am norwegischsten«, »typisch norwegisch« oder »einzigartig norwegisch« sind: Das norwegischste Gericht *(fårikål)*, das norwegischste Wort *(dugnad)*, der norwegischste Norweger (König Olav V.), der norwegischste Vogel (die Wasseramsel), die norwegischste Blume, der norwegischste Kuchen, das norwegischste Lied. Vor einigen Jahren bat ein Rundfunksender seine Hörer, darüber abzustimmen, was denn das Aller-, Allernorwegischste sei. Es ging also um den ersten Preis, um das norwegische Ding an sich.

Die Hörer schlugen die Wikinger vor, Strickhandschuhe mit Norwegermuster, den Käsehobel und die Büroklammer (beides norwegische Erfindungen), Fjorde, Stabkirchen, Trachten sowie manches, was man einem Ausländer sehr, sehr lange erklären müßte. Um nur ein Beispiel zu nennen: die *hardingfela*. Die Hardangerfidel »unterscheidet sich dadurch von einer klassischen Violine, daß sie neben den vier bespielten Saiten über fünf reine Resonanzsaiten verfügt, die während dem Geigenspiel mitschwingen und dem Instrument so eine ganz eigenartige Charakteristik verleihen«. Das habe ich von einer Internetseite über norwegische Volksmusik abgeschrieben, es ist also vermutlich richtig. Entscheidend aber ist, daß die *hardingfela* und die Tänze, die nur auf ihr gespielt werden können, seit dem 17. Jahrhundert die norwegische Musik schlechthin sind. Jeder, der in Norwegen aufgewachsen ist, hat eine enge Beziehung zu diesem Instrument. Man mag sie lieben oder hassen, diese Fidel ist der Klang Norwegens.

Sieger wurde etwas, das tatsächlich so typisch norwegisch ist, daß es jeder Globalisierung trotzen wird: der schon erwähnte *geitost* – ein Ziegenkäse, der wegen seiner Farbe auch *brunost*, Braunkäse, genannt wird. Er ist allerdings weder ein Käse, noch besteht er ausschließlich aus Ziegenmilch. Traditionell wird *geitost* aus Ziegenmolke gemacht, also aus dem, was vom Käsemachen übrigbleibt. Sie wird nach stundenlangem Kochen in Quader gegossen, bekommt eine trockenbröcklige Konsistenz und schmeckt deutlich nach Karamel. Heute aber ist nicht nur die Bezeichnung Ziegen*käse*, sondern oft auch die Bezeichnung *Ziegen*käse falsch. Es gibt verschiedene Sorten mit verschiedenen Anteilen an Molke,

Kuh- und Ziegenmilch. Der beliebteste *geitost* heißt Gudbrandsdalsost und besteht aus Molke, Sahne, Ziegen- und Kuhmilch.

Die *New York Times* meinte zwar, dieses Produkt sei in der Welt des Käses nicht ernst zu nehmen, das aber ficht die Norweger nicht an. Es gibt quasi keine Mahlzeit und keine Tageszeit, zu der sie *geitost* nicht ideal fänden. Geir Lundestad, Sekretär des Norwegischen Nobelkomitees in Oslo und Direktor des Norwegischen Nobel Instituts, gibt sich als typischer Norweger zu erkennen, wenn er sagt, daß *brunost* das einzige sei, was ihm im Ausland fehle.

Auf jeder *geitost*-Packung steht, er gehöre zu dem, »was Norweger zu Norwegern macht«. Das ist in diesem nationalstolzen Land generell eine gute Verkaufsstrategie – hier gilt nicht nur die internationale Werbemaxime *sex sells*, sondern auch: *norsk sells*. So ist eine Limonade *Eine norwegische Erfrischung*, die Schokoladenfabrik *Freia* – natürlich benannt nach der nordischen Göttin – bewirbt ihre Produkte mit der Behauptung, sie seien »ein Stückchen Norwegen«. *Freia* selbst ist es nicht mehr – die Marke wurde an die internationale Gruppe *Kraft Foods* verkauft, was für viele Patrioten bitter war: »Den neuen *Freia*-Besitzern ist offenbar nichts heilig. Jetzt wird das Kong Haakon-Konfekt in Schweden hergestellt.«

Vor über siebzig Jahren brachte die Fabrik einen Schokoladenriegel auf den Markt und nannte ihn *Kvikk lunsj*; im *quick lunch* verrät sich die englische Herkunft, sein Vorbild war der Kit Kat-Riegel. *Kvikk lunsj* wurde von Anfang an als »die Wanderschokolade für ganz Norwegen« vermarktet. *Wanderschokolade*! Ein Geniestreich!

Damit gelang das vermutlich weltweit einzigartige Bravourstück, Schokolade untrennbar mit Gesundheit, Natur und Sport zu verbinden. Neun von zehn Norwegern assoziieren *Kvikk lunsj* tatsächlich mit Wandern. Es gehört seit siebzig Jahren bei jeder Wanderung oder Skitour in den Rucksack, jetzt finden sich auf der Verpackung sogar Tips für »Norwegens schönste Wanderungen«, die vom Norwegischen Wanderverein und dem Skiverein empfohlen werden. Wer wem wieviel dafür zahlt, weiß ich nicht, sicher ist, daß beide davon profitieren, denn der Riegel ist inzwischen so norwegisch wie *geitost* und Peer Gynt zusammengenommen.

Er darf nicht beim Wandern, sondern erst bei der Rast verzehrt werden und ist einerseits die rituelle Belohnung für die vorangegangene Askese, andererseits hilft er, bei der Belohnung die Askese nicht zu vergessen, denn auf der Packung steht, der 47-Gramm-Riegel entspreche zwei Portionen. Irgendwie ist es *Freia* auch gelungen, die Keksschokolade (neben Apfelsinen) zum Inbegriff von Ostern in den Bergen werden zu lassen, und da (angeblich) ganz Norwegen zu Ostern in die Berge fährt, wird ein Viertel der Jahresproduktion von fünfzig Millionen Riegeln zu Ostern verkauft. Tatsächlich verbringt nur jeder zehnte die Ostertage in den Bergen, der große Rest macht Tagesausflüge oder bleibt gleich ganz zu Hause, braucht Schokolade also um so dringender.

Das »Stückchen Norwegen« der *Freia*-Werbung ist in die norwegische Sprache eingegangen. Ein deutscher Botschaftsangestellter stellte mir einmal seine norwegische Geliebte mit den Worten vor, sie sei sein kleines Stück Norwegen. Gelegentlich wird der Slogan sogar in anderen Werbungen zitiert. Unter dem ganzseitigen Bild eines Holzhauses, malerisch verloren zwischen Berg und Fjord, steht *Male dir dein Stückchen Norwegen schön*. Beworben wird ein Außenanstrich. Lernen kann man daraus, daß die Norweger ihre Häuser lieben, vor allem aber, daß sie völlig unbekümmerte Patrioten sind. Oder können Sie sich vorstellen, daß eine deutsche Farbenfabrik mit *Male dir dein Stückchen Deutschland schön* wirbt?

Manche malen auch ihr allerkleinstes Stückchen Norwegen schön – sich selbst. Inzwischen machen das ja sogar die Deutschen, aber die Norweger waren bei der Winterolympiade in Lillehammer 1994 die ersten, die sich ihre Fahne aufs Gesicht malten. Diese Sitte ist strikt auf Sportereignisse begrenzt. Der patriotischste aller patriotischen Tage – der Nationalfeiertag am 17. Mai – ist ein Tag der Würde. Da bemalt sich keiner das Gesicht, da geht man in Sachen Nationalfarben anders zu Werk: Vor dem großen Tag werden überall Blumensträuße in den Nationalfarben verkauft, am Tag selbst würde sich keiner ohne eine rot-weiß-blaue Schleife an der Kleidung vor die Tür wagen. Sogar Hunden wird ein entsprechendes Geschenkband um den Hals gebunden. Am Fahnenmast vor jedem Haus und von jedem Balkon weht die Flagge, Privatwagen, Taxen und Straßenbahnen sind bewimpelt. Wer am 17. Mai über Norwegen hinwegfliegt, sieht garantiert nur rot-weiß-blau. Andere Fahnen sind nicht erlaubt, am Tag der nationalen *Einheit* sollen sich alle Norweger um diese und nur diese Flagge scharen. Das quittiert die samische Minderheit mit Unmut. Nachdem die rot-weiß-blaue Mehrheit sie jahrhundertelang unsichtbar gemacht hat, wollen sie nun auch am Nationaltag Flagge zeigen.

Der 17. Mai ist der landesweite Hauptkampftag für Trachten. Wer eine Tracht hat, zieht sie an diesem Tag an, Oslo gleicht einer gigantischen Modenschau, bei der sicher alle 400 Bunadvarianten zu sehen sind, die es in Norwegen gibt. Da Trachten nicht sehr häufig getragen werden, ist ein beachtlicher Teil der (weiblichen) Bevölkerung in den Tagen und Wochen vor dem Nationalfeiertag damit beschäftigt, Mieder und Rockbündchen weiter oder, vielleicht nicht ganz so oft, enger zu nähen. Am Abend des 16. schwebt zudem ein leises Fluchen aus Frauenkehlen über dem Land, da werden nämlich die Blusen aus schwerem Leinen gebügelt.

Die ideale Temperatur für die schweren Wollstoffe ist sechzehn Grad. Alles darüber wird schnell zu warm, ist es kälter, braucht man ein Trachtencape. Verheerend ist natürlich Regen: Der Stoff wird noch schwerer, und das Spritzwasser gefährdet die Stickereien am Rock. Inzwischen tragen auch viele Einwanderer die Trachten oder die landestypische

Bekleidung ihrer alten Heimat, man sieht ein Paar in Sari und Nehru-Jacke, eine Russin in kostbar besticktem Rot, einen Schotten im Kilt, eine Koreanerin in ihrer Tracht, dem *hanbok*.

94 Prozent der Norweger begehen den Nationaltag auf die eine oder andere Weise. Das klingt nach sozialistischen Zuständen, doch die Assoziation ist völlig falsch. Die Norweger feiern freiwillig und hingebungsvoll, Anlaß ist der »Geburtstag« der Verfassung von 1814, die zu ihrer Zeit eine der demokratischsten und radikalsten Verfassungen der Welt war. Am 17. Mai begrüßt man sich daher nicht mit *Guten Tag*, sondern tatsächlich mit *Herzlichen Glückwunsch zum Geburtstag*. Ansonsten ist es ganz und gar der Tag der Kinder, der Zukunft des Landes. Die kleinen Schulkinder machen morgens einen Umzug. Dabei schwenken sie Fähnchen und singen patriotische Lieder, vorneweg marschiert eine Art Musikkorps, Schüler und Schülerinnen der Schule, sie tragen bunte Phantasieuniformen und tschingderassadängen nicht immer richtig, aber stolz und beherzt. Jede Schule hat ein Korps, jedes Korps hat viele Spieler – ganz Norwegen muß als Kind ein korpstaugliches Instrument erlernt haben! In einem anderen Land würde man bei einem solchen Kinderzug vielleicht von Indoktrination reden, hier käme man gar nicht auf den Gedanken.

Erwachsene und Kinder stehen am Straßenrand, sehen freundlich lachend zu, alle sind gut gelaunt und winken ein bißchen mit ihren kleinen Flaggen. Zu weiteren Exzessen kommt es nicht: Als ich das letztemal in Oslo am Zug stand, waren die einzigen, die sich tänzerisch zur Musik bewegten, ein paar Fernsehjournalisten aus Spanien.

Am 17. Mai gibt es weder Militärparaden noch Formationsflüge, keine Veteranen, keine Prominenten, es werden auch keine Könige oder Ministerpräsidenten im offenen Wagen an salutierenden Soldaten und Untertanen vorbeigefahren. Es gibt überhaupt keine Wagen, außer in Bergen, wo der Zug ganz anders ist als im übrigen Land. Da besteht er aus Vertretern von Vereinen, Studentenvereinen und Ämtern, da fährt auch schon einmal ein Oldtimer mit. Aber so ist Bergen. Immer ein bißchen anders. Vor allem anders als Oslo!

Das Besondere an Oslo ist natürlich, daß dort der König wohnt: Über 100 Schulklassen ziehen die Karl Johan-Gate hinunter bis zum Schloß, dort laufen sie unter Hurrarufen, Fahnenschwenken und Singen am Balkon vorbei, auf dem die Königsfamilie steht und etwa drei Stunden lang winkt. Am Ende des Zuges kommen die Abiturienten, die in roten Overalls und mit viel Getöse – traditionsgemäß – auf allen vieren an ihrem Monarchen vorbeikrabbeln.

Wie es sich für ein Kinderfest gehört, ernährt sich die Nation an diesem Tag mehr oder weniger kollektiv von Würstchen, Eis und Limonade, und zwar in solchen Mengen, daß ab dem frühen Nachmittag immer mehr matt wirkende Kinder mit grünstichigen Gesichtern umherwanken. Was man tagsüber und auf den Straßen praktisch gar nicht sieht, sind Betrunkene; es ist ja grundsätzlich verboten, in der Öffentlichkeit Alkohol zu trinken.

Einer der ungewöhnlichsten 17. Mai-Umzüge führt auf den Hardangerjøkulen-Gletscher. Dazu fährt traditionell eine beachtliche Teilnehmerschar mit der Bergenbahn zur höchstgelegenen Bahnstation Finse und wandert von dort mit Flaggen und in Trachten zum Dach des fast 1900 Meter hohen Gletschers. Zur Tradition gehört auch, daß jemand eine stattliche Birke mitbringt, die dann auf den Gletscher getragen wird.

Wo immer auf der Welt zwei, drei oder mehr Norweger versammelt sind, am 17. Mai rotten sie sich zusammen und machen einen Umzug. Sie ziehen durch die Straßen von Bombay, Rio, Johannesburg, Paris oder Berlin, schwenken ihre Fähnchen, singen laut ihre Nationalhymne und trotzen patriotisch der Verblüffung ihres Gastvolkes.

| Alles wie überall, nur besser

Wie in Deutschland und anderen europäischen Ländern brauchten vor einigen Jahrzehnten auch die Norweger ein paar Leute für Arbeiten, die sie sich selbst nicht mehr zumuten wollten. Als erste kamen Pakistani ins Land, 1970 waren es genau 121. Ihre Gastgeber warfen einen Blick auf sie und erwarteten, daß sie bald wieder abreisen würden, weil ihnen nämlich, wie ein Werftarbeiter in einer Fernsehsendung jener Jahre recht einfühlsam vermutete, »der norwegische Winter nicht gefallen wird und sie die Kälte nicht vertragen«.

Das war ein Irrtum. Sie blieben, und ihre Familien zogen nach, es kamen weitere Arbeitssuchende, und es kamen politische Flüchtlinge. Jetzt haben 387 000 Personen, das sind über acht Prozent der norwegischen Bevölkerung, einen »Migrationshintergrund«. Ein Drittel der Einwanderer stammt aus den weißen Ländern des Westens, sie gelten, wie in allen weißen Ländern des Westens, in der Ausländerdebatte nicht als Ausländer. Auch König Harald ist ja »das Kind von zwei aus dem Ausland stammenden Elternteilen«, wie die offizielle Definition eines Einwanderers der zweiten Generation lautet, denn sein Vater war gebürtiger Däne und seine Mutter Schwedin. Von den Migranten aus außereuropäischen Ländern sind die Pakistani die größte Gruppe geblieben, in den letzten Jahren steigt die Zahl der Osteuropäer, vor allem der Polen.

Wer nach Norwegen kommt, um dort zu leben, wird weder Gastarbeiter noch Asylant genannt, sondern *Einwanderer*. Das Wort stellt, anders als die deutschen Bezeichnungen, nicht in Frage, daß die Menschen bleiben werden, und die Gesetze erleichtern ihnen das. Wer drei Jahre lang mit Arbeits- und Aufenthaltsgenehmigung im Land gelebt hat, darf bei Kommunalwahlen wählen, nach sieben Jahren kann man die Einbürgerung beantragen, fast jeder zweite Einwanderer ist norwegischer Staatsbürger. Nicht nur darum empfinden sich viele Migranten der ersten, vor allem aber der in Norwegen geborenen zweiten Generation als Norweger beziehungsweise Norwegerinnen.

Obwohl man bemüht ist, ankommende Flüchtlinge über ganz Norwegen zu »verteilen«, lebt jeder dritte Migrant in Oslo, 23 Prozent aller Osloer haben einen »ausländischen« Hintergrund. Durch die Stadt geht ein Riß zwischen West und Ost, im Osten liegen die Stadtteile mit hohem Einwandereranteil. Studenten, Kreative und Intellektuelle finden es zwar schick und billiger, dort zu wohnen, aber ihre Integrationsleistung beschränkt sich meist auf Einkäufe im pakistanischen Gemüseladen.

Natürlich hat Norwegen viele der Probleme, die man aus anderen Ländern kennt. Es gibt Diskriminierung gegen Ausländer, es gibt Probleme mit deren Integrierung, mit Arbeitslosigkeit, restriktiver Mädchenerziehung und der Frage, ob jugendliche Einwanderer besonders häufig kriminell werden. Auf beiden Seiten, bei den alten und den neuen Norwegern, herrschen Angst und Mißtrauen. 2005 meinten vierzig Prozent der norwegischen Jugendlichen, daß »Einwanderung die norwegische Wesensart bedroht«. Von den Wählern der Fortschrittspartei sind fast siebzig Prozent dieser Ansicht. Die Regeln der Osloer Blutbank schreiben vor, daß »Menschen, die in Afrika südlich der Sahara, Indien, Pakistan oder Südostasien geboren sind oder länger als ein Jahr zusammenhängend dort gelebt haben, keine Blutspender sein können. Auch wer einen Sexualpartner aus den genannten Gegenden hat, darf nicht Blut spenden«. Begründet wird das mit Infektionskrankheiten in diesen Ländern, die mit dem Blut übertragen werden. Ein norwegischer Staatsbürger, der 1970 als Pakistani ins Land kam, darf also kein Blut spenden. Unklar ist, ob einige tausend Norweger, die als Säuglinge und Kleinkinder aus Asien und Südamerika adoptiert wurden, davon betroffen sind.

Vor kurzem entschied sich die Tageszeitung *Dagbladet*, auf

ihrer Internetseite eine Leserdiskussion über Einwanderung zu beenden, weil sie von Haßzuschriften der allerübelsten Art überschwemmt wurde. Es gehört zum Demokratieverständnis des Landes, daß andere Zeitungen in ihren Foren Beiträge stehen lassen, die in Deutschland den Staatsanwalt auf den Plan rufen würden. Und es geschehen rassistisch motivierte Gewalttaten bis hin zu Mord. 2001 wurde der fünfzehnjährige Benjamin Hermansen, Sohn eines Afrikaners und einer Norwegerin, in Oslo von drei neonazistischen Jugendlichen erstochen.

Funktioniert also in dem Land, das sich weltweit für die Menschenrechte einsetzt, die Toleranz nur, wenn das Objekt der Toleranz nicht vor der eigenen Türschwelle steht? Schärfer gefragt: Sind die Norweger Rassisten?

Nein, das sind sie nicht. Übergriffe jeder Art werden von den Medien und der überwiegenden Mehrheit der Bevölkerung scharf verurteilt, nach dem Mord an Benjamin Hermansen gingen 45 000 Menschen gegen Rassismus auf die Straße, das war die größte Demonstration seit Kriegsende. Um es noch einmal zu sagen: Die Norweger sind keine Rassisten. Die allermeisten erwarten allerdings von den Einwanderern, daß sie die Angebote annehmen, die der norwegische Staat ihnen zur besseren Integration macht, und daß sie sich dem Leben in Norwegen anpassen. Vielen gelingt das – ob bei der Länge des Schulbesuchs, der Erwerbstätigkeit generell, der Erwerbstätigkeit von Frauen oder der Geburtenstatistik: Die junge Generation der »neuen« Norweger liegt immer dicht hinter den »alten«. Viele Osloer Straßenbahn-, Bus- und S-Bahn Fahrer sind pakistanischer Herkunft, vor einiger Zeit sah ich im Fahrerraum einer S-Bahn eine junge Frau mit Kopftuch.

Überhaupt: die jungen »ausländischen« Norwegerinnen! Wie auf der ganzen Welt sind auch sie disziplinierter und ehrgeiziger, kurz: tüchtiger als die männlichen Gleichaltrigen. Sie haben bessere Noten, bessere Schul- und bessere Berufsabschlüsse, bessere Aussichten auf eine Integration auf dem Arbeitsmarkt. Daß das gelingen kann, liegt nicht nur an ihrer eigenen Zielstrebigkeit. Es liegt auch an dem überlegenen norwegischen Bildungssystem, denn in den Schulen ist Chancengleichheit oberstes Prinzip. Das System fördert die soziale Mobilität, jedem Schüler sollen möglichst lange möglichst viele Optionen offengehalten werden.

Es liegt auch an der Flexibilität der norwegischen Gesellschaft. Man darf ja nicht vergessen, daß die erste Generation nach Norwegen geholt wurde, um die Drecksarbeit zu machen. Vor allem die Töchter haben binnen einer Generation den Sprung in die gehobene Mittelschicht geschafft, sie sind Ärztinnen, Anwältinnen, Managerinnen. Der Schriftsteller Torgrim Eggen ist voller Bewunderung für sie: »Ich kann mich gut erinnern, daß die Leute 1970 sagten: ›Die kommen und nehmen uns die Arbeit weg.‹ Wartet es ab. Bald ist es soweit.«

| Ja, wir lieben Rot-Weiß-Blau

Einigkeit und Recht und Freiheit. Hübsch, aber ein bißchen abstrakt.

Auf, Ihr Kinder des Vaterlandes, der Tag der Ehre ist gekommen. Brüder Italien, Italien hat sich erhoben. Noch ist Polen nicht verloren. Alles auch sehr hübsch, vielleicht eine Idee martialisch.

Gott schütze unsre gnädige Königin. Lang lebe unsre noble Königin. Gott schütze die Königin. Was soll man sagen? Überschaubarer Text.

Das ist bei der amerikanischen Nationalhymne eher weniger der Fall. Wer sie nicht von Kindesbeinen an auswendig lernt, kommt nie über die ersten drei Zeilen hinaus. Dem Vernehmen nach bieten amerikanische Universitäten Hermeneutikseminare zum Verständnis des Textes an.

Und dann das: *Ja, wir lieben dieses Land*. Man sagt, Bjørnstjerne Bjørnson sei beim Dichten des Textes von der finnischen Nationalhymne inspiriert gewesen, aber das sind ohne Zweifel mißgünstige Gerüchte, denn der Text ist, wie die Norweger selbst (sich sehen): klar, einfach, unkriegerisch. Keine Theorie, kein Aufmarsch gegen Feinde und auch nicht jener Schwulst, den ausgerechnet Christian Morgenstern ins Spiel brachte, als er diese wirklich schlichte Zeile mit *Ja, wir lieben unsere Heimat* übersetzte.

Wir – lieben – dieses – Land. Das prägt sich ein, das versteht jedes Kind. Und was das beste ist: Das tun sie wirklich, die Norweger. Auf der Weltrangliste der stolzesten Patrioten kann ihnen niemand das Wasser reichen (Schotten und Iren vielleicht ausgenommen). Kein Deutscher wird je so innig und zugleich unbeschwert deutsch sein können, wie ein Norweger norwegisch ist.

Oder so selbstverständlich, so umfassend, so heiter von der eigenen Fahne begeistert. Rot-weiß-blaue Fähnchenketten schmücken den Weihnachtsbaum, Fähnchen stecken im Geburtstagskuchen, mit Fähnchen in der Hand steht der Enkel am Flugplatz, um die Großmutter von der Reise abzuholen. Jeder Hausbesitzer, der etwas auf sich hält, hat einen Fahnenmast, wer kein Haus besitzt, steckt die Fahne in einen Halter am Balkon. An einem völlig verregneten 17. Mai hörte ich eine Norwegerin zu ihrem Mann sagen: So ein Glück, daß unsere Fahne auch bei schlechtem Wetter noch so gut aussieht! Und alles, was recht ist: Sie ist wirklich bemerkenswert schön.

Sie stammt aus dem Jahr 1821, und es heißt, sie sei die Verbindung der dänischen Flagge und dem Blau als Reverenz an Schweden. Aber es kann weder Dänemark noch Schweden entgangen sein, daß sie (auch) eine Ohrfeige für die beiden Monarchien war: Rot-weiß-blau waren die Farben Frankreichs und der USA, zweier monarchieloser Staaten mit revolutionärer Geschichte. Weil es aber 1905 neben Frankreich nur einen europäischen Staat ohne Monarchen gab, die Schweiz, votierten die im Herzen republikanischen Norweger für eine Monarchie. Sie befürchteten, als Republik aus Europa ausgegrenzt zu werden. Kaiser Wilhelm II. verspottete den demokratisch gewählten König Haakon VII. als »König von Volkes Gnaden«. Wie sich gut ein Dutzend Jahre später zeigen sollte, war das das zukunftsfähigere Modell.

Wie und wann die (rechteckige) Fahne oder der (dreieckige) Wimpel an den Mast darf, ist in einem langen und detaillierten Regelwerk festgehalten, das alle Norweger zu beherrschen scheinen. Aber es gibt eine Faustregel, mit der man garantiert nichts falsch macht: Alle freudigen und traurigen Anlässe des Lebens sind Anlaß zur Beflaggung. Zum erstenmal begriff ich das, als zur goldenen Hochzeit meiner Großeltern alle Nachbarn geflaggt hatten.

Wer in seinem Ferienhaus, der *hytte*, ankommt, zieht gleich den Wimpel hoch. Dort bleibt er bis zur Abreise und signalisiert: Wir sind hier! Hier ist jeder Tag ein Fest!

| Die umstrittene Revolution

Ob vom Flugzeug, Schiff oder Auto aus, überall entlang der Küste sieht man kreisrunde Netzkäfige im Meer. Dort wird der Lachs »aus norwegischer Aquakultur« gezüchtet, der viele Jahre lang einen schlechten Ruf hatte. Das sei das schönste, was Penicillin werden könne, gehörte noch zu den charmanteren Verrissen. Dieses vernichtende Urteil ist nicht mehr gerechtfertigt. Die Zuchtmethoden haben sich verändert, die Besatzdichten wurden halbiert, es wird kein Säugetier- oder Geflügelmehl mehr verfüttert, Hormone sind verboten, Antibiotika fast völlig verbannt. Selbst *Öko-Test* hat bestätigt, daß die Rückstandskontrollen auf Medikamente und andere Rückstände äußerst streng und die Zuchtlachse »sauber« sind.

Die Gehege, die nur wenige Meter Durchmesser haben, reichen bis zu 30 Meter in die Tiefe. Sie sind also erheblich größer, als sie wirken. Greenpeace erwähnt das Problem der Gewässerbelastung: »Die rund 600 norwegischen Lachsfarmen geben ebensoviel Nitrate ins Meer ab wie die gut vier Millionen Einwohner des Landes.« Und Tierschützer bezeichnen die Fischfarmen als Hühnerbatterien des Meeres. Der Publizist Niels Chr. Geelmuyden fuhr in der Tageszeitung *Aftenposten* hartes Geschütz auf: »Wenn ein Unrecht systematisch genug begangen wird und wenn es einträglich genug ist, nimmt keiner daran Anstoß. Wenn jemand fünf lebende Lachse monatelang in der eigenen Badewanne hielte, fänden wohl die meisten, daß er ein Tierquäler ist. Behandelt man 650 000 Tonnen Lachs jeden Tag und das ganze Jahr über auf diese Weise, nennt man das Wachstumsindustrie und Norwegens Zukunft.«

Was 1970 mit einem Ertrag von 500 Tonnen Zuchtlachs begann, ist zu einem so wichtigen und ertragreichen Wirtschaftszweig geworden, daß er neben Öl und Gas Norwegens Zukunft sein soll. Jetzt sollen auch Kabeljau und Heilbutt gezüchtet werden, was erheblich schwieriger ist als die Lachs- und Forellenzucht. Die Forschung in den norwegischen Labors ist weltweit führend, ihre Arbeit, so ein ausführlicher *New York Times*-Artikel, ist der »letzte Schritt in einer Revolution, die unsere Ernährungsweise grundlegend verändern wird. Bis vor kurzem war alles, was wir aus dem Meer gegessen haben, wild. Meeresfisch ist weltweit das letzte wilde Nahrungsmittel, das wir mit einiger Regelmäßigkeit essen. Das verändert sich gerade. Keine andere Art der Lebensmittelherstellung wächst so schnell wie die Fischzucht.«

Dank der Zuchtbetriebe ist Norwegen der weltgrößte Exporteur von Fisch und Meeresfrüchten, und obwohl man für 200 000 Lachse nur drei Arbeiter braucht, bringen die Anlagen Geld und Arbeitsplätze in strukturschwache Gegenden. Umwelt- und Tierschützer haben also schlechte Karten.

Die umstrittene Tradition

Ich hatte einmal das Vergnügen, die Reaktionen deutscher Touristen zu beobachten, denen in einem Restaurant mehrere warme Gerichte serviert wurden, darunter Walfleischragout. Der Reiseleiter erläuterte die Gerichte, das Ragout nannte er als letztes. Auf das Wort »Wal« folgte eine sehr hörbare Stille. Dann fühlten sich einige zu der Mitteilung gedrängt, damit hätten sie »ja jetzt mal gar kein Problem«, während andere sich gebärdeten, als wolle man sie zwingen, ihre Lieblingskatze aufzuessen. Um es kurz zu machen: Als die Gruppe beim Nachtisch angekommen war, hatte nur eine Deutsche der Neugier widerstehen können, das Unsägliche wenigstens einmal zu probieren, und sie war Vegetarierin.

Sie würden sicher niemals Walfleisch essen, und ich – nun, ich habe natürlich Angst vor Greenpeace. Die hatte ich als Kind noch nicht, als meine Großmutter Walfleischragout kochte, und ich muß – allem politischen Gerangel zum Trotz – gestehen, daß ich sehr gute Erinnerungen daran habe, auch deswegen, weil ich vorher immer mit meinem Großvater zum Hafen hinuntergegangen bin, wo Männer riesige, bluttriefende Fleischbrocken aus großen Schiffen entluden und in ein Kühlhaus trugen. Mein Großvater, der selbst zur See gefahren war, kannte die Männer, jedesmal schenkten sie uns ein gewaltiges Stück dunkelrotes Fleisch, viel zuviel für zwei Erwachsene und ein Kind. Meine Großmutter nahm die Gabe seufzend entgegen, dann aßen wir tagelang Walfleisch, das sehr mager ist und entfernt an Wild erinnert. Falls es Ihnen gelingen sollte, Walfleisch aufzutreiben, hier das Rezept meiner Großmutter: Das Fleisch wird dünn geschnitten und angebraten, dann in einer braunen Soße geschmort, die mit viel saurer Sahne und einem Schuß Kaffee abgeschmeckt wird. Ja, Kaffee. Dazu gab es Kartoffeln und Kohlgemüse.

Steinar Bastesen, der als streitbarer Küstenfischer und Walfänger auch ins Parlament gewählt wurde, bezeichnet Wale kurz und provozierend als »schwimmende Frikadellen«. Das ist zwar etwas kraß formuliert, spiegelt aber durchaus die Ansicht der meisten Norweger wider. Es sprengt ihre Vorstellungskraft, daß jemand das anders sehen könnte. Für sie gibt es keinen Unterschied zwischen einem Wal und einem Elch, beispielsweise. Beides wird erlegt, beides wird gegessen. Die Unterstützung des Walfangs geht quer durch das politische und soziale Spektrum und umfaßt alle Altersgruppen. Ein wenig mag es daran liegen, daß Norweger es nicht schätzen, wenn jemand ihnen Vorschriften machen will – schon gar nicht, wenn dieser Jemand von ihrem Leben wirklich keine Ahnung hat. Sie beschuldigen Walschützer, sich von einer kitschigen Walt-Disney-Sentimentalität leiten zu lassen. In der diplomatisch abgefederten Sprache des Außenministeriums klingt das so: »Wenn wir bei einzelnen Tierarten die Gefühle bestimmen lassen, kann das rasch unabsehbare Konsequenzen bekommen.«

Obwohl sich die Norweger der Welt gern als die Sanftesten der Sanften, die Friedlichsten der Friedlichen präsentieren, und obwohl es ihnen sonst immer außerordentlich wichtig ist, wie sie von anderen gesehen und beurteilt werden, haben sie nicht vor, sich dem Druck der Weltmeinung zu beugen. Als einzige Nation stehen sie offiziell, man ist versucht zu sagen: *trotzig* zum kommerziellen Walfang. Island und Japan jagen Wale, wie sie beteuern, ausschließlich für Forschungszwecke, aber sie verkaufen das Fleisch, das »übrigbleibt«, und essen es auch. Diese Gemeinsamkeit veranlaßte einen japanischen Touristen in Oslo zu der recht originellen These, daß Japan und Norwegen quasi gleich seien: »Wir Japaner haben eine ähnliche Kultur, wir essen viel Fisch, und Japaner essen und fangen auch Wale, unter diesem Aspekt finden wir Japaner hier eine sehr, sehr ähnliche Kultur.«

Trotz des internationalen Verbots dürfen einige kleine Völker in Alaska, Kanada, Sibirien, Grönland, in der Karibik und im Südpazifik Wale fangen, weil es für sie eine »kulturelle

Notwendigkeit« ist und weil sie sich davon ernähren. Implizit nimmt das Industrieland Norwegen diesen Status für sich in Anspruch, wenn es sagt, daß der Walfang untrennbar zur norwegischen Küstenkultur gehöre.

Selbstverständlich umringen heute die Fischer den Wal nicht mehr in kleinen, offenen Booten, um ihn mit Harpunen zu töten. Die Fangmethoden haben sich drastisch verändert, allerdings entspricht auch kaum eines der norwegischen Walfangschiffe dem Greenpeace-Schreckbild von der schwimmenden Walverarbeitungsfabrik. Es sind kleine Schiffe, die sich von anderen Fischereikuttern nur durch die Klappe am Bug unterscheiden. Tatsächlich *sind* es normale Fischereiboote, deren Besatzungen außerhalb der Walsaison Kabeljau und andere Fische fangen. Die nordnorwegischen Fischer beharren nicht zuletzt deswegen auf ihrem Recht, Zwergwale zu jagen, weil diese angeblich so ungeheure Mengen Fisch fressen, daß das die Existenzgrundlage der Fischer gefährdet.

Dabei gab es Zeiten, da machte der Wal ganze Küstenstriche reich. Der Walspeck, Blubber genannt, wurde zu Tran und Lampenöl verarbeitet, die Barten (grob vereinfacht: die Zähne) der Bartenwale zum Fischbein der Korsagen. Jetzt erwirtschaftet der Walfang nur noch 0,002 Prozent des norwegischen Bruttosozialproduktes, selbst ein norwegisches Mitglied der Walfangkommission mußte einräumen, daß es »keine großen wirtschaftlichen Interessen in der Walfangindustrie gibt, es ist eher eine Sache des Prinzips«. An manchen günstig gelegenen Orten ist *whale watching* ein so gutes Geschäft, daß ein lebender Wal mehr einbringt als ein toter.

Als ich das letztemal mit meiner Großmutter aß, lebte sie im Altersheim. Ich ging mit ihr in den Speisesaal, es gab Walfleisch. Sie habe es über, sagte sie, es gebe ständig Walfleisch, weil es so billig sei. Das ist nicht mehr so. Auf den Lofoten, wo die meisten Walfänger leben und wo die Wale verarbeitet werden, bekommt man ein Kilo Braten schon für achtzig Kronen, aber auf dem Fischmarkt in Bergen kostet ein Kilo frisches Walfleisch um die 200 Kronen, also 25 Euro. Dort wird Walfleisch auch als Touristenattraktion angeboten, wie dieser Verkäufer erfrischend ehrlich auf deutsch erläutert: »Ich habe Dorsch, frischen Dorsch, salzigen Dorsch, getrockneten Dorsch, getrocknet mit Salz und ohne Salz, ich habe Makrelen, frische, Seelachs und Rotbarsch und Heilbutt und Forelle; ich habe Seeteufel und Walfleisch, ich habe geräuchertes Walfleisch und ich habe frisches Walfleisch, und ich habe Brötchen mit Walfleisch. Das ist sehr gut, das ist *for die deutsche people* das essen hier.«

Inzwischen findet man Walfleisch auch immer häufiger auf der Speisekarte, und zwar nicht mehr als traditionelles Ragout, sondern ganz anders: Manche Lokale bieten Walburger oder Walfleisch-Lasagne an, exklusive Restaurants servieren *Carpaccio vom marinierten Räucherwal auf einem Bett von jungen Blattsalaten in einer Kräuter-Orangenvinaigrette, an einem Timbale von saurer Sahne, roten Zwiebeln und Kaviar.*

| Rollende Gefriertruhen

In der Hochsaison trägt jedes zweite Wohnmobil auf norwegischen Straßen ein deutsches Kennzeichen. Die Reise im Campingbus gilt als ideale Art, Skandinavien zu bereisen: Man ist unabhängig, kann an den schönsten Stellen anhalten und übernachten, spart Hotel- und Restaurantkosten. Der Nachteil, den manche vielleicht gar nicht als so schrecklich nachteilig empfinden, ist, daß man sich gleichsam in einer Taucherglocke durch das Land bewegt. Man spricht deutsch, ißt deutsch, liest deutsch, denkt deutsch und trifft nur selten auf die harte Realität des unvertrauten Landes. Der Kontakt zu Einheimischen bleibt auf ausländererprobte Norweger wie Tankwarte, Lebensmittelladenbesitzer und Museumseintrittskartenverkäufer begrenzt.

Die meisten dieser friedlich vor sich hin fahrenden Deutschen wären (hoffentlich) entsetzt, wenn sie wüßten, was die, mit denen sie keine Berührung haben, beim Anblick ihres Wagens denken: Schon wieder ein Deutscher im Wohnwagen. Alle gleich. Blockieren den Verkehr und ruinieren unsere Straßen. Kaufen nichts, weil sie die Karre voller Konservendosen haben. Bleiben über Nacht stehen, wo es ihnen paßt, obwohl sie mit ihrem Wohnmobil überhaupt nicht wild campen dürfen. Müssen auch noch im Zelt schlafen, weil sie den Wohnwagen zu einer rollenden Gefriertruhe umgebaut haben. Fischen unsere Flüsse leer und brausen mit dem Fang nach Hause. Nicht ohne uns zuvor ihre leeren Konservendosen in die Landschaft geworfen zu haben.

Nun denn: Schon 1971 riet ein deutscher Reiseführer dem Norwegentouristen, er möge sich von daheim Proviant mitnehmen, »vor allem Fleischkonserven, da Fleisch und Wurstwaren außerordentlich teuer sind«. Wie sich das mit den Gefriertruhen verhält, kann nur beurteilen, wer regelmäßig in anderer Leute Wohnwagen schaut. Aber es wird wohl etwas dran sein, denn unlängst wurden die Ausfuhrquoten für Sportangler von 25 auf fünfzehn Kilo Fisch reduziert. Diese neue Regelung läßt die meisten Norweger erleichtert aufatmen, wer protestiert, lebt vom Angeltourismus. Der sprichwörtlich letzte Tropfen zur Revidierung der Quote war ein deutsches Ehepaar, das Anfang 2006 an der schwedischen Grenze kontrolliert worden war. In deren rollender Gefriertruhe fanden Zollbeamte 500 Kilo Fischfilet, das Fischereiministerium rechnete aus, daß das Paar dafür im Distrikt Troms mindestens 1,5 bis 2 Tonnen Fisch gefangen haben mußte. Natürlich dreist, aber auch nicht wirklich neu. Bereits 1180 schimpfte König Sverre, die deutschen Handelsleute kämen »in großer Zahl mit großen Schiffen, sie führen Butter und Fisch davon zur Verödung des Landes. Sie richten nur Übles an und nichts Gutes.«

Ein Lofotenfischer bessert seine Kasse mit einer anderen

Variante des privaten Exports auf: »Viele deutsche Touristen kaufen Walfleisch bei uns, einige sogar ganz beträchtliche Mengen. Das werden sie wohl nicht auf einmal aufessen, sondern einfrieren und mit nach Hause nehmen.« In Deutschland werden sich die Betreffenden von ihren umweltbewußten Verwandten und Freunden zur Rechenschaft ziehen lassen müssen. Bevor es soweit kommt, müssen sie erst einmal unbemerkt am deutschen Zoll vorbei: In der Europäischen Union ist Walfleisch verboten.

| Norwegens Wappentier

Norwegens Wappentier ist der Löwe, was, wie man sich leicht denken kann, mit den Realitäten des Landes nicht viel zu tun hat. Ginge es danach, käme nur ein Tier in Frage: der Elch. Das wiederum entspricht dem Eindruck der Touristen, denn sie sehen kaum Löwen, aber Elche ohne Zahl: als Silhouetten auf Straßenschildern, als Autoaufkleber, als daumen- bis knapp vor lebensgroße Plüschtiere, Schlüsselanhänger, Küchenhandtuchdekor, Silberschmuck, T-Shirt-Aufdruck und vieles, vieles mehr. Nur in einer Form sehen sie Elche zu ihrer großen Enttäuschung praktisch nie: »in echt«.

Buchstäblich von einem Elch getreten hingegen wurde ein Skiläufer namens Kristen Aaby. Beim Holmenkollen-Skimarathon 2001 stellte sich das Tier in die Loipe und griff ihn an. Aaby stürzte und brach sich einige Rippen, kam aber wieder auf die Beine und lief in solchem Tempo davon, daß er nicht nur den Elch abhängte, sondern auch den Marathon gewann. (Was ich hier schreibe, ist nicht fair. Aaby siegte nicht aus Angst vor dem Elch. Er ist einer der erfolgreichsten Langstreckenskiläufer Norwegens.)

Auch etwa fünftausend norwegische Autofahrer treffen pro Jahr buchstäblich auf einen echten Elch: Sie kollidieren mit einem. Der in Schweden mit einem Mercedes durchgeführte »Elchtest« ist die Kombination aus dem scharfen Bremsen, wenn man das Tier sieht, und dem Aufprall, wenn man ihm nicht mehr ausweichen kann, was offenbar die Regel ist. Bei Zusammenstößen mit Autos und auch Zügen werden jährlich etwa zweitausend Tiere getötet, eine Statistik über die verletzten oder getöteten Autofahrer konnte ich interessanterweise nicht auftreiben.

Wie viele es auch sein mögen, der Norweger Lars Walløe hat recht, wenn er sagt, daß Elche und wilde Rentiere viele Verkehrsunfälle verursachen und darum gejagt werden müssen. Da es kaum noch Bären und Wölfe gibt, haben die Elche keine natürlichen Feinde mehr und vermehren sich zu stark.

Aber Walløe sagte das im Rahmen einer Anhörung im Deutschen Bundestag zum Schutz der Walbestände, und beim Thema Wale sitzen die Norweger ja sowieso auf der Anklagebank. Als Walløe auch noch beiläufig erwähnte, daß man bei ihm zu Hause Rentiere und Elche metzelt, war die Abgeordnete Cornelia Behm von der Fraktion Bündnis 90/Die Grünen, »doch sehr irritiert«, was die parlamentarisch abgefederte Version von »mich packt das blanke Entsetzen« sein dürfte. Es hätte Frau Behm vermutlich kaum besänftigt, daß es Abschußquoten gibt, denn die klingen hoch: Jedes Jahr dürfen 40000 Elche erlegt werden sowie, der Vollständigkeit halber sei es erwähnt, 25000 Stück Rotwild und 5000 wilde Rentiere.

Die Jagdsaison auf Elche dauert von Anfang September bis Ende Oktober, die Jäger sind vor allem Einheimische, Freunde, die sich jedes Jahr in einer möglichst abgelegenen, möglichst spartanischen Hütte zusammenrotten, um zu leben, als wüßten sie nicht, was Zivilisation ist. Nur ein Ignorant würde sie mit Fragen wie der belästigen, warum sie dann mit Landrover, Sprechfunkgerät, Handy, GPS und dergleichen anrücken oder wieso sie für ihre Jagdausrüstung bis zu 20000 Kronen ausgeben. Trotz dieser Investitionen jagen viele Jäger nur einmal im Jahr, eben zur Elchjagd, und obwohl man meinen sollte, daß eine drei Meter breite und zwei Meter hohe Zielscheibe auch einem ungeübten Schützen eine faire Chance läßt, kommt es durchaus vor, daß er sie nicht zu nutzen versteht. Das liegt unter anderem daran, daß die Männer ihre Zusammenkünfte gern mit einem anständigen Gelage feiern.

Daher sind die Jagdareale nicht nur für Elche ein ziemlich gefährliches Terrain. In diesen Wochen zögern selbst Wanderversessene, zu ihrer üblichen Sonntagstour in Wald und Feld aufzubrechen; wer es doch tut, ist gut beraten, sich auffälliger als üblich zu kleiden, eine kluge Wahl ist beispielsweise eine Straßenarbeiterweste in Kreischorange. Die Jäger selbst versuchen, Leib und Leben mit einem roten Band am Hut oder einer roten Wollmütze zu schützen. Wer zum erstenmal einen Elch traben sieht, traut übrigens kaum den eigenen Augen, denn das massige Tier hebt die Hufe sehr hoch und hopst federnd und so elegant davon, daß es ganz verdächtig nach einem Walt Disney-Trickfilm-Gag aussieht.

Während ihre Männer Elche jagen oder sich gemeinsam davon erholen, haben die Elchjagd-Strohwitwen Zeit für sich, allerdings erst, nachdem sie in ihren Tiefkühltruhen Platz für das erwartete und erhoffte Wildbret geschaffen haben. Denn die Jagd dient nicht nur der Männergaudi oder gar den Trophäen, die man sich an die Wand nageln kann. Für viele Familien ist ein Teil des 500-Kilo-Elchs ein willkommener, für manche sogar ein fest eingeplanter Beitrag zum Speiseplan, und wenn alles gutgeht, erlegen die Männer soviel Fleisch, daß es bis zur nächsten Jagdsaison reicht.

Es gehört sich auch, einer alleinstehenden Tante oder Cousine etwas Fleisch abzugeben. Diese wird sich dann mit etwas anderem »revanchieren«. Das liegt zum einen daran, daß es auf dem Land, wie der Soziologe Runar Døving herausgefunden hat, immer noch einen komplizierten Naturalientausch gibt, zu dem selbstgemachte Säfte, Marmeladen und

Essiggurken ebenso gehören wie Gemüse, Plätzchen und eben Elchfleisch. Aber es hat auch etwas damit zu tun, daß Norweger nur wenig so tief beunruhigt wie das Gefühl, bei jemandem in der Schuld zu stehen.

| Mord und Skandale

Die Kriminalitätsrate in den skandinavischen Ländern ist hoch, vor allem wird gemordet, was das Zeug hält – literarisch. Was Mankell und Marklund für Schweden, sind Holt, Staalesen, Nesbø und Fossum für Norwegen. Sie schreiben keine Steven King-Geschichten, sondern haben eine Vorliebe für handlungsorientierte, realistisch erzählte Plots, noch der leichenlastigste Krimi spielt in einer überschaubaren Welt.

Auf die naheliegende Frage, warum in solch friedfertigen Ländern so viele Kriminalromane geschrieben werden, wäre eine ebenso naheliegende Antwort: Schriftsteller wie Leser werden dieser sterbenslangweiligen Friedfertigkeit irgendwann überdrüssig. Für Norwegen gibt es eine andere Erklärung, der es an philosophisch-existentiellem Tiefgang fehlt, die dafür aber die Gesetze des Marktes bedenkt: Wer vor Gründonnerstag einen Blick auf die norwegischen Bestsellerlisten wirft, wird dort auf den ersten zehn Plätzen wenig anderes finden als Krimis.

Ostern in Norwegen zieht sich. Mittwochs verlassen die meisten am frühen Nachmittag ihren Arbeitsplatz, Gründonnerstag ist schon Feiertag, bis Dienstag ist das Land komplett geschlossen. Viele nehmen die halbe Woche ab Palmsonntag frei, das sind fünf bis zehn Ferientage. Wer die Zeit in Oslo verbringt, muß die Stadt nur mit Touristen und Bettlern teilen, wer einen billigen Flug von oder nach Norwegen sucht, kann keine bessere Wahl treffen als Gründonnerstagabend – da sind alle schon fort. Früher waren nicht nur Läden und

Ämter geschlossen, sondern auch Restaurants, Kneipen und Kinos. Das Unterhaltungsangebot, so Autor Bjørn Gabrielsen spitzzüngig, »beschränkte sich auf Fernsehserien über das Leben Christi und eine ortsübliche Tradition, die von den Norwegern so gründlich beherzigt wird, daß sie sie immer noch für ein internationales Phänomen halten: das Lesen des ›Osterkrimis‹«. Dieser »Osterkrimi« ist für die Buchbranche das Osterei des Kolumbus, denn wer kurz vor Gründonnerstag eine spannende Story auf den Markt bringt, hat den Bestseller schon halb in der Tasche.

Die Tradition begann vor achtzig Jahren. Damals erschienen – kurz vor Ostern – mehrere Tageszeitungen mit dem Aufmacher *Raubüberfall auf Bergenbahn*. Beim Lesen des dazugehörigen Artikels entpuppte sich das als Reklame für einen Kriminalroman, der sich daraufhin rasend verkaufte. Seither nimmt man über die Osterfeiertage mindestens einen Kriminalroman mit in die Berge – denn daß man das lange Wochenende in einer Hütte in den Bergen verbringt, gilt als ausgemacht. Dort scheint vielleicht die Sonne, man wird nach den bleichen Grottenolm-Monaten braun, zum Glück liegt dort noch Schnee, wo es doch um Ostern herum Frühling zu werden droht. Dort erwarten einen aber auch fünf oder gar zehn Tage mit der Familie, was nicht immer ohne Spannungen abgeht. Tagsüber sind Skitouren Pflicht, da ist man beschäftigt. Abends kann man sich der Krimitradition hingeben, da ist man lesend mit den Lieben zusammen und kann sie sich notfalls auch ein wenig vom Hals halten.

Tatsächlich fährt über Ostern gar nicht jeder, sondern nur jeder zehnte in die Berge. Die anderen neun machen höchstens einmal einen Ausflug. Aber einen Krimi kann sich jeder gönnen, wobei *gönnen* durchaus das richtige Wort ist. Wenn alles, was Spaß macht und einem obendrein ein bißchen Privatheit beschert, seinen Preis hat, muß Lesen in Norwegen sehr lustvoll sein, und das ist es wohl auch. Denn obwohl ein gebundener 200-Seiten-Roman 35 bis fünfzig Euro kostet und die »Billigbücher« bei fünfzehn Euro liegen, lesen die Norweger viel, jeder zweite liest in seiner Freizeit Bücher, bei den Romanen werden norwegische Autoren bevorzugt. Vor allem aber werden Zeitungen gelesen. Drei von vier Norwegern lesen mindestens eine Tageszeitung, daß jemand zwei oder drei Zeitungen abonniert hat, ist nicht ungewöhnlich. Im Zeitunglesen sind sie tatsächlich Weltmeister. 2005 erschienen 166 Zeitungen: 65 täglich, 83 weitere zwei- bis fünfmal und 18 einmal pro Woche.

In Oslo werden die drei großen überregionalen Blätter gemacht: Die konservative *Aftenposten* sowie *VG* und *Dagbladet*. *VG* und *Dagbladet* versuchen täglich, sich gegenseitig mit Boulevard und Randale zu übertrumpfen. Nun hat aber Norwegen gerade mal 4,6 Millionen Einwohner, das reicht international gesehen knapp für eine mittlere Metropole, keinesfalls reicht es, um jeden Tag mehrere dicke Zeitungen mit halbwegs interessanten Nachrichten zu füllen. Vor allem dann nicht, wenn die Leserschaft (angeblich) vor allem Unerhörtes über Norweger und nicht über, sagen wir mal, Bayern oder Chilenen lesen will. Daher konkurrieren die Blätter mit privatesten Details, mit Mobbing und Panikmache, ihre Spezialität ist das Lüpfen von Gardinen, Textilien, Geheimnissen. Und sie versuchen (wie ihre Kollegen in Deutschland), durch Big Brother-Sendungen, Superstar-Kürungen und ähnliche Endlosschleifen einen ausreichend großen Vorrat an Wegwerf-Prominenten zu klonen, um diese hochjubeln und dann wieder demontieren zu können.

Hans Magnus Enzensberger, der Norwegen gut kennt, hat sich vor einigen Jahren dessen Presselandschaft genauer angesehen und einen vernichtenden Artikel darüber geschrieben. Er findet den Namen der Zeitung *VG* – die Abkürzung steht für *Verdens Gang*, das wiederum heißt *Lauf der Welt* – geradezu parodistisch. Ihr gehe es um nichts weniger als um den Lauf der Welt, sondern fast nur um die üblichen Boulevardthemen, »als einzige norwegische Spezialität tritt der Suff hinzu, ein

Lieblingsthema aller Medien des Landes (›Besoffenenkrach im Nachtcafé‹)«. Als weitere norwegische Besonderheit möchte ich skurrile Elchgeschichten erwähnen, Begebenheiten wie *Elch attackiert Wäschespinne* oder *Elch bricht in Lebensmittelgeschäft ein*. Unangefochten auf Platz eins steht der Journalistentraum *Warnung vor betrunkenen Elchen in Südnorwegen*.

Die vielen anderen Zeitungen sind Regionalzeitungen sowie kleine bis winzige Lokalblättchen. Sie sind wichtig, weil und obwohl ihre Berichterstattung, einige knappe Agenturmeldungen ausgenommen, kaum einen Kilometer über ihren Beritt hinausgeht. Ein typisches Beispiel für den Aufmacher einer solchen Zeitung ist »*Gjermund Bråten aus Torpo schlug wieder zu. Stach bei Landesmeisterschaften im* lausdans *alle anderen aus.*« *Lausdans* ist eine spezielle Variante des Volkstanzes im Hallingdal, bei dem man nicht mit einem Partner oder einer Partnerin tanzt, sondern allein. Und Gjermund Bråten ist noch keine sechzehn Jahre alt.

Als ausländischer Leser fragt man sich, welches Maß an Selbstausbeutung der Journalisten solche Zeitungen am Leben hält. Die verkauften Exemplare allein können es nicht sein, und das sind sie auch nicht. Der Staat unterstützt alle Zeitungen durch Umsatzsteuerbefreiung, die allermeisten Regional- und Lokalzeitungen werden zudem direkt bezuschußt. 2005 erhielten 138 Zeitungen immerhin 244 Millionen Kronen. Diese Presseunterstützung wurde 1969 eingeführt, um dem Zeitungssterben entgegenzuwirken, das in den Nachbarstaaten begonnen hatte. Außerhalb der Städte bekommt man allerdings selten mehr als vier, vielleicht fünf Zeitungen: die Lokalzeitung, die Regionalzeitung sowie *VG* und *Dagbladet*. Mit etwas Glück ist noch *Aftenposten* da, aber darauf sollte man sich nicht verlassen. Und je weiter man ins Landesinnere und in den Norden kommt, um so größer ist der Heimvorteil der Lokalzeitungen: Die sind pünktlich zum Frühstück da, die Oslozeitungen nicht – kurz vor dem Nordkap in Honningsvåg kommen sie zwischen vier und fünf Uhr nachmittags.

1960 war ein folgenschweres Jahr für die Kommunikation in Norwegen: Fünfzehn Jahre nach Kriegsende wurde der Autoverkauf freigegeben, davor hatte man Autos beantragen müssen, und nur Ärzte und Hebammen konnten sicher sein, eines zu bekommen. Und Norwegen erhielt seinen ersten Fernsehsender. Davor hatte man in Süd- und Ostnorwegen schwedisches Fernsehen empfangen können, der Rest des Landes war natürlich grün vor Neid gewesen.

Bis 1981 gab es offiziell nur einen Rundfunksender, bis 1987 nur einen Fernsehsender. Wie in Deutschland vor 1963, als das ZDF auf Sendung ging, hörten und sahen alle dasselbe Programm, wie in Deutschland zur Tagesschau saß ganz Norwegen von Lindesnes im Süden bis Hammerfest im Norden pünktlich zu den Abendnachrichten vor dem Fernsehgerät. Das war eine wichtige »Zusammenführung« dieses geographisch so schwierigen Landes, aber da das Programm aus Oslo kam, verschärfte das auch ein altes Problem: Der Norden weiß viel über den Süden, der Süden wenig über den Norden. Wer nicht in Oslo lebt (und das sind immer noch die meisten), ist seit jeher der Ansicht, daß die Sendungen zu oft die Weltsicht der Hauptstadt oder gar die private Meinung der Redakteure wiedergeben. Wenn also die Moderatorin heiter verkündet, Norwegen habe heute wieder einmal einen wunderbaren Sommertag erlebt, während man selbst an der Westküste wohnt und an diesem Tag mehrmals bis auf die Knochen naßgeregnet wurde, dann ist die Wahrscheinlichkeit ziemlich groß, daß irgend jemand auf dem Sofa zischt: »Für die hört die Welt am Sinsen-Kreuz auf.« Auch wenn Sie den Sinn verstehen, hier die Details: Das Sinsen-Kreuz ist Norwegens meistbefahrene Kreuzung. Es liegt, wenn man Oslo stadtauswärts Richtung Norden verläßt, ein paar lächerliche Kilometer vom Schloß entfernt.

Der späte Start wurde mit den schwierigen geographischen Verhältnissen und den damit verbundenen immensen Kosten begründet. Ich habe eher die lutherische Staatskirche und die vielen kleinen, strengen Religionsgemeinschaften im Verdacht, die Sache verschleppt zu haben, weil sie ihnen moralisch bedenklich erschien. Die Sorge war unbegründet, das Staatsfernsehen NRK nahm seinen Bildungs- und Erziehungsauftrag lange bitterernst. Viele Jahre lang sendete es selten, kurz und bevorzugt grobkörnige Dokumentarfilme über Themen wie die Afrikamission oder das Brutverhalten der Dreizehenmöwen in den Klippen Nordnorwegens. Der aufrechte Kampf gegen das Fernsehen als Unterhaltungsmaschinerie ist immer noch nicht verlorengegeben, auch im Jahre 2006 sendet das erste Programm sonntags um zwanzig Uhr einen Dokumentarfilm über die Osterinseln, am Montag einen Dokumentarfilm über eine (selbst in Norwegen gänzlich unbekannte) Kleinkünstlerin, am Mittwoch eine Ratgebersendung über pflegeleichte Grünpflanzen…

Neben dem üblichen amerikanischen Serienkram (unsynchronisiert, man kann in Norwegen dabei also wenigstens Englisch lernen) nimmt die Politik auffallend viel Platz ein. Es gibt jeden Tag mehrere politische Diskussionssendungen; keine Talkshows, sondern Sendungen, in denen Politiker und Politikerinnen mit- und gegeneinander reden und in denen es streng um Inhalte geht. Und es gibt politische Satiresendungen, in denen neben den Kabarettisten und Moderatoren Politiker und Politikerinnen, auch der Ministerpräsident, auftreten und sich selbst persiflieren.

Ein Höhepunkt des norwegischen Fernsehens ist die Werbung. Im Ernst. Sie ist so ungewöhnlich, daß sich nicht nur Teenager, sondern »normale« Erwachsene über Spots unterhalten und sich sogar gegenseitig auf eine neue Werbung aufmerksam machen. Diese Spots erzählen gute, meist etwas schräge Geschichten, haben einen intelligenten Humor und überraschende Pointen. Für diese Art Humor und Witz sind die Norweger inzwischen berühmt – wer in der Werbebranche einen Spot mit sehr skurrilem oder schwarzem Humor drehen will, gibt ihn bei »den Norwegern« in Auftrag.

Das wär's fast über die Medien in Norwegen – das letzte Wort soll Hans Magnus Enzensberger haben:

»Bei diesem Fazit könnte man es bewenden lassen, wäre die Situation im kleinen Norwegen nicht von höchstem Interesse für jeden, der sich irgendwo auf der Welt mit Medienfragen beschäftigt. Die eigentliche Überraschung liegt nämlich nicht darin, daß das Land an einer chronischen Unterversorgung mit Informationen durch die Tagespresse leidet. Erstaunlicher ist die Tatsache, daß das verlegerische Projekt, die Norweger in Idioten zu verwandeln, nachweislich gescheitert ist.

Wer sich in Norwegen umsieht, wird nämlich feststellen, daß die Intelligenz der Bevölkerung in keiner Weise gelitten hat und daß es der Presse nicht einmal gelungen ist, ihre Weltkenntnis zu zerstören. Nach wie vor sind die Leute informiert, diskussionsfähig und an der Außenwelt in hohem Maße interessiert. Man muß daraus einen Schluß ziehen, der den wenigsten Medientheoretikern gefallen wird: Die Macht der Presse und ihr Einfluß auf die Mentalität der Leute werden offenbar weit überschätzt, die Resistenz, um nicht zu sagen: die Immunität des Publikums gegenüber dem Verblödungsdruck der Industrie hingegen bei weitem zu gering veranschlagt.«

Zum Glück haben die Norweger ja ihr Fernsehen mit seinen politischen Diskussionen und den Dokumentarprogrammen.

| Wie klingt ein Fjord?

Was ist da oben bloß los, fragte ein deutscher Musikjournalist etwas ratlos und meinte damit den »weltweit staunend bewunderten norwegischen Kreativitäts-Whirlpool«, von dem ein anderer schwärmte. Es begann mit Jan Garbarek und seinen Saxophon-Improvisationen, es folgten der Trompeter Nils Petter Molvær und der Pianist Ketil Bjørnstad, in den letzten zehn Jahren kommen aus Norwegen immer mehr Musiker und Musikerinnen. Sie heißen Eivind Aarset, Kari Bremnes, Sidsel Endresen, Silje Nergaard, Kristin Asbjørnsen, Bjørn Kjellemyr oder Bugge Wesseltoft, Zungenbrechernamen, denen sich die deutsche Kulturkritik tapfer stellt. Das Vokal- und Konsonantenchaos *Røyksopp* war einem Rezensenten der *Frankfurter Rundschau* aber doch zu unübersichtlich. Er besprach ein Konzert von *Röyskopp* (*Röyskopp* wie *Döskopp*).

Überhaupt tun sich deutsche Kulturvermittler mit den Norwegern gelegentlich schwer: Nehmen Sie Minh-Khai Phan-Thi, die im Fernsehsender *3sat* das Theatermagazin *Foyer* moderiert. Sie berichtete in Harald Schmidts Talkshow begeistert, wie enthusiastisch die Dänen ihren Dramatiker Ibsen anläßlich seines 100. Todestages feiern. Mein Vertrauen in *Foyer* ist seither etwas angekratzt, schließlich ist Ibsen nach Shakespeare der weltweit meistgespielte Bühnenautor, seine Stücke werden allwöchentlich auf 130 Bühnen der Welt gezeigt. Sollte jemand von der Norwegischen Botschaft in Berlin die Sendung gesehen haben, wird er (oder sie) in sein Sofa geschluchzt haben, denn 2006 flossen achtzig Prozent des norwegischen Auslands-Kulturetats in die Feiern des »Ibsenjahres«. Es hätte natürlich noch schlimmer kommen können: Minh-Khai Phan-Thi hätte Ibsen für einen Schweden halten können.

Zurück zu der Frage, was da oben musikalisch los ist. Nils Petter Molvær, ein Avantgardist des norwegischen Jazz, sagt, die Musiker in Norwegen seien »eine kleine Gruppe, deren Mitglieder sehr offen miteinander umgehen. Unsere Zusammenarbeit ist deshalb sehr transparent und ohne Konkurrenzgehabe. Auch suchen wir uns für verschiedene Projekte innerhalb der Szene Verbündete, da ist nichts Starres.« In diesem Land fallen Talente eher auf, und sie bekommen bessere

Chancen als anderswo. Ausgerechnet das Westküstennest Bergen gilt als eines der europäischen Popzentren, eine Gruppe namens Kings of Convenience kommt von dort, sie hat die Popmusik mit ihrem Slogan *Quiet is the new loud* entschleunigt. Ihre Musik ist dermaßen langsam, daß der *Brigitte* eine Erklärung einfiel, die ziemlich gut zu einer Frauenzeitschrift mit Rezeptteil paßt: »Irgendwas müssen sie den Norwegern ins Essen tun.«

Ein Kritiker der *Frankfurter Allgemeinen Zeitung* hingegen konnte bei dieser CD die Sprache nicht mehr halten: »*Über dieser Musik liegt die wärmende Dunkelheit nordischer Frostnächte – wenn man nur aus dem Fenster in den Schnee schaut.*« Gern wird auch behauptet, daß Interpreten und Musik ein bißchen melancholisch seien, mit einer Wahrscheinlichkeit von etwa achtundachtzig Prozent fällt in Rezensionen der norwegischen Jazz- und Popszene das Wort *Fjord*, wie in *Fjordpop* oder *der Sound vom Fjord*. Vielleicht gibt es unter den Rezensenten sogar einen geheimen Wettbewerb, wer es schafft, alle Worthülsen in einem halbwegs plausibel klingenden Satz unterzubringen. Preisverdächtig wäre da beispielsweise folgender Satz der Amazon-Redaktion: »Briskeby steht inzwischen in ganz Skandinavien für reinen Pop, klar wie ein Fjord und doch melancholisch und düster wie die langen, norwegischen Winter.«

Bei dieser Prosa beginne ich mich nach einem anderen norwegischen Musikexport zu sehnen, der ebenfalls ein Weltpublikum erreicht hat: Death Metal. Dreckig, laut, rotzig.

| Ein bißchen Kultur kann nicht schaden

Das Osloer Munch-Museum ist kein heiterer Ort. »Hier hat man die Auswahl zwischen ›Angst‹, ›Melancholie‹, ›Trauer‹, ›Verzweifelter Frau‹, ferner den stimmungsvollen Darstellungen ›Leichenwagen / Potsdamer Platz‹ oder ›Der Sarg wird rausgeschafft‹ sowie ›Selbstbildnis mit Weinflasche‹ und dem fast zwangsläufig daraus folgenden ›Selbstbildnis in der Hölle‹.« Kaum dem Ausstellungsraum entronnen, fand sich der Journalist Hans Zippert, dem wir diese Schilderung von Munchs thematischer Vielfalt verdanken, im Museumsshop wieder, der »den ›Schrei‹ zum Mitnehmen und Aufblasen anbietet, damit man sich überall daran erinnern kann, daß das Leben kein Zuckerschlecken ist«. Er erspart seinen Lesern die bittere Wahrheit, daß der Laden grob geschätzt 588 weitere Gegenstände mit aufgedrucktem, aufgeklebtem, aufgemaltem, zisiliertem, graviertem, appliziertem und eingebranntem »Schrei« bereithält. Mein persönlicher Favorit ist eine Einwegkamera.

Weil ihnen das Original mehr zusagte als alles Reproduzierte, ließen 2004 einige Männer den Museumsshop (buchstäblich) links liegen, eilten zum Gemälde, hängten es ab und nahmen es, zusammen mit der ebenfalls berühmten ›Madonna‹, mit. Wohin, mochten die Täter selbst dann noch nicht verraten, nachdem 2006 drei von ihnen für den Raub verurteilt worden waren.

Irgendwann waren die beide Gemälde dann doch wieder da, als sie kamen, hatte man das Museum bereits zu einem Fort Knox des Nordens aufgerüstet. Auf englisch nennt man das »die Stalltür verriegeln, nachdem das Pferd ausgebüxt ist«. Und der Norwegenkorrespondent Robert von Lucius spöttelte, das städtische Museum habe trotz der neuen Festung seinen Hang zur selbstgenügsamen Provinz nicht verloren, die Schilder unter den Gemälden seien immer noch nur auf norwegisch.

Vielleicht möchte man dem besuchenden Touristen mit Titeln wie den erwähnten – denken Sie nur an »Der Sarg wird rausgeschafft« – nicht die Urlaubslaune verderben. Es könnte auch um einen Imagewandel gehen. Schließlich sind Munchs Bilder – im Original wie in künstlerisch hochstehenden Reproduktionen (siehe oben) – um die Welt gezogen und haben dabei ein Bild von den Norwegern als suizidal deprimiertem Volksschlag verbreitet. Auch in den Theaterstücken von Henrik Ibsen, dem zweiten Leuchtturm der norwegischen Kultur, wird ja selten unbeschwert gelacht.

Was für andere Vorurteile über die Norweger hielte die Welt für wahr, wenn Munchs Zeitgenosse Gustav Vigeland gemalt hätte! Wären seine gutgelaunten, üppigen, lebensfrohen, sich umschlingenden Nackten wie Munchs Gemälde von Ausstellung zu Ausstellung und von Kontinent zu Kontinent gewandert, gälten möglicherweise auch seine Landsleute als vital, sinnenfroh und lebenszugewandt. Aber Vigeland war Bildhauer, er schenkte der Stadt Oslo über 200 riesige Skulpturen, die Menschen im Lebenszyklus zwischen Geburt und Tod zeigen und einen großen Park bevölkern. Dessen – im Wortsinne – Höhepunkt ist ein Monolith, in dem sich 121 Menschen siebzehn Meter hoch in- und aufeinander verschlingen. Solche Statuen lassen sich nicht an befreundete Parks im Ausland ausleihen. Klauen kann man sie auch nicht so ohne weiteres, obwohl das bereits mit Erfolg versucht wurde; eine kleinere Figur verschwand und wurde ein paar Tage später auf einem Parkplatz wiedergefunden.

Die Meinungen der Kunsthistoriker über Vigeland gehen weit auseinander. Für die einen ist er der »herausragendste norwegische Bildhauer«, andere finden ihn »geradezu lachhaft schlecht«. Den Parkbesuchern gefallen seine Figuren, sie machen auf geheimnisvolle Weise gute Laune, außerdem ist das eine Kunst, die man versteht. Im Sommer breiten die Osloer im Park die Picknickdecke aus, feuern ihren Aluschalen-Einmal-Klappgrill an und lassen die Kinder auf den Figuren herumrutschen.

Vigelands Popularität ist kein Zufall: Die Norweger *lieben* Statuen. Nicht nur die üblichen Denkmäler für Grieg und Ibsen, Churchill, verschiedene Monarchen sowie zahllose berühmte Berühmtheiten, die niemand mehr kennt. Jede norwegische Stadt hat eine erstarrte und wetterfeste Bevölkerung aus Heringsverkäuferinnen, Walfischern, Arbeitern, Marktfrauen, kleinen Mädchen mit noch kleineren Brüdern an der Hand, nackten Kindern, nackten Frauen mit und ohne Baby und manches mehr. Hinzu kommen Elche, Rentiere und Eisbären. Die oft lebensgroßen Figuren sind rührend. Das muß genügen. Über ihren künstlerischen Wert soll kein weiteres Wort verloren werden.

Gebildete Norweger reden häufig davon, daß »Norwegen« und »die Norweger« sich nicht für Kultur interessierten. Dabei haben sie nicht diese Statuen im Blick, sie reden von *Hochkultur*. Daß sie selbst der lebende Gegenbeweis sind, kommt selten zur Sprache, wer in diesem Zusammenhang »die Norweger« sind, bleibt im vagen. Sicher scheint, daß der sprichwörtliche Fischer auf den Lofoten eine innovative Inszenierung von Wagners Ring ebenso selten herbeisehnt wie der sprichwörtliche Bauer im Hunsrück – oder die jungen Banker in Frankfurt und Oslo.

Tatsächlich genießt die Elitekultur in Norwegen traditionell kein hohes Ansehen, weil sie eine gewisse Urbanität oder zumindest ein Bemühen darum voraussetzt. Die Stadt als Kulturraum ist nicht so positiv besetzt wie in anderen europäischen Ländern. Städtische Kultur gilt als affektiert; zu sagen, daß jemand sich für Hochkultur einsetzt, wird häufig als Vorwurf aufgefaßt, gegen den er sich verteidigen muß. Ein Beispiel: 2008 ist Stavanger Europäische Kulturhauptstadt. Im Vorfeld attackierten die Lokalzeitungen die Organisatoren mit Vorwürfen, ihre geplanten Projekte seien Ausdruck eines elitären Kunstverständnisses, es fehle an volksnahen Angeboten. Diese Kritik konterte das Komitee mit der verblüffenden Beteuerung, daß da ein ganz falscher Eindruck entstanden sei. *Stavanger 2008* werde keineswegs so sein, wie es in der Bewerbung an die EU-Kommission in Brüssel scheine.

Diese – sagen wir: Skepsis – gegenüber der Bourgeoisie

und ihrer Kultur liegt daran, daß die Pietisten, die sehr einflußreich waren, müßigen Zeitvertreib und das Flirren der Stadt *per se* moralisch bedenklich finden. Es war schon die Rede davon, daß die Norweger seit dem 19. Jahrhundert ein Selbstbild pflegen, in dem sie einfach, bodenständig, echt, kurz: ländlich sind. Bereits in der ersten Strophe ihrer Nationalhymne wird das »zerfurchte, vom Wetter gegerbte Land« bejubelt, das »aus dem Wasser emporsteigt«; die Repräsentanten der Nation schworen 1814, nachdem sie die norwegische Verfassung verabschiedet hatten, Einigkeit und Treue »bis das Dovre fällt«. Dovre ist Norwegens heiliger Berg, der in Mythen, Geschichte, Dichtung und Musik eine zentrale Rolle spielt. Aber Dovre ist eben auch ein Gebirgsmassiv.

Das zweite, was Norwegens Identität bis heute prägt, ist die überschwengliche Idealisierung des freien Bauern, der wie Friedrich Engels ankennend schrieb, nie leibeigen war. »Der norwegische Kleinbürger ist der Sohn des freien Bauern und ist unter diesen Umständen ein Mann gegenüber dem verkommenen deutschen Spießer.« Das trifft den Kern des norwegischen Selbstgefühls: Der verkommene Städter ist dem Bauern, dem wahren Mann, unterlegen. Ab dem frühen 19. Jahrhundert wurden dessen Leben und Kultur als »authentisch« idealisiert, die Großstadt, vor allem Kopenhagen, samt Hochkultur als dekadent und unecht diffamiert. Das war auch klug, ja raffiniert, da das bettelarme Land weder Adel noch ein reiches Bürgertum mit privaten Mäzenen hatte, hätte es sich eine teure Elitekultur gar nicht leisten können.

Seit der Unabhängigkeit 1905 waren Kunst und Kultur Staatsangelegenheit – aber nie Chefsache. Bis 1981 gab es nicht einmal einen Kultusminister. Sachen wie Kunst, Kultur und so wurden stillschweigend im Ressort Kirche und Bildung mitgeschleppt. Das hatte insofern seine Richtigkeit, als für die Sozialdemokraten, die das Land seit Kriegsende jahrzehntelang regierten, *Kunst* eine Aufgabe hatte. Sie sollte das

Volk erziehen. Für etwas Elitäres wie *l'art pour l'art* hatte man wenig übrig, für pure Unterhaltung nicht viel. Auch die Kirche vertrat in Sachen Kunst und Kultur einen Standpunkt, der nicht von Uneigennützigkeit geprägt war. So wurde anfangs der Monty Python-Film »Das Leben des Brian« wegen Blasphemie verboten, die entzückten Schweden bewarben den Film daraufhin mit dem Hinweis, er sei so witzig, daß er in Norwegen nicht gezeigt werden dürfe.

1981 wurde »Kultur« in den Namen des Ministeriums aufgenommen, die Verbindung mit Bildung und Kirche blieb bestehen. Ein Journalist meinte, es sei offenbar keine vollwertige Aufgabe für einen erwachsenen Minister, sich nur mit Kultur zu beschäftigen. Skurrilerweise durfte ausgerechnet der erste Minister des umbenannten Ministeriums nicht Kirchenminister sein. Der hat nämlich die administrative Verantwortlichkeit für die protestantische Staatskirche, und der neue Minister war einer von 45 000 norwegischen Katholiken. (Die Verflechtung von Staat und Kirche geht sehr weit: Mindestens die Hälfte aller Minister müssen evangelisch-lutherisch sein, an Feiertagen wie dem 17. Mai wird in der Kirche die Nationalhymne gesungen.)

Die Personalunion von Kultur- und Kirchenminister birgt gewisse Interessenskonflikte, die man im Ministerium mit dem Slogan »Kultur und Kirche – zwei Einheiten im gleichen Ministerium« zu bannen meint. Die Vertreter der Kirche fürchten natürlich ebenso wie die Vertreter der Kultur, daß der politische Alltag eher dem Slogan »Kultur und Kirche – zwei Seiten einer Sache« folgen könnte und die jeweils eigenen Interessen auf der Strecke bleiben. Auch alte sozialdemokratische Traditionen werden immer wieder einmal ins Spiel gebracht. Noch 2006 meinte der Kultusminister der Arbeiterpartei, in einer multikulturellen Gesellschaft müßten Kunst und Kultur uns zu besseren, toleranteren und gleichgestellteren Menschen machen. Daraufhin warf ihm die Schriftstellerin Linn Ullmann vor, das Volk erziehen zu wollen, dieser

Kulturbegriff sei das »klassische norwegische Kindergarten- und Feierabendverein-Denken«. Darauf warf der Kultusminister Ullmann vor, elitär zu sein – und so weiter, und so weiter...

Dabei hat die »Erziehung« einige, nein, nicht Schatten-, sondern Sonnenseiten: Jedes mit öffentlichem Geld finanzierte Gebäude muß ein Prozent der Bausumme in »Kunst am Bau« investieren. Musiker, Künstler und Literaten werden vom Staat mit einer Großzügigkeit unterstützt, die ihresgleichen sucht. Viele erhalten Stipendien, manche ein Stipendium auf Lebenszeit, Gegenleistungen werden nicht erwartet. Der Staat kauft von nahezu allen literarischen Neuerscheinungen mindestens eintausend Exemplare für die Bibliotheken, was die Druckkosten der Verlage deckt; er bezuschußt Übersetzungen norwegischer Romane und Sachbücher ebenso wie Auslandstourneen von Popgruppen – beide werden als »Botschafter« Norwegens verstanden.

Vor allem im Sommer finden noch im letzten Winkel des Landes Festivals statt, und es werden jährlich mehr: Kammermusik, Lyrik und Film in Oslo, Literatur in Lillehammer, Jazz in Molde, Theater in Porsgrunn, Film in Tromsø, Tanz in Hammerfest, Rock in Kvinesdal; diese Festivals sind nicht nur gut gemeint, sondern oft gut gemacht, mitunter hochkarätig besetzt und immer gut besucht. Eine ständige Klage ist allerdings, daß die überregionalen Medien in Oslo das Kulturprogramm jenseits der Hauptstadt ausschließlich bei solchen Festivals wahrnehmen und ansonsten nur über Veranstaltungen berichten, die die Kulturredakteure von ihrer Wohnung aus per Taxi erreichen können.

Der Kulturetat wächst, im Haushalt 2007 beispielsweise um sagenhafte 524 Millionen Kronen (64 Millionen Euro), und auch die Behauptung, daß Theater und Oper, die klassischen Formen der städtischen Kunst und Ikonen der Elitekultur, es in Norwegen schwer haben, scheint auf den ersten Blick auf wackligen Füßen zu stehen. Es gibt zwar nur sieben oder acht feste Bühnen, aber ein staatliches Tourneetheater tritt jedes Jahr an 65 Orten auf und gibt 600 Vorstellungen. Oslo hat mehrere Theater, vom legendären Nationaltheater über das Neue Norwegische Theater, das ausschließlich auf neunorwegisch spielt, bis zu kleinen, experimentellen Spielorten. Dann gibt es in Oslo noch die Norwegische Oper. Und an der läßt sich tatsächlich einiges ablesen.

Seit 1959 finden die Opern- und Ballettaufführungen in einem angemieteten Kinopalast alten Stils statt. Er ist durchaus elegant, war aber von Anfang an eine Übergangslösung. 1971 schrieb der Publizist Nic Stang: »Die Opernfrage war lange ein trauriges Kapitel, da es nicht möglich war, Oper und Ballett nur mit Hilfe opferwilliger Privatpersonen aus dem Boden zu stampfen, und da das norwegische Storting, das Parlament, zumal wenn es um andere ging, immer eine ziemlich puritanische Versammlung gewesen ist.« Dieses traurige Kapitel wurde noch dreißig Jahre lang fortgeschrieben, in denen am Beispiel von Opernaufführung und Opernhaus gestritten wurde, wieviel öffentliche Unterstützung man sich für »elitäre Kunst« leisten wollte und konnte und ob man dieses Geld nicht doch lieber für etwa Sinnvolleres wie eine neue Straße in Westnorwegen ausgeben sollte.

Vielleicht gibt es inzwischen genügend Straßen in Westnorwegen, jedenfalls entsteht am Oslofjord ein neues und teures Opernhaus. Die Pläne stammen von *Snøhetta*, einer norwegischen Architektengruppe, die einen legendären Ruf genießt, seit sie gegen 600 internationale Mitbewerber antrat und (zu ihrer eigenen Verblüffung) den Auftrag für die Neue Bibliothek von Alexandria erhielt. Auch bei der Oper in ihrer Heimatstadt Oslo waren die Architekten besser als die internationale Konkurrenz. An Selbstvertrauen mangelt es ihnen nicht; als sie den Zuschlag bekamen, sagte einer von ihnen: »Das kann das beste Opernhaus der Welt werden.«

Es soll eine Bauskulptur werden, ein schneeweißer Marmorfels, der sich aus dem Oslofjord an Land schiebt. Ob die

Aufführungen die Weltklasse erreichen, die das Haus am Fjord anstrebt, ist keinesfalls sicher: Vor wenigen Jahren inszenierte die Norwegische Oper die *Lustige Witwe* mit einer dermaßen verschnarchten »Werktreue«, daß es an mißlungene Studentenaufführungen der frühen sechziger Jahre erinnerte. Und über den Etat des Hauses ist wohl auch noch nicht endgültig entschieden.

Beim Traum vom »besten Opernhaus der Welt« geht es aber um mehr als nur um Architektur und Kunst. Es geht auch um den Standort Oslo. »Ohne eine vorwärtsgerichtete und breit angelegte Politik der Kulturinvestitionen und mutigen Projekte wird ein Aufstieg von der Großstadt zur Weltstadt in Zukunft nicht mehr möglich sein«, schrieb Andrian Kreye in der *Süddeutschen Zeitung*. Er sprach von Berlin, aber das trifft auch auf Oslo zu, der kleinen Hauptstadt eines kleinen Landes mit Weltbedeutung. Diese Bedeutung soll man der Stadt künftig ein bißchen mehr ansehen. Die Pietisten gehen. Die Bourgeoisie kommt.

| Oslo ist nicht Paris

Neapel kombiniert mit Stockholm sei eine gute Beschreibung für Norwegens Hauptstadt. Mit dieser ziemlich verblüffenden Feststellung beginnt ein amerikanischer Journalist 1880 einen Reisebericht über Norwegen, während ein deutscher Kollege 120 Jahre später schreibt: »Oslo ist weder das Venedig Skandinaviens noch das Stockholm Norwegens.« Nun kann niemand mehr beurteilen, ob der erste Vergleich damals (oder jemals) zutraf, die zweite Beobachtung hingegen ist so wahr, daß man mit Nicken kaum nachkommt. Allein der Vergleich zeugt von einer Phantasie, die sich vom Gegenstand ihrer Betrachtung völlig freizumachen versteht.

Oslo ist kein kunst- oder architekturhistorisches Schmuckkästchen, es ist keine aufstrebende Weltstadt und kein glitzernder Schaukasten der Ölmilliarden. Es gibt zwei oder drei Hochhäuser aus den sechziger Jahren, die meisten Osloer würden sie kaum vermissen, wenn man sie morgen abrisse, weitere Hochhäuser sind meines Wissens nicht geplant. Wer sucht, findet jede Art von urbanem Amüsement, auch wer nicht sucht, findet Bettler, Drogenabhängige und Prostituierte, aber das Wort *Metropole* kommt einem nicht in den Sinn. Ein junger Deutscher auf dem Rückflug nach Frankfurt brachte es auf den Punkt: »Schönes Land, aber irgendwie ziemlich wenig *action*.«

Daß Hamsun seinen Roman *Hunger* mit den Worten beginnt, Oslo sei eine »merkwürdige Stadt, die niemand verläßt, bevor er nicht von ihr gezeichnet wurde«, klingt absurd, daß der Dichter Bjørnstjerne Bjørnson Oslo als gefährliche und unbarmherzige *Tigerstadt* bezeichnete, reizt zum Lachen. Heute ist Oslo – zum Glück! – genau die handzahme Hauptstadt, die die meisten Norweger haben wollen, eine Stadt mit sowenig Stadt wie irgend vorstellbar. Wer an einem sonnigen Tag mit der S-Bahn zur Holmenkollenschanze hinauffährt, bekommt eine Ahnung davon, was das bedeutet: Man schaut auf Oslo herab, das am und im Wasser strahlt, blitzt und schimmert, blau und grün und silbern. Und es sieht auch aus wie ein Wald mit Häusern.

Dort oben begreift man sofort, warum die Hauptstadt des reichsten Landes der Welt nicht mit ihrer Urbanität, ihren Museen oder ihrer Architektur prahlt, sondern mit ihrer einzigartigen Lage. Oslos geographisches Zentrum liegt mehrere Fußstunden vom vermeintlichen Zentrum am Schloß entfernt, und zwar so abgelegen zwischen Wald, See und Fels, daß man mit dem Auto kaum hinkommt. Dieses riesige Naturgebiet im Norden der Stadt heißt *Nordmarka*, ein sanft hügeliges Areal mit Wäldern, Badeseen, Skihütten und über 2000 Kilometer Loipen. Dort gibt es Wege und Orte mit verschlungenen Namen wie Seniorløypa, Måneskinnsløypa,

Frønsvollstråkka, Fuglemyra, Vettakollen und Båntjern, dort machen viele Osloer ihre liebsten Stadtbummel.

Sonntagsmorgens sind die S-Bahnen voller Menschen, die mit Rucksack und, je nach Jahreszeit, Skiern, Rädern oder nur mit Wanderstiefeln stadtauswärts zu Stationen am Rand der Nordmarka fahren. Im Sommer zieht es sie zu den Seen oder nach Süden, an und in den Fjord. Sie fahren mit Fähren, einer örtlichen Sonderform des Stadtbusses, auf eine der Inseln im Oslofjord, wo sie baden und auf glatten Felsen in der Sonne liegen. Der Weg in die Wander- und Skigebiete im Norden und zu den Stränden im Süden dauert mit öffentlichen Verkehrsmitteln nie länger als eine halbe Stunde. Und allein im Oslofjord soll es 40000–50000 private Boote und Bötchen geben.

All das liegt innerhalb der Stadtgrenze von Oslo, einer Stadt, die viereinhalbmal so groß ist wie Paris. Aber während sich auf jedem der 100 Pariser Quadratkilometer 20000 Großstädter drängeln, sind es in Oslo knapp 1200. Die Stadt ist unglaubliche 454 Quadratkilometer groß, nur ein Viertel ist bebaut. Die »wirkliche« Innenstadt ist behaglich und so überschaubar, daß die Osloer Verkehrsbetriebe zur Eröffnung einer neuen S-Bahn-Teilstrecke spötteltelten, nun sei das kleine Oslo noch kleiner geworden.

Das Zentrum ist rasch durchquert, man mag nicht auf die Straßenbahn warten, denn bis sie kommt, ist man meist zu Fuß am Ziel. Das Zentrum des Zentrums ist »*die Karl Johan*«, eine breite Straße, die schnurgerade zwischen Storting (dem Parlament) und Schloß verläuft und gemeinhin als Oslos (und somit Norwegens) einzige Prachtstraße bezeichnet wird. Benannt ist sie nach dem schwedischen Kronprinz Karl Johan, der eigentlich Jean-Baptiste Jules Bernadotte hieß und einer von Napoleons führenden Generälen gewesen war. Er hatte 1814 für Norwegen, das bis dahin als Privateigentum des dänischen Königs betrachtet wurde, eine Million Taler, Schwedisch-Pommern sowie Rügen hingeblättert. (Der dänische

König verscherbelte Schwedisch-Pommern und Rügen umgehend für zwei Millionen Taler an den König von Preußen). 91 Jahre lang drängten die Norweger darauf, die unerwünschte Union mit Schweden aufzulösen, als ihnen das 1905 endlich gelang, bewiesen sie Stil: Sie setzten den schwedisch-norwegischen König ab, was in Europa zu Recht als revolutionärer Akt empfunden wurde, aber ihre schönste Straße behielt den Namen des Franco-Schweden Karl Johan, und vor dem Schloß, das er erbaut hatte, blieb seine Statue stehen.

Diese *Karl Johan* ist nicht Norwegens Wohnzimmer, sie ist sein Festsaal: Alles, was für die Nation von Belang ist, wird auf dieser Straße gefeiert oder betrauert. Auf ihren wenigen hundert Metern liegen Gebäude von hohem Symbolwert, die alle in der zweiten Hälfte des 19. Jahrhunderts, also den Jahren des Kampfes um die Unabhängigkeit, erbaut wurden: Die Universität (1862) und das Nationaltheater (1899) liegen zwischen dem Storting (1866) und dem Schloß (1848).

Die Blickachse zwischen diesen beiden Gebäuden – zwischen Volk und König – ist unverstellt, denn ein wesentlicher Abschnitt der *Karl Johan*, die ja als urbaner Brennpunkt Norwegens gilt, ist nur auf einer Straßenseite mit hohen Gründerzeithäusern bebaut. Ihnen gegenüber erstreckt sich so etwas wie ein breiter Grünstreifen. Es kommt einem fast vor, als hätten die Osloer hier, an diesem symbolträchtigen Ort, das allzu Urbane mit einem Fitzelchen Natur »neutralisieren« wollen. Tatsächlich hatten die Erbauer der Häuser auf der Nordseite seinerzeit die gegenüberliegenden Grundstücke gekauft, um zu verhindern, daß jemand ihnen den Blick nach Süden auf den Fjord verbaut. Das geschah dennoch – nicht auf diesen Grundstücken, sondern jenseits von ihnen, näher am Fjord.

Von diesem nur wenige hundert Meter entfernten Ufer war das Stadtzentrum jahrzehntelang durch Eisenbahnschienen und eine vierspurige Europastraße getrennt. Damals lagen auf der einen Seite des Fjords die mittelalterliche

Festung Akerhus, auf der anderen eine große Werft und der Westbahnhof. Dazwischen war das Osloer Rathaus entstanden, ein wuchtiger Klinkerbau mit kastigen Türmen, die an braune Ziegenkäse-Blöcke erinnern. Dieses Rathaus ist umstritten, seit es 1950 fertiggestellt wurde. Bei einer Diskussion um Oslos Architektur stand es unlängst als einziges Gebäude auf der Liste der schönsten *und* der der häßlichsten Gebäude der Stadt. Ein Osloer meinte, mit dem Rathaus sei nichts falsch, was nicht in einer kleinen Hauruckaktion zu richten sei: Es stehe bloß verkehrt herum, weil es sich mit einer gewaltigen Treppe und einem Brunnen zur Stadt (und dem Land) hin öffne und zum Fjord hin eine abweisend geschlossene Front zeige. Man solle sich in einer dunklen Nacht zusammentun und das Ding einfach umdrehen. Den Preis als häßlichstes Gebäude gedachten die Bürger übrigens einem siebzehnstöckigen Haus aus dem Jahr 1964 zu, das der Stadtdenkmalspfleger bereits vor längerem auf die Liste schutzwürdiger Objekte gestellt hatte.

Ende der siebziger Jahre wurde die Werft stillgelegt. Es gingen 2000 Arbeitsplätze verloren, dafür bekam die Stadt ein 6,5 Hektar großes Areal, direkt am Meer und wenige Fußminuten vom Zentrum entfernt. Autoverkehr und Bahngleise wurden in Tunnels gelegt, ab 1985 entstand der neue Stadtteil Aker Brygge. Seither blicken die steinernen Arbeiter, die in brachial-sozialistischer Denkmal-Tradition vor dem Rathaus Wacht halten, nicht mehr zu ihrem Arbeitsplatz hinüber, sondern auf Orte eines neuentdeckten, urbanen Müßiggangs. Inmitten von Kinos, Einkaufspassagen und Wohnungen wimmelt es von Kneipen und Restaurants, von pietistischer Prüderie und Strenge ist nichts mehr zu spüren. »Auf Aker Brygge Bier trinken« ist zum Synonym für »Sommer in Oslo« geworden. Im stillgelegten Westbahnhof, der auch am Rathausplatz liegt, wurde unlängst das Nobelzentrum eingeweiht.

Und doch sind die Osloer immer noch Hauptstädter wider Willen. Während ein Franzose auf die Frage, was er sei, stolz »Pariser!« antwortet, selbst wenn er erst vor drei Monaten angekommen ist, lautet in Oslo die Antwort eher: »Ich komme aus dem Romsdal / von Kragerø / aus Harstad«, auch wenn der Betreffende seit vierzig Jahren in Oslo lebt. Wenn sie im Ausland »aus Oslo« antworten, dann nur, weil selbst der lokalpatriotischste Norweger weiß, daß nicht jeder Grieche oder Neuseeländer mit Romsdal, Kragerø oder Harstad etwas anzufangen weiß. Was der Romsdøling (sic!), Kragerøer oder Harstader traurig findet. Traurig für den Fremden. Sie haben eigentlich auch ein bißchen Mitleid mit jenen Oslo-Bewohnern, die – vielleicht gar seit mehreren Generationen – Osloer sind. Die Armen kommen ja nirgends her.

Die norwegische Identität basiert zum einen auf »Natur«, zum anderen auf »*bygd*«, der kleinen ländlichen Gemeinde mit traditionellen, pietistischen Werten und starkem sozialen Zusammenhalt, aber auch lückenloser sozialer Kontrolle. Wie eng man früher in diesem *bygd* aufeinander lebte, verrät die Sprache: Das Norwegische hat für Cousins und Cousinen zweiten Grades eine eigene Verwandtschaftsbezeichnung, so etwas deutet immer auf eine Gesellschaft hin, die inzestgefährdet ist.

Die Verbindung von *Natur* und *Bygd* ergibt das nationale Credo: »Wir sind alle Bauern, wir kommen alle vom Land.« Das ist für viele Norweger weniger abstrakt, als es klingen mag, ihre Wurzeln sind tatsächlich dort. Wer nicht Olsen, Karlsen oder Ambjørnsen (also Sohn von Ole, Karl und Ambjørn) heißt, trägt oft den Namen des Weilers oder Hofs, von dem die Familie stammt. Im Zuge der Nationalromantik legten viele Familien die Nachnamen auf -sen ab, weil sie zu dänisch klangen, und nahmen den Hofnamen an, um ihr Norwegischsein zu betonen. So wurde aus Knud Pedersen vom Hof Hamsund auf Hamarøy Knut Hamsun; *Knut* ist norwegischer als *Knud*, daß bei *Hamsun* das »d« fehlt, verdankt sich ironischerweise dem Schreibfehler eines dänischen Verlegers.

Ihr Name bindet also Norweger – selbstverständlich auch Osloer – oft an das »Land der Väter«. Außerdem sind tatsächlich die meisten in der ersten, höchstens zweiten Generation Städter. Sie haben noch eine »Großmutter mit Hühnern«, ein Osloer Freund schrieb mir, er habe jeden seiner bislang 53 Sommer einige Wochen auf dem Hof verbracht, von dem seine Mutter stammt. Diese Erfahrung sei für viele Städter typisch. Auch wer nicht auf dem Land aufgewachsen sei, verbringe einige Sommerwochen auf dem Land, und zwar oft an dem Ort, aus dem die Familie stamme. Dort habe man eine Hütte geerbt, gekauft oder gebaut, dorthin fahre man zum Angeln und Jagen. Manche haben sogar den Hof ihrer Vorfahren behalten und werden ein paar Sommerwochen lang zu Bauern. Sie pflanzen Bäume, ziehen Gemüse und holen ihre Ziegen und Hühner, die sie das Jahr über bei einem Nachbarn untergebracht haben. Natürlich leben sehr viele Menschen tatsächlich auf dem Land, auch wenn es zum nächsten Einkaufszentrum und Kino nicht weit sein mag. Oslo ist nicht Norwegen, die meisten Norweger sind keine Städter. Es hat immer noch seine Richtigkeit, daß der »gesunde Menschenverstand« in Norwegen »gesunder Bauernverstand« heißt.

Die Herkunft spielt eine solche entscheidende Rolle im norwegischen Alltag, daß die Abgeordneten im Storting, dem Parlament, nicht nach Parteien, sondern nach ihren Heimatdistrikten zusammensitzen. Das wurde vermutlich eingeführt, um dem Volk, möglicherweise auch den Abgeordneten, zu signalisieren, daß die Belange einer gemeinsamen Heimat ein stärkeres Band sind als die Interessen unter Parteifreunden. Mir scheint dieser Gedanke zu edel, um realitätstauglich zu sein. Aber wer würde es wagen, an diesem System zu rühren? Mit welcher Begründung?

Die enge Beziehung zur eigenen Herkunft und zum »ländlichem Leben« führen zu dem, was Hans Magnus Enzensberger maliziös den »ausschweifenden Lokalpatriotismus der Norweger« nennt. Man behält den Dialekt der Heimat, trägt die Tracht der Gegend, aus der man selbst oder die Vorfahren stammen. Für Oslo bleibt da nicht viel Heimatgefühl übrig. Daher ist die Stadt nicht, wie andere Großstädte der Welt, ein Schmelztiegel. Sie gleicht eher einer Tüte Studentenfutter: Alle finden in ihr Platz, aber egal, wie lange sie in der Tüte sind, man kann immer Rosinen zu Rosinen und Nüsse zu Nüssen sortieren.

| Ein Häuschen mit Garten

»Was hatte man dem ›kleinen Mann‹ nicht alles versprochen: das Land Utopia, den kommunistischen Zukunftsstaat, das Neue Jerusalem, selbst ferne Planeten. Er aber wollte immer nur eins: ein Haus mit Garten.«

Sollte der Schriftsteller G. K. Chesterton damit recht haben, sind die Norweger der Seligkeit nahe: Sieben von zehn Haushalten besitzen dieses Haus mit Garten; in Deutschland sind es nur vier von zehn.

Das eigene Heim – ob als »freistehendes Einfamilienhaus«, wie es im Maklerdeutsch heißt, oder als Eigentumswohnung – zählt in Norwegen geradezu zu den unveräußerlichen Menschenrechten. Tatsächlich leben nur zwei von zehn Norwegern zur Miete; da der Staat den Kauf einer Immobilie durch Steuervorteile fördert, ist letzteres auf längere Sicht erheblich günstiger. Junge Paare erhalten ein Familiengründungsdarlehen: Zwei Zwanzigjährige mit bescheidenem Einkommen gehen zur Bank, bekommen ohne nennenswerte Probleme 1,3 Millionen Kronen (160 000 Euro) und fangen mit dem Hausbau an. Die Baubranche profitiert, junge Leute erleben, daß man ihnen vertraut, sie werden zum Kinderkriegen ermutigt, die Frauen bleiben dem Arbeitsmarkt erhalten, weil sonst das

Geld nicht reicht. Alles wünschenswerte Folgen also, und die Bank geht kein Risiko ein, denn sie behält natürlich das Haus, falls das Paar mit der Tilgung in Verzug gerät. Und sollte sich das Paar trennen, was jedes zweite Paar tut, beginnen beide mit jemand anderem ein neues Leben in einem neuen Haus.

Aufgrund dieses »Rechts auf ein Eigenheim« und des allgemeinen Wohlstands haben sich die »tausend Heime«, von denen in der Nationalhymne die Rede ist, vervieltausendfacht. Im Norden ist Platz, aber in manchen Gegenden im Süden wird das Bauland knapp. Dort führt der Weg in die unberührten Berge und Hochebenen bereits durch sie umgebende Baugürtel von kaum zu beschreibender Häßlichkeit, deren Entstehungsgeschichte auf einen Blick zu entschlüsseln ist: Die Bauern verkaufen Bauland, die Kommune asphaltiert ein paar Straßen, an den Straßen entstehen Einfamilienhäuser und einige Wohnblocks. Wenn die Straßen voll sind, wird an den äußeren Rändern weiteres Bauland verkauft, es werden neue Straßen asphaltiert. Und so weiter, immer das Tal entlang und den Abhang hoch. Dann eröffnen ein oder zwei Supermärkte, ein Friseur und ein Pudelsalon, ziemlich spät kommt eine Bushaltestelle dazu.

Die Neubaugebiete legen sich in ausufernden Ringen um Dörfer, Städte und Städtchen, die sich verdichtenden Siedlungen heißen zutreffend *tettsteder* – wörtlich: dichte Orte, »Ballungszentren« sind das natürlich nicht. Jeder dieser Ringe ist ein Musterkatalog der Baumode des jeweiligen Jahrzehnts. Man weiß nicht, ob man sich freuen oder es bedauern soll, daß das alles offenkundig ohne Städteplaner auskommt.

Früher gab es in Norwegen kaum Ortschaften im europäischen Sinn. Die Bauern wohnten dort, wo ihr Ackerland war. Am Hang stehen vereinzelt noch alte Häuser, die zu den Höfen gehörten, traditionelle norwegische Holzhäuser, schlicht wie eine Kinderzeichnung, die sich oft nur durch die Farbe ihres Anstrichs unterscheiden. So baute eine Gesellschaft, deren Ideale Gleichheit und Genügsamkeit waren.

Immer noch sind vier von fünf neuen Häusern aus Holz. Sie lassen sich leichter heizen als Steinhäuser, Holz gilt als »gemütlich« und »typisch norwegisch«. Glas ist typisch geworden, weil es den Lichthunger der Norweger stillt, die Fenster wurden mit den Jahren immer größer. Gebaut werden immer noch normierte Einfamilienhäuser, jetzt sollen sie aber nicht normiert, sondern individuell und kosmopolitisch aussehen. Das Ergebnis sind Hybride mit assortiertem Architektur-Schnickschnack à la Englisches Landhaus, Französische Riviera oder Italienisches Weingut, gern von allem etwas. Das ist zum Blindwerden, was fehlt, ist eine moderne Architektur mit einer eigenen, entschiedenen Handschrift und neuen Ideen. Natürlich haben das Terrain und die Häuser nicht den geringsten Bezug zueinander. Wie auch: Hier rotten sich Hunderte solcher Bauherrnträume zu amerikanisch anmutenden Vorstädten zusammen.

Eine Katastrophe besonderer Art sind die sogenannten »Terrassenhäuser«, Wohnblocks mit großen – genau – Terrassen, die in einen Hang hineingebaut wurden. Sie sind vermutlich als Kombination aus kompaktem Bauen und geräumigem Wohnen gedacht, kleben aber an den Hängen wie ekliger Schorf, zudem sie oft in einem Rot gestrichen sind, das an getrocknetes Blut erinnert. Aber die Wohnungen sind hell und gut geschnitten, die Terrassen wunderbar, die Aussicht oft großartig. Man kann in einem solchen Block gut leben. Dann sieht man ihn ja nicht mehr.

Ähnliches geht mir durch den Kopf, wenn ich in meine Heimatstadt Ålesund komme und das dortige Rathaus sehe. Das ist keine Bausünde von vor einer Generation, es ist ein Verbrechen, ein Betonklotz von einer Häßlichkeit, die keine Stadt der Welt verdient hat. Für dieses Rathaus wurde in den siebziger Jahren eine ornithologische Sensation – ein Vogelfelsen mitten in einer Stadt – gesprengt, obwohl große Teile der Bevölkerung (für norwegische Verhältnisse) geradezu Amok liefen. Das Gebäude liegt am Sund, den ehemaligen

Fischspeichern gegenüber, die zu teuren Wohnungen umgebaut wurden. Deren Bewohner sind tagtäglich mit dem Anblick dieses Monsters geschlagen, auch wenn mein Mitleid mit ihnen überschaubar bleibt, denn als sie ihre Wohnungen kauften, stand das Rathaus schon.

Die einzig wahre Strafe für die Verantwortlichen des Rathausbaus wäre lebenslange Wohnpflicht in einer dieser Wohnungen. Am liebsten wäre mir, sie müßten täglich acht bis zehn Stunden allein am Fenster stehen, um sich anzusehen, was sie der Stadt und ihren Bürgern angetan haben.

Ich bin, wie Sie natürlich merken, auf diesen Bau ganz besonders wütend. Aber käme ich aus einer anderen Stadt, ich befürchte, es gäbe dort ein Gebäude, auf das ich ebenso wütend wäre. Denn in vielen Städten, Städtchen und Dörfern kann man an der Bebauung erkennen, wann die Kommunen reich waren und wann das erste Ölgeld kam. Besonders viel passierte in den sechziger und siebziger Jahren, die Bauten jener Zeit kennt man aus Deutschland. In Norwegen wirken sie zwischen den kleinen Holzhäusern besonders deplaziert. Heute begreifen alle, wie dumm man damals war, aber an Rückbau ist natürlich nicht zu denken.

Narvik zum Beispiel wurde im Krieg durch Bomben schwer beschädigt. Die geradezu osteuropäische Scheußlichkeit des Stadtzentrums jedoch haben die Narviker selbst über sich gebracht, als die Stadt in den sechziger und siebziger Jahren eine der reichsten Kommunen Norwegens war. Damals entstand ein charakterloses Haus nach dem anderen. Nun hat sich die Lage in ihr Gegenteil verkehrt: Narvik wirbt um neue Unternehmen und läßt den Investoren, die kommen, auch architektonisch vieles durchgehen. Die Innenstadt ist selbst an einem sonnigen Sommertag unendlich deprimierend. Man mag sich nicht ausmalen, wie es sich hier im November lebt. Armut, heißt es, sei der beste Denkmalschützer. Wer durch Norwegen reist, wird die Wahrheit dieser Behauptung erkennen.

Die Norweger können Schiffe bauen und verstehen es seit einem Jahrtausend, ihre Expertise im Schiffbau auch an Land zu nutzen. Zwischen dem 9. und dem 13. Jahrhundert bauten sie Hunderte von Holzkirchen, die mit den Steinkirchen im übrigen Europa nichts gemein haben. Diese Stabkirchen sind wie die Langschiffe der Wikinger konstruiert, sie sind Norwegens Beitrag zur Architekturgeschichte der Welt. Viele wurden durch Feuer zerstört, im 19. Jahrhundert abgerissen oder aufgegeben, weil nahebei eine moderne Steinkirche entstand, jetzt gibt es nur noch gut zwei Dutzend. Die Tradition der Langschiffe (und damit implizit der Stabkirchen) griffen die Architekten der Eisschnellaufhalle in Hamar auf, die 1994 zur Olympiade gebaut wurde: Ein kieloben liegendes Wikingerschiff, im Inneren wurde eine Spannweite von 96 Metern mit Leimholzträgern überbrückt, das war damals Weltspitze.

Die wahre Größe norwegischer Bau- und Ingenieurkunst zeigt sich dort, wo die Norweger immer schon groß waren: im Meer und im Fels. Was sie da können, ist oft atemberaubend und rekordverdächtig. Da sind die Leuchttürme, die von Lindesnes im äußersten Süden bis zum Nordkap die Küste säumen. Da sind die schmalen Straßen, die in lotrecht abfallende Felswände gehauen, die Brücken und Tunnels, die durch Berge und unter dem Meeresboden gebohrt wurden. Und in einer unberührt wirkenden Natur liegen unterirdische Militäranlagen, Wasserkraftwerke oder Erdöllager. Das ist allerdings weniger Landschaftsschutz als reine Not, denn für große überirdische Anlagen ist kein Platz. Nur ein Viertel des Landes liegt tiefer als 500 Meter, und das sind vor allem Küstenareale, die sich verkehrsmäßig schlecht an das Hinterland anbinden lassen.

Und die Norweger sind Meister im Bau von Konstruktionen, die in gewisser Weise ebenfalls unsichtbar sind, obwohl das höchste Bauwerk dieser Art 172 Meter höher ist als der Eiffelturm. Sie sind »fast unsichtbar«, weil es für normale

Menschen außerordentlich schwierig ist, sie zu besuchen, man kennt sie nur von Bildern. Die Rede ist von den Förderplattformen in der Nordsee.

|Vom Plumpsklo zum Whirlpool

Ein Wochenend- und Ferienhaus – eine *hytte* – ist der Wunschtraum eines jeden Norwegers. Die ideal gelegene *hytte* erklärt ein Norweger uns Deutschen so: »Gern darf sie so weit von der Straße entfernt liegen, daß man die gesamte Ausrüstung für drei Wochen ein Stündchen hintragen muß. Dort kann man nämlich fast sicher sein, daß man keiner Menschenseele begegnet.« Solche Holzhäuser in der Einöde haben einen Kamin und Öfen, aber weder Strom noch fließendes Wasser. Der Schriftsteller Jostein Gaarder besitzt eine solche Berghütte, wo er schon als Kind mit seinen Eltern Winterferien machte: »Bei unserer Ankunft betrug die Temperatur minus 20 Grad. Es dauerte 24 Stunden, das Haus warm zu kriegen. Jedesmal, wenn das Thermometer um ein Grad gestiegen war, tranken die Erwachsenen ein Glas Aquavit. Als junger Mann folgte ich dieser Regel, doch heute trinken wir nur noch alle fünf Grad ein Glas.« Das Plumpsklo neben dem Haus macht besonders bei minus 20 Grad die wahren Freuden dieser Art Ferien erfahrbar: Es ist das rauhe Leben der Vorfahren, ein bißchen wie bei den Wikingern, es ist die Wiederauferstehung des schlichten, harten bäuerlichen Lebens, eine ersehnte Pause vom dekadenten Luxus des Alltags, denn nur das Einfache ist wahr und gut. Die Norweger sehen sich immer noch gern als Asketen. Ferien dienen der körperlichen und moralischen Ertüchtigung, der Regenerierung von den Giften des urbanen Lebens.

Perfekt sind zwei Hütten, eine für den Winter in den Bergen, eine für den Sommer an der norwegischen Südküste, direkt am Meer gelegen, mit Terrasse und eigenem Steg. Solche Häuser und Grundstücke sind rar geworden, wer eines besitzt, ist saniert: Im Sommer 2006 kam ein ehemaliges Bootshaus in den Schären 250 Kilometer südlich von Oslo auf den Markt: siebzig Quadratmeter, Außenklo, weder fließend Wasser noch Strom, aber so dicht am Meer, daß es fast auf dem Wasser lag. Dreißig Interessenten boten mit, verkauft wurde das Hüttchen für 6,3 Millionen Kronen (über 800000 Euro).

Selbst wer bei so etwas nicht einmal im Traum mitbieten kann, will ein Zweit- oder Dritthaus in den Bergen oder am Meer. Nachdem offenbar lange jeder dorthin bauen durfte, wohin er wollte (vielleicht sollte man eher sagen: wohin er Baumaterial schaffen konnte), sieht die Hüttenrealität inzwischen anders aus. Die Kommunen bewilligen immer neue Areale, weil das schnell Geld einbringt, das Bauland wird mit Strom, Kanalisation und asphaltierten Straßen ausgestattet, dann errichtet ein Investor viele identische Hütten, und zwar, wie ein Journalist aus dem beliebten Feriengebiet Hallingdal flucht, »riesige Blockpaläste mit Satteldach, Butzenscheiben und Grasdach, völlig beliebig in die Natur gebaut. Diese ›Uniformierung‹ läßt viele der neuen Hüttenareale wie Ghettos aussehen.« Er hätte noch erwähnen können, daß sich in diesen Kolonien bald mehr Leute auf einem Quadratkilometer drängen als in Oslos Vorstädten. Hotelburgen hingegen gibt es nicht, die wird es wohl auch künftig nicht geben: Norwegentouristen wollen nichts weniger als das, und auch die Norweger machen im eigenen Land keinen Hotelurlaub. Dafür fliegen sie in die Mittelmeerländer, und von deren Baukatastrophen haben die norwegischen Kommunen natürlich auch gelernt.

Früher fand das geheiligte Wochenende fern von Menschen und jeder Zivilisation statt, Schulkinder wetteiferten darum, wer die entlegenste Hütte hat und von wessen Hütte aus man die wenigsten anderen Hütten sehen kann. Heute hat man an vier Grundstückskanten Nachbarn und bleibt dank Handy und DSL-Anschluß für Kollegen – und den Chef –

rund um die Uhr erreichbar. Da bleibt nicht viel vom »norwegischen Buddhismus«, wie der Schriftsteller Per Petterson die Sehnsucht nach Abgeschiedenheit und Eremitentum nennt: »Wir gehen in Norwegen nicht ins Kloster. Wir ziehen uns in eine kleine Hütte im Wald zurück – mit unserem Hund, zehn Büchern, ohne Musik, nur mit ein paar Sachen, die wir brauchen. Das ist sehr, sehr norwegisch.« Petterson wohnt sowieso schon recht abgeschieden auf dem Land, in einiger Entfernung von seinem Wohnhaus steht sein Schreibhüttchen, in das er sich morgens einigelt.

Knut Hamsun und Edvard Grieg lebten und arbeiteten in fast identischen Anordnungen. Grieg besaß ein großes Grundstück, das damals weit außerhalb von Bergen lag. Auf Trollhaugen, wie er das Anwesen nannte, stand sein Wohnhaus, etwas entfernt davon sein Komponierhüttchen mit Blick aufs Wasser. 1985 wurde direkt hinter dieser Hütte eine Konzerthalle in den Hang gebaut, in der nur Grieg-Musik gespielt wird. Das Publikum schaut – ganz meditativ – durch eine Glaswand über das Orchester und das Hüttchen hinweg auf den Fjord.

Ebenso unbuddhistisch wie die dicht gedrängten Hüttenkolonien sind die neuen Wochenendvillen der wirklich Reichen. Diese »Hütten«, nicht mehr dreißig oder fünfzig, sondern hundert oder 300 Quadratmeter groß, haben vom Whirlpool bis zur beheizbaren Auffahrt und den versenkbaren Panoramafenstern jeden Luxus. Eine solche Zurschaustellung von Geld war früher undenkbar, eine norwegische *hytte* war spartanisch, das war ja sozusagen der Witz der Angelegenheit. Natürlich stehen die Neubauten an den schönsten Stellen, und die Grundstücke sind weiträumig eingezäunt. Das ist in Norwegen unüblich, man gesteht eigentlich allen zu, unbestelltes Land und das Ufer zu nutzen. Es gibt auch noch das Gewohnheitsrecht, aber es bedarf einiger Chuzpe, sich gegen Geld durchzusetzen. Von einem alten Walfänger aus Nøtterøy an der Westseite des Oslofjordes wird berichtet, ein wütender Herr aus Oslo habe ihn darauf aufmerksam gemacht, daß durch sein Grundstück kein Fußweg führe. Darauf habe der Walfänger geantwortet: »Hier gehe ich seit so vielen Jahren, ich finde mich auch ohne Weg gut zurecht.«

| Wie die Norweger das Skilaufen lernten

Am 25. Januar 2006 erinnerte der staatliche chinesische Fernsehsender seine Zuschauer daran, daß das Schießpulver, die Druckerpresse, der Golfsport, der Fußball sowie die Nudeln chinesischen Ursprungs seien. Aktueller Anlaß dafür war die Meldung, wonach Anthropologen es als gesichert ansehen, daß die ersten Skiläufer aus dem (heute) chinesischen Teil des mittelasiatischen Altai-Gebirges stammen. Die Altaier (oder wie sie nun heißen mögen) seien vermutlich vor undenklichen Zeiten mit ihren Skiern in das (heutige) Nordnorwegen eingewandert.

Daß die Norweger das Skilaufen von den Chinesen gelernt haben sollen, gefiel den Norwegern spontan nicht so gut wie den Chinesen. Ein Leserbrief faßt Volkes Stimme (und Stimmung) knapp zusammen: »Wenn die die Skier erfunden haben, habe ich den Reis erfunden. Aber mal mindestens.«

Richtig ist allerdings, daß die ersten Zeugnisse des Skilaufens aus Nordnorwegen stammen. Die mindestens 4000 Jahre alte Felszeichnung einer menschlichen Figur auf Skiern, ein Piktogramm der Winterolympiade von 1994, wurde dort gefunden, und es waren die im äußersten Norden eingewanderten Finnen – also keinesfalls Chinesen! –, die als erste zum besseren Fortkommen nicht einen Stock benutzten, sondern zwei. Das Wort *Ski* ist norwegisch, es bedeutet »Scheit«, die Bedeutung der Provinz Telemark für den Skisport ist unbestreitbar.

Norwegen ist die »Wiege des Skisports«, Morgedal, ein

Marktflecken in Telemark, ist die »Wiege der Wiege des Skisports«. Dort wurde 1825 Sondre Norheim geboren, ihm verdankt die Welt den Telemarkschwung, die Skibindung und den taillierten Ski. Norheim ist in Norwegen ein säkularer Heiliger, das olympische Feuer für beide Olympischen Winterspiele in Norwegen (1952 und 1994) wurde am offenen Kamin in Norheims Geburtshaus entzündet. Die Flamme brennt vor dem Haus in Morgedal immer noch, die nächste Olympiade auf norwegischem Boden kann kommen.

Schon in den sechziger Jahren des 19. Jahrhunderts war Skilaufen Mode geworden, zum Volkssport wurde es erst durch Norheim – und natürlich Nansen, der 1888 auf Skiern Grönland durchquerte. Das war so *norwegisch*, ein Zeitgenosse rückte das Ereignis ins rechte Verhältnis: »Die Norweger haben sich von Peer Gynt zu Fridtjof Nansen entwickelt, von einer tatenlos träumenden, streitsüchtigen und prahlerischen Nation zu einem in des Wortes eigentlicher Bedeutung tatkräftigen, mutigen und aufgeklärten Volk.«

Er wurde zum Vorbild für den »norwegischen Mann in Haus und Hütte«, wie es in der Nationalhymne heißt; als er im Mai 1889 in Kristiania ankam, empfingen ihn seine Landsleute wie einen reinkarnierten Wikingerkönig. Er wurde bejubelt und als nationaler Triumph vereinnahmt, womit der Held im übrigen sehr einverstanden war. (In der Menge soll ein Siebzehnjähriger namens Roald Amundsen gestanden haben, der, so will es die Legende, an diesem Tag beschloß, es dem Helden gleichzutun.)

1895 war das Jahr von Nansens Nordpolexpedition, und Nansen kehrte nach Hause zurück und Nansen sprach: »Das Skilaufen ist der norwegische Nationalsport schlechthin, und ein herrlicher Sport ist es – wenn ein Sport es verdient, als Sport aller Sportarten bezeichnet zu werden, dann ist das Skilaufen.« So fing es also an. Als Roald Amundsen zwanzig Jahre später auf Skiern zum Südpol ging, war das Skilaufen tatsächlich bereits die nationalste aller norwegischen Sportarten.

Selbstverständlich haben die Norweger ihre Geschichte nach weiteren Helden durchforstet, und sie wurden – ebenso selbstverständlich – fündig. So hatten um den Jahreswechsel 1205/06 zwei Männer bei einem furchtbaren Schneesturm den zweijährigen Königsohn Haakon Haakonsøn vor seinen Häschern gerettet: auf Skiern, wie sonst. Ihnen zu Ehren findet jedes Jahr der Birkebeiner Volkslanglauf statt. Jeder der weit über 10 000 Läufer muß (statt des Kindes) einen mindestens sieben Pfund schweren Rucksack auf dem Rücken tragen. Teilnehmer von achtzig und mehr Jahren sind keine Seltenheit, daß sie ins Ziel kommen, ist die Regel.

Dieser Volkslauf ist kein schnöder Ausdauersport, auch wenn die ersten dreißig der knapp sechzig Kilometer bergauf gehen. Für die Veranstalter ist die Rettung des Königssohns »eine Heldentat, die Norwegens Jugend zu allen Zeiten ansprechen muß. Wir sehen die beiden Männer vor uns, wie sie sich trotz des nahenden Unwetters durch das Gebirge kämpfen, ohne an Umkehr oder Aufgabe zu denken. Es ging um die Zukunft des Landes, sie setzten ihren ganzen Mut, ihre Kraft und ihre Willenskraft ein, um das Kind in Sicherheit zu bringen, das, wie sie hofften und glaubten, Norwegens König werden sollte.« Kurzum, sie waren ein bißchen wie Nansen (nur mit erheblich weniger Gepäck) und ein bißchen wie die heutigen Olympioniken.

Viele »normale« Skiläufer träumen davon, einmal im Leben »Norwegen längszugehen« – von Lindesnes im Süden bis zum Nordkap (das südlichste Stück muß wegen Schneemangels oft erwandert werden). Der 23jährige Ragnar Fjeld (das ist eine andere Schreibweise von Fjell – Berg!) beispielsweise erreichte am 7. Mai 2006, nach siebzehn Wochen und (metergenau) 2570,92 Kilometern, das Nordkap. Das feierte er mit einem Selbstauslöserfoto vor dem berühmten Globusskelett, als Festessen gönnte er sich das einzige, was es dort außerhalb der Saison an warmem Essen zu kaufen gab: ein Würstchen.

Dieser Langlauf, der in der Tradition von Nansen und

Amundsen Zähigkeit mit Naturbetrachtung verbindet, ist die norwegische Königsdisziplin geblieben. Sportliche Hauruckaktionen liegen den Norwegern nicht. Obwohl es dem Land an spektakulären Hängen und Felswänden wahrlich nicht fehlt, sind der schnelle Rausch der Abfahrt und das Bergklettern erst spät nach Norwegen gekommen. Auf die Gipfel hinauf (und hinunter) bewegt man sich bevorzugt wie die Bergziegen: nicht senkrecht vor der Wand, nicht am Seil hängend, sondern am Boden und auf Füßen.

Nur beim Skispringen nehmen sie den direktesten, steilsten, schnellsten und gefährlichsten Weg. Eine absurde Betätigung, nennt die Norwegerin Ingerid Helsing Almaas das etwas atemlos. »Der Springer stürzt sich von der Spitze eines immensen, schneebedeckten Bauwerks hinab, erreicht, wenn er den Rand der Sprungbahn verläßt, Geschwindigkeiten von bis zu einhundert Stundenkilometern, die ihn in eine gekurvte Flugbahn, in eine Art kontrollierten Sturz schleudern, an dessen Ende er unten aufkommt und wo ihm der Hang, auf dem er landet, den jähen und tödlichen Zusammenprall mit der Erde erspart, den er ohne Zweifel verdient hätte. Völlig absurd. Und sehr, sehr aufregend.« So aufregend, daß die Königsdisziplin des nordischen Skisports nicht der Langlauf ist, sondern die norwegische – Pardon: *nordische* Kombination, die die beiden norwegischen Leidenschaften Langlauf und Skispringen verbindet.

Daß ausgerechnet diese Wettbewerbe so oft von Nicht-Norwegern gewonnen werden, ist mir allerdings ein Rätsel, denn im Grunde ist Norwegen natürlich die Skination schlechthin. Bei der Olympiade in Albertville meinte ein französischer Skitrainer halb bewundernd, halb verzweifelt, Gott müsse Norweger sein, was weder von Gott noch den Norwegern dementiert wurde. Kinder werden auf die Heldentaten ihrer Ski-Asse eingeschworen, vor der Winterolympiade 2006 standen auf Milchkartons Fragen wie: »Welche Sportler erreichten 1992 bei den Olympischen Spielen in

Albertville über dreißig Kilometer die Zeiten 1:22:27, 1:23:14 und 1:23:42?« Natürlich die norwegischen Langläufer Vegard Ulvang, Bjørn Dæhlie und Terje Langli; Gold, Silber, Bronze.

Ein norwegischer Freund, der mir beim Schreiben dieses Absatzes über die Schulter blickte, sagte tadelnd, entweder ich oder der Milchkarton nähmen die Sache nicht ernst: Die Zeiten seien 1:22:27:8, 1:23:14:0 und 1:23:42:5.

| Ganz aufrichtiges Schweigen

Von Amundsen heißt es, er sei ein ehrgeiziger und rücksichtsloser Karrierist gewesen. Aber so zielsicher er den Ruhm wollte, so erstaunt war er, wo er ihn schließlich fand: »Das Ziel war erreicht und die Reise zu Ende! Ich kann nicht sagen, daß ich da vor dem Ziel meines Lebens stand. Dies wäre doch etwas zu sehr übertrieben. Ich will lieber aufrichtig sein und geradeheraus erklären, daß wohl noch nie ein Mensch in so völligem Gegensatz zu dem Ziel seines Lebens stand wie ich bei dieser Gelegenheit. Die Gegend um den Nordpol – ach ja, zum Kuckuck – der Nordpol selbst hatte es mir von Kindesbeinen an angetan, und nun befand ich mich am Südpol! Kann man sich etwas Entgegengesetzteres denken?«

Die Frage, warum Leute wie Nansen und Amundsen sich solch ungeheuren Strapazen unterziehen, wie sie überhaupt auf die Idee zu solch eigenartig sinnfreiem Tun kommen, ist häretisch und will doch beantwortet werden. Bedenken Sie nur die Wahl ihrer Ziele. Die *Leere* dieser Ziele. Die wird einem Norweger möglicherweise gar nicht auffallen. Er sucht ja schon sonntags beim Wandern Leere und Einsamkeit. Der Gipfel der Glückseligkeit ist es, sich bis zur Erschöpfung in der Natur zu ergehen, und zwar *allein*. Are Kalvø (den ich nicht kenne, aber schon deswegen mag, weil wir beide aus dem westnorwegischen Distrikt Sunnmøre stammen) spricht vermutlich den 210 000 Mitgliedern des Norwegischen Wandervereins – den *Norske Turistforening* – aus der Seele, wenn er in dessen Jahrbuch von 2003 schreibt: »Selbstredend will man beim Bergwandern nichts weniger als Leute treffen. Darum geht man in die Berge. Wir bewohnen ein langes, unpraktisches Land, in dem es zum nächsten Anzeichen von Leben weiter ist als in irgendeinem anderen zivilisierten Land und wo es beschwerlich und zeitraubend ist, irgendwo anders hinzukommen. Kein Wunder also, daß wir uns in unserer Freizeit nach Orten sehnen, wo es bis zum nächsten Anzeichen von Leben noch weiter ist und wo es noch beschwerlicher und zeitraubender ist, irgendwo anders hinzukommen.« Da klingt Grönland doch perfekt. Warum sollte man unter Mühen in die Fremde aufbrechen, wenn man Gefahr läuft, da Leute zu treffen, mit denen man womöglich noch reden muß?

In Italien nennt man einen steifen, ungelenken Menschen *uno stoccafisso*. Das bezieht sich angeblich auf den aus Norwegen importierten Stockfisch, es wäre aber gut vorstellbar, daß die Italiener damit ursprünglich die Stockfischlieferanten bezeichneten, denn in fremden Gewässern erstarren Norweger schnell zu *stoccafissi*.

Sie sind eigensinnig, und sie sind Individualisten, vielleicht sollte man sagen, daß die Grenzen ihrer Privatsphäre oft an anderen Stellen verlaufen als erwartet. Der dänische Schriftsteller Herman Bang bezeichnete im 19. Jahrhundert die Norweger als stilles Volk. »Sie pflegen nicht die Kunst des Gesprächs, die viele andere aus einem gewissen Gefühl, aus Pflicht betreiben. Ein Norweger schweigt, wenn es ihm paßt.« Auf neudeutsch nennt man das »unterkommunizieren«. Daran hat sich seither nichts Grundsätzliches verändert.

Wenn ein Norweger unter schweigenden Norwegern schweigt, fällt das weder ihm noch den anderen auf. Taucht ein Ausländer auf, wird es etwas schwieriger, aber man kann sich immer noch zurückziehen, und das tut man dann auch oft genug. Die Amerikaner vermitteln einem Fremden schnell das Gefühl, daß er dazugehört, aber damit können sie einen Norweger nicht täuschen: *Sie tun freundlich, aber sie meinen es gar nicht echt!* Die Norweger bleiben ehrlich und vermitteln einem Fremden sehr lange das echte Gefühl, daß er definitiv nicht dazugehört.

Prekär wird die Lage erst, wenn der Norweger in die Welt hinauszieht, und das tut er ja seit mehreren Jahrhunderten. Beispielsweise schickt kein anderes Land pro Kopf der Bevölkerung mehr Missionare aus. Sie werden seit jeher von der Norwegischen Missionsgesellschaft betreut, und die ist mit dem Problem der Schweigsamkeit bestens vertraut: »Norweger haben nicht die geringste Ahnung von Small talk.« Und gibt Tips: »Sehen Sie dem anderen in die Augen.« – »Machen Sie Komplimente.« Komplimente? Das ist eine besonders schwierige Aufgabe. Norweger sagen gern direkt, was sie denken, das ist (siehe oben) ein Gebot der Ehrlichkeit. Komplimente und Höflichkeit braucht doch nur, wer nicht aufrichtig ist, oder?

Als weiteres Thema empfiehlt die Missionsgesellschaft, »im Ausland nach der Kultur und der Geschichte des Landes zu fragen, nach Dingen, auf die man in diesem Land stolz ist«. Nun soll es ja Leute geben, die von allein auf solche Gedanken kommen. Alexander von Humboldt, um mal einen zu nennen. Er hatte nicht nur ein offenkundiges Gespür für die Natur, er soll auch den fremden Völkern und Kulturen, denen er begegnete, ungewöhnlich feinfühlig begegnet sein. Aber warum sollte man das wollen, wo es doch Grönland und den Südpol gibt?

Die Südpol-Expertin Sara Wheeler sieht den wahren Sinn der ersten Polexpeditionen in etwas ganz anderem. Es sei darum gegangen, »to see how dead you can get«. Sie hat vermutlich recht. Hierin liegt ein, nein: *der* Unterschied zwischen den Expeditionen der Norweger und denen eines Alexander von Humboldt oder einer Maria Sibylla Merian. Diese beiden waren fraglos äußerst kühn. Auch die Norweger sind kühn, aber sie sind es auf völlig andere Weise: Sie betreiben ihre Erkundungen des Ungewissen seit jeher als Extremsportart und als äußerstes Kräftemessen mit der Natur, die sie anbeten und fürchten.

| Adel im Land ohne Adlige

»Als wir vors Hotel traten, beobachteten wir Szenen, die für uns neu waren. Bisher kannten wir die Welt des Langlaufs als trendig-modisch, körper- und tempobetont. Hier nun sahen wir Herrschaften in weiten Wärmehosen und farblosen Anoraks gemächlich auf ihre Fjellskier steigen und eine Gruppe mit Kindern, die einen seltsamen schmalen Schlitten zurechtmachte: Zwei Hunde sind ihm – hintereinander – vorgespannt, seine Kufen haben genau die Spurbreite der Loipe, die Sitzfläche ist eine Art geschlossenes Futteral mit Rückenlehne, aus dem ein vielleicht achtjähriges Kind vergnügt herausschaute. Daneben zwei größere Kinder, startbereit zum Langlaufen. Langlaufende Kinder? Von Ruhpolding bis Pontresina ist uns diese Spezies auf der Loipe noch nicht begegnet.« Später »begegnen wir Langläufern, wie wir es selbst sind, aber wir sehen auch ungewohnte Gestalten. Männer mit großem Gepäck, auf dem Weg ins Nirgendwo. Frauen im Geschirr, die Schlitten hinter sich herziehen. Menschen, die sich von Hunden ziehen lassen, direkt, an langen Leinen. Familien mit Zehnjährigen, die scheinbar klaglos weite Strecken laufen. Alte Leute, sehr alte, die sturzfrei abfahren, wo es uns zerlegt. Alle diese Menschen erinnern uns daran, daß Langlaufen in Norwegen – in Skandinavien – nicht bloß Freizeitsport ist, sondern jahrhundertelang die selbstverständliche, sinnvollste Art der Fortbewegung durch weite winterliche Wälder war.«

Diese schöne Beschreibung ist 2005 in der ZEIT erschienen und stammt leider nicht von mir, sondern von Rüdiger Dilloo. Sie könnte gar nicht von mir sein, denn ich laufe nicht Ski. Und da wir gerade bei Geständnissen sind: Ich wandere auch nicht. Nicht nur nicht gern, sondern gar nicht. Nie. Orte ohne Asphalt sind mir suspekt. Was das angeht, bin ich als Halbnorwegerin eine absolute Fehlbesetzung.

Mit den Herrschaften in den »farblosen Anoraks«, die Dilloo erwähnt, hat es eine besondere Bewandtnis. Sie sind der *nikkersadel* – der Kniebundhosenadel. (*Nikkers* ist natürlich eine Verballhornung von Knickerbocker.) Heute ist *nikkersadel* gelegentlich ein abfälliges Wort zwischen den Generationen; wenn beispielsweise in einer Berghütte ältere Leute Jüngere ermahnen, sich an die Hüttenregeln zu halten, spotten diese über den *nikkersadel*: freudlose Prinzipienreiter, die jetzt alt sind und nie jung waren.

Aber es gab eine Zeit, da waren die, die man so nannte, in den Augen der meisten die Elite. Sie verbrachten viel Zeit mit Wandern oder auf Langlaufskiern, dabei trugen sie Kniebundhosen sowie den besagten alten Popelinanorak. In einem ebenso alten Rucksack hatten sie ihr *matpakke*, eine Apfelsine, eine Flasche Saft und gemahlenen Kaffee, den sie bei der Rast in freier Natur in dem Kaffeekessel kochten, der am Rucksack baumelte. Sie verkörperten Werte wie Genügsamkeit, Strebsamkeit, Gradlinigkeit und Bescheidenheit, sie besaßen eine Hütte in den Bergen und eine am Meer, beide, wie es sich gehörte, ohne Strom oder fließendes Wasser, aber in traumhafter Lage und schon ewig in der Familie. Sie waren das reiche, versnobte Bürgertum, alte und einflußreiche Familien, sie wohnten in der Stadt oder stadtnah, gingen regelmäßig in die Oper und ins Konzert und pflegten diskret Umgang mit ihresgleichen. In einem Land, das darauf stolz war, keinen Adel zu haben, wurden sie halb im Spott, halb im Ernst als *adlig* bezeichnet. Der herausragendste Vertreter des *nikkersadel* war der einzige Adlige des Landes: König Olav.

Es gibt noch Vertreter des *nikkersadels*. Sie sind nicht mehr so zahlreich wie früher, aber sie sind, wie eine Bekannte mir schrieb, immer noch leicht zu erkennen: »Zum Wandern oder Skilaufen tragen sie oft Sachen, die wie Vorkriegsmodelle aussehen und die sie offenbar von ihren Vorfahren geerbt haben. Schon das beweist, daß sie keine Emporkömmlinge oder Zuzügler vom Land sind, sondern seit Generationen zur urbanen Osloer Westendgesellschaft gehören.« Sie ähneln dem alten englischen Landadel: Ein verblichener Anorak oder ein mottenzerfressener Kaschmirpullover signalisieren dem Eingeweihten keineswegs »uneitel und bescheiden« und schon gar nicht »arm«, sondern »die Elite hat es nicht nötig, plebejischen Trends hinterherzulaufen«.

Zeitgleich mit dem *nikkersadel* entstanden nach dem Ersten Weltkrieg in der Arbeiterbewegung Gruppierungen, die ebenfalls in die Natur zogen und dort auf ähnliche Weise ähnliche Dinge taten wie die wohlhabenden Bürger. Beide Gruppen verbrachten ihre freie Zeit in der Natur, weil sie in der Stadt und – wenn auch in verschiedenen Etagen – in geschlossenen Gebäuden arbeiteten. Bauern, Fischer, Rentierzüchter oder Waldarbeiter gingen nur zur unverzichtbaren Nahrungsbeschaffung, also zum Jagen, Fischen und Beerensammeln in die Berge. Ihre Neigung, sich an arbeitsfreien Tagen in der schönen Natur zu ergehen, war schwach ausgeprägt. Dort waren sie ja sowieso von morgens bis abends.

Nach dem Vorbild des *nikkersadel* und dieser Arbeiterbewegung entstand vor achtzig oder neunzig Jahren das Ideal des naturliebenden, wandernden und skilaufenden Norwegers, das es zumindest als Stereotyp noch gibt. Aus diesen Gruppen rekrutierten sich auch 1940 viele Widerstandskämpfer gegen die Deutschen. Die Bevölkerung nannte sie anerkennend, fast liebevoll »die Jungs im Wald«, weil sie monatelang, manchmal über Jahre in den Wäldern versteckt lebten.

Der große Tränensack

Er habe den Eindruck, schrieb 1880 ein namenloser amerikanischer Reisender in der *New York Times*, daß Bergen eine recht hübsche Stadt sei, leider könne er sie wegen des unaufhörlichen Regens kaum sehen. Es ist zutreffend, daß es in Bergen viel regnet, allerdings *nicht* 350 Tage im Jahr, wie seit geraumer Zeit ein deutscher Journalist begeistert vom anderen abschreibt. 2005 waren es sogar nur 204 Tage, das war allerdings praktisch Sahara. Statistisch regnet es an genau 250 Tagen, das ist doppelt soviel wie in München und fast dreimal soviel wie in Hamburg. *Wie* es in Bergen regnet, hat niemand schöner beschrieben als der deutsche Schriftsteller Eugen Skasa-Weiß:

»Fein zerstäubter Regen, der aus unsichtbaren Kakteenspitzen aus dem Ungefähren gesprüht wird; Regen faßweise, der einem die Haare vom Kopf reißt; Regen, der gar nicht zu sehen ist und dennoch ins Subkutane hinabreicht; galoppierender Regen, der wie zerfetzte Bettwäsche über die Straße hetzt; Glasperlenregen mit lyrischem Tingeltangel und Sonnensplitter; epileptische Regenanfälle, die sich unverhofft über die Straße wälzen und hinterher so tun, als seien sie nicht gewesen; Schwemm-, Hupf- und Schnürlregen, und brausender Weltuntergangsregen, bei dem es unklar bleibt, ob die Fjordwasser zum Himmel oder die schleusenlosen Welteisströme zur Erde rauschen.

Nur diese Kennerstadt Bergen hält eine solche Regenauslese in ihren himmlischen Kellereien auf Lager. Die Spätlese kommt erst im Winter. Dann regnet es Golfströme.«

Bergen sei »Norwegens großer Tränensack«, gegen diese »planschende Stadt« sei Trondheim, »die Stadt der stegreifhaften Platzregen und der Mädchen im schwarzen Ölzeug eine Sonnenwiese des lichten Baldurs«. Rätselhaft bleibe, »wann die Architekten der Stadt je so viele regenlose Tage fanden, um die Holzhäuser an den Hängen der sieben Hügel aufzurichten«, ein ewiges Geheimnis auch, warum »den Menschen die Kleider bei dem unaufhörlichen Regen nicht am Leibe vermodern«.

Dagegen gibt es ja nun Zentralheizung. Wenn es, was vorkommt, sechzig Tage hintereinander regnet, stoßen allerdings selbst die wasserabperlenden Bergenser an die Grenzen ihrer Gleichmut. Ansonsten nehmen sie das Wetter mit ziemlich viel Humor: So erspare man sich den Sonnenbrand. Tapfer geflunkert, denn kaum lugt die Sonne hervor, schieben sie die Sonnenbrille auf die Nase und streben den Straßencafés zu. Bei elf Grad plus wickeln sie sich eine der Decken um den Leib, die die Gastronomen vorausschauend auf jedem ihrer Stühle bereitgelegt haben, und trinken Kaffee oder Bier. Echte Bergenser verraten sich dadurch, daß sie am ersten Sonnentag nach einer längeren Regenperiode breit und vergnügt grinsend durch ihre Stadt spazieren. Einen echten Norweger erkennen Sie übrigens daran, daß er spätestens bei sechzehn Grad ohne Mantel geht. Das kann man sich nicht antrainieren, in dieses Temperaturempfinden muß man hineingeboren werden: Einmal habe ich in Honningsvåg, einer Stadt am Nordkap, im Juli zwei Italienerinnen gesehen, die in Felljacke, Handschuhen und Wollmütze durch die Stadt schlenderten, während die Einheimischen Baumwollpullover und Sandalen trugen. Mir schien das eine so übertrieben wie das andere.

Seit meinem ersten Bergenbesuch in den späten sechziger Jahren hat sich die Innenstadt sehr verändert. Im Vågen, der Hafenbucht mitten in der Stadt, lagen damals große und kleine Fischkutter, Schiffe wurden be- und entladen, es kamen Passagierschiffe an. Jetzt sind dort Cafés, Promenaden für Einheimische und Touristen, Ankerplätze für Yachten und vor allem Souvenirgeschäfte ohne Zahl. Die Schiffe der Hurtigrute, deren Reise nach Kirkenes in Bergen beginnt, liegen am anderen Ende der Stadt an einem pickepacke neuen »Terminal«, wo die Passagiere über Rolltreppen an Bord befördert und so der Mühe enthoben werden, die Gangway hinaufzugehen.

An Wochentagen findet am Vågen immer noch ein großer Fischmarkt statt. Keiner meiner Bergenser Freunde kauft dort noch ein, denn die Stände liegen an einer der meistbefahrenen Straßen der Stadt, es wurden bereits Händler verwarnt, weil sie Fisch von dubioser Qualität anboten, ich selbst habe gesehen, wie sich die Plastikverpackungen von Lachs und der ebenfalls in großen Mengen angebotenen Salami in der Sonne blähten.

Dennoch ist das der umsatzstärkste Flecken der Stadt, denn *Der Fischmarkt in Bergen* ist zum touristischen Pflichtlauf geworden. Da es aber kaum etwas gibt, was kofferuntauglicher wäre als frischer Fisch, haben sich die Händler für ihre kauffreudige und zahlungswillige neue Kundschaft einiges einfallen lassen: Elchschinken, Rensalami, Räucherfisch und Lachs, alles eingeschweißt, Fischpastete in Dosen, Gläsern und Tuben, Brötchen mit Krabbensalat, gebackenem Fisch, Walfleisch.

Es gibt auch vieles, was früher auf dem Fischmarkt keinen Platz hatte: Ein Stand verkauft nur Felle, Lamm auch, vor allem aber Rotfuchs, Blaufuchs, Silberfuchs, Polarfuchs, Shadowfox sowie einen blendend weißen Eisfuchs. Der Stolz des Verkäufers aber sind, wie sich im Gespräch herausstellte, keineswegs die vielen Fuchspelze, sondern seine Robbenfelle. Sie sind wunderbar weich, geradezu samtig und gar nicht teuer. Bevor Sie sich empören: Ich kaufe weder Pelze noch Walfleischbrötchen. Obwohl ich beides mag.

Darüber hinaus gibt es klassischen Souvenirkram: Viel Holzgeschnitztes, vor allem Trolle, Trolle und Trolle, die keineswegs von einem wortkargen Norweger in Bilderbuchstrickjacke und mit Pfeife (gern einem Einödbauern auf dem Altenteil) geschnitzt wurden, sondern in Fernost direkt vom

Fließband in den Container gefallen sind. Jahrelang verkaufte ein Händler Norwegerpullover und Norwegerjacken, die in Hongkong hergestellt wurden. Die Markthändlervereinigung wollte ihm das verbieten, alle Händler seien vertraglich verpflichtet, norwegische Produkte zu verkaufen. Sonst fühle sich der Kunde betrogen.

Diese Vereinigung wollte nicht darüber diskutieren, wie sich ein Kunde fühlt, der feststellt, daß sein auf dem Markt gekauftes Norwegermützchen aus Nepal stammt. Das sei hinnehmbar, da es nur 99 Kronen und nicht, wie ein Pullover, 1200 bis 1500 Kronen koste. Die Souvenirläden an der Bergenser Touristenflaniermeile Bryggen, ja im gesamten Königreich Norwegen wollten nicht darüber diskutieren, was jenseits des Fischmarktes als *norwegisch* zu gelten hat, denn sie verkaufen alle auch Pullover aus China. Überhaupt kein Thema war, ob die Muster der in Hongkong gefertigten Pullover die Bezeichnung »authentisch norwegisch« verdienten. Mit den Mustern war nichts verkehrt, das war ja das Problem: Die Strickwaren sahen exakt aus wie »norwegische« Norwegerpullover, sie kosteten nur erheblich weniger. Nach zwei Prozessen entschied das Gericht, daß die Markthändlervereinigung jeden vom Platz jagen darf, der ihre Vorschriften nicht einhält, und daß ein größeres Strickstück nur dann das *Fischmarkt*-Kriterium »echt norwegisch« erfüllt, wenn es in Norwegen gestrickt und zusammengenäht wurde. Zwischen den Prozessen mischte sich noch der chinesische Konsul ein und führte bei der Stadtverwaltung Beschwerde, daß man in dieser Stadt chinesische Waren diskriminiere.

Man liest immer wieder, Bergen sei »jahrhundertelang eine Hansestadt« gewesen. Das ist strenggenommen nicht richtig: Es war ein *Kontor* der Hanse, eine Art Außenhandelsstelle, die die kaufmännischen Interessen der Hanse wahren sollte. Bergen war bei den deutschen Kaufleuten angeblich nicht beliebt, über die Gründe weiß ich nichts, die Lage der Stadt jedenfalls wird sie nicht attraktiv gemacht haben: Man mag sich kaum vorstellen, wie trübe das Leben in dieser gigantischen Pfütze gewesen sein muß, bevor es Ofenheizung und Petroleumlicht gab.

Die deutschen Kaufleute waren in der Stadt die Herren und diktierten die Regeln, schon deswegen waren sie bei den Bergensern nicht beliebt, ja sie waren ihnen herzlich verhaßt. Das Kontor beschäftigte keine Norweger, Kontakte zur Bevölkerung waren verboten, sie lebten so isoliert, wie es sich auf der Fläche dieses kleinen Ortes irgend bewerkstelligen ließ. Natürlich kam es zu »Begegnungen« mit Bergenserinnen, wer nachweislich eine Norwegerin geschwängert hatte, mußte ein Faß Bier zahlen. Vom Schicksal der Norwegerinnen ist nichts überliefert.

Ein deutscher Reiseführer aus dem Jahr 2000 – der *HB-Bildatlas Südnorwegen Fjordland* – berichtet zutreffend, die Hanseaten hätten seinerzeit mit so harten Bandagen gekämpft, daß die nordnorwegischen Fischer, denen sie den Trockenfisch abkauften, und die Bergenser oft auf der Strecke geblieben seien. Aus diesem Grund verfolgten »die Einheimischen den Niedergang der Hanse – Mitte des 18. Jahrhunderts wurde das letzte deutsche Handelsbüro an einen Norweger verkauft – mit Genugtuung. Nach 1945 schließlich wurde Tyske Bryggen (›Deutsche Brücke‹) in Bryggen verkürzt.«

Dieser letzte Satz erlaubt nur die Schlußfolgerung, daß die Bergenser geradezu lächerlich nachtragend sind: Benennen sie doch einen der zentralen Orte ihrer Stadt um, weil sie Jahrhunderte zuvor schikaniert und übers Ohr gehauen worden waren. Warum sonst sollten sie 1945 den Wunsch gehabt haben, 700 Jahre deutsch-norwegische Geschichte aus ihrem Stadtplan zu streichen?

Tja, warum wohl? Möglicherweise aus dem gleichen Grund, aus dem eine Nordnorwegerin fassungslos verstummte, als ein junger deutscher Tourist, mit dem sie ein belanglos-nettes Gespräch geführt hatte, plötzlich fragte, warum die Nordnorweger ihre schönen alten Häuser alle abgerissen hätten. In der ganzen Provinz Finnmark sähe er nichts als häßlichste Nachkriegsarchitektur. Wie denn das zu erklären sei?

Tja, wie wohl? Vielleicht war der junge Mann mit diesem Reiseführer unterwegs, der deutsche Touristen nicht mit Erinnerungen an jene Nachfahren der Hanseaten behelligen mag, die zwischen 1940 und 1945 mit ganz anderen »harten Bandagen« gegen die Norweger gekämpft hatten – indem sie beispielsweise im Winter 1944 die gesamte Finnmark, ein Gebiet von der Größe Dänemarks, niederbrannten, 11 000 Häuser zerstörten und 53 000 Menschen zwangen, ihre Heimat zu verlassen.

| Die Reichsstraße Nummer Eins

Wenn ich in Deutschland erwähne, daß ich etwas mit Norwegen zu tun habe, bekomme ich oft zur Antwort: »Die Fahrt mit diesem Schiff, wie heißt es denn, also das Schiff, das da die Küste entlangfährt, die Fahrt würde ich auch gern einmal machen.« Wenn das etwas beweist, dann, daß die Werbeleute der *Hurtigrute* – der *hurtigen Route* (korrekter natürlich: Schnell-Linie) – tüchtige Leute sind. Sie haben es verstanden, binnen weniger Jahre aus einem Geheimtip für kauzige Eigenbrötler eine pauschaltouristische Weltmarke zu machen: *die schönste Schiffsreise der Welt.*

Besonders deutsche Touristen lieben die elftägige Reise. Man kommt sicher geleitet zu den »Highlights im Land der Mitternachtssonne«, sie ist die komfortable Variante der Pauschalbusreisen ans Nordkap, ohne die Enge der Busse, den lästigen täglichen Hotelwechsel, das ständige Ein- und Auspacken. Die Passage ist vor allem im Sommer ziemlich teuer, aber spätestens im Speisesaal zeigt sich, daß man bei Norwegern zu Gast ist: vom bunten und überladenen Büffet-Firlefanz amerikanischer Kreuzfahrtschiffe keine Spur. Es gibt das traditionell reichliche norwegische Frühstück mit Käse und Fisch, mittags und abends werden solide warme Mahlzeiten serviert, Fisch, Rind, Gemüse, Kartoffeln. Bislang bestand die gesamte Mannschaft, vom Kapitän bis zu den Reinigungskräften, ausnahmslos aus Norwegern. Ob das noch lange so bleiben kann, ist fraglich; es scheint, als könne sich die Reederei die norwegischen Löhne nicht mehr leisten.

Zu Beginn der Reise in Bergen begrüßt der Kapitän die Passagiere und weist fast entschuldigend darauf hin, daß dies ein Arbeitsschiff sei, das rund um die Uhr an- und ablege. Doch schon diese Bemerkung beweist, daß die Hurtigrute eben kein Arbeitsschiff mehr ist, das Passagiere mitnimmt, sondern ein Passagierschiff, das zusätzliche Aufgaben erfüllt. Worin diese Aufgaben bestehen, kann der Reisende oft kaum erkennen. Wenn die Schiffe in den kleineren Häfen anlegen, sind die Kais meist verwaist. Ein paar Arbeiter kümmern sich um ein bißchen Fracht, manchmal geht ein einzelner Passagier von Bord zu einem wartenden Auto. Über allem liegt oft eine gewisse Trostlosigkeit, die selbst der größte Romantiker nur schwer romantisieren kann.

In den fünfziger und sechziger Jahren war das völlig anders. Die Sängerin Kari Bremnes, die in Svolvær auf den Lofoten aufgewachsen ist, beschreibt in einem ihrer Lieder, was die Hurtigrute damals für einen Küstenort bedeutete. Jeden Tag lief sie als Kind zum Kai hinunter, dort bestaunte sie »die große Welt«, die mit dem großen Schiff anlegte. Da kam ein Fest an, sagte sie, »Tausendundeine Nacht mit Salzgeschmack, mit Abschied, mit mein Gott, da bist du ja! Mit Katzen in Pappschachteln, mit Eiern, die nicht zerbrechen durften, mit lautem Rufen und mit Trossen, die an den Kai geschleudert wurden.« Und da war der Kapitän, »ganz in Schwarz, in den Streifen echtes Gold«. Auch falls das Gold der Streifen nicht ganz echt sein sollte, sind Hurtigruten-Kapitäne eine Elite:

Ihre 1250 Seemeilen lange Strecke gehört zu den schwierigsten Gewässern der Welt.

Daß mit der Hurtigrute und nur mit ihr »die große Welt« kam, wirkte auch deprimierend. »Einer Generation nach der anderen wurde beigebracht, daß alles Gute mit der Hurtigrute aus dem Süden kam«, schreibt ein Historiker aus Hammerfest. »Mit anderen Worten: Alle wichtigen Kulturimpulse wurden importiert. Jeder Bewohner Finnmarks wurde mit einem grundlegenden Minderwertigkeitskomplex geboren.«

Lange war das Postschiff die wichtigste Verbindung in den Norden, die *Reichsstraße Nummer Eins*. Alles, was zwischen Bergen und Kirkenes transportiert werden mußte – Menschen, Waren, Post –, kam an einem Hafen an Bord und wurde an einem anderen wieder ausgeladen. Die meisten Passagiere waren Norweger, sie reisten nicht zum Vergnügen, sondern weil sie es mußten, so, wie man andernorts den Zug oder Bus bestieg: von Ålesund nach Bergen zum Zahnarzt, von Molde nach Honningsvåg zu einer Hochzeit, von Hammerfest nach Trondheim, weil es in Hammerfest keine Arbeit gab. Die Hurtigrute war ein öffentliches Verkehrsmittel, an vielen Orten das einzige Verkehrsmittel überhaupt. Sie erinnerte jeden Küstenbewohner Tag für Tag daran, daß es da draußen eine Welt gab, die man ahnte, von der man aber nicht viel wußte. Die Welt war groß und unbekannt und schien kaum weiter entfernt als die Gangway. Man mußte nur an Bord gehen. Wie alle, die an der Küste aufgewachsen sind, kannte auch Kari Bremnes dieses Gefühl: »Ich hatte immer den Traum, damals, als kleines Mädchen an einem großen Fjord, daß mich die Hurtigrute dorthin bringen würde, wo ich einmal leben sollte.«

Das tat die Hurtigrute nicht, denn Oslo, wo Bremnes heute lebt, ist kein Hurtigrute-Hafen. Sie brachte sie also nicht dorthin, wo sie einmal leben sollte, aber sie brachte sie von dort fort, wo sie nicht ein Leben lang bleiben wollte.

Söhne und Töchter der Sonne

Norwegen ist eine beispielhaft friedfertige Nation. Von 1814 bis 1905 kämpfte es um seine Unabhängigkeit von Schweden und erreichte sie ohne Blutvergießen; es blieb im Ersten Weltkrieg neutral, im Zweiten Weltkrieg hatte es seine Neutralität erklärt, als es durch den Überfall der Deutschen und die fünfjährige Besatzung zum Kriegsschauplatz wurde. Davor hatte es auf norwegischem Boden 200 Jahre lang keine kriegerischen Handlungen gegeben. In der Nationalhymne ist die Rede von den Vätern, die gekämpft, und den Müttern, die geweint haben. Das sieht man heute weniger pathetisch, manche meinen, die Mütter hätten vermutlich häufiger wegen der langen Abende in den Schankstuben und der in den Winterstürmen gesunkenen Fischerboote geweint als wegen nationaler Heldentaten auf dem Schlachtfeld.

Auch bei der Verteilung des nationalen Vermögens ging es eher friedlich zu. Die Umbrüche und Aufstände von 1848 kamen gar nicht bis Norwegen, die Industrialisierung mit ihren sozialen Spannungen erst so spät, daß man aus den massiven Fehlern der englischen und deutschen Unternehmen schon gelernt hatte. Nach dem Zweiten Weltkrieg saßen die Sozialdemokraten 36 Jahre lang fast ununterbrochen in der Regierung und bauten in aller Gemächlichkeit den Wohlfahrtsstaat aus. Alles in Norwegen verlief ruhig, geradezu eintönig, vor allem aber ohne Gewalt.

Dann beschloß die Regierung, am Fluß Alta in der nordnorwegischen Finnmark einen Staudamm zu bauen. Der lachsreichste Fluß des Landes sollte in Röhren gelegt, alte Rentierweiden überschwemmt werden. Das Projekt war ökologisch bedenklich, und es verletzte die Rechte der Samen, aber trotz wachsender Proteste von Umweltschützern und Samen hielten mehrere Regierungen an den Bauplänen fest. Ende der siebziger Jahre waren Fronten entstanden; der Kampf um Alta wurde der erste innenpolitische Konflikt, der nicht friedfertig beigelegt werden konnte. Hunderte von Polizisten gingen in großem Stil gegen Landsleute vor, als sich im Januar 1981 fast tausend Demonstranten bei dreißig Grad Kälte angekettet hatten, rückte die Polizei an und schnitt sie aus den Ketten. Noch während der Räumung begannen die Bauarbeiten. 1987 wurde der Staudamm in Betrieb genommen, später mußten führende Politiker eingestehen, daß man den Strom aus dem Kraftwerk in Nordnorwegen nicht braucht.

Alta war eine Wende. Samen und Umweltschützer hatten das Kraftwerk nicht verhindern können, aber die samische Bevölkerung hatte zum erstenmal auf ihre Unterdrückung und Entrechtung aufmerksam gemacht, der Kampf hatte ihr Selbstbewußtsein gestärkt. Die Kluft, die damals aufriß – vermutlich sollte man eher sagen: die Kluft, die damals zum erstenmal auch für nicht-samische Norweger sichtbar wurde –, hat sich nie wieder ganz geschlossen.

Die samische Lobbyarbeit, gepaart mit dem schlechten Gewissen der nicht-samischen Norweger, war erfolgreich. Seither versucht die Regierung in Oslo, der Verbitterung und den Ansprüchen der Samen Rechnung zu tragen. 1985 wurde ihnen das ständige Nutzungsrecht für ihre Weidegebiete zugesprochen, 1989 das Samische Parlament gegründet, das auf samisch *Sámediggi*, auf norwegisch *Sameting* heißt. Es ist der Regierung in Oslo unterstellt und hat beratende Funktion, aber keine gesetzgebenden Kompetenzen.

Früher wurden die Samen als »Lappen« bezeichnet. Carl von Linné, der den Norden im frühen 18. Jahrhundert bereiste, schreibt, das Wort komme »von den Lappenkleidern, ›quod eorum vestes communiter lappatae‹, weil ihre Kleider gewöhnlich aus Lappen bestehen«. Die Samen empfinden das Wort als äußerst beleidigend, da darin Rückständigkeit, ja Unzivilisiertheit mitschwingt. Sie selbst nennen sich Söhne und Töchter der Sonne, die Farben ihrer Trachten sind symbolisch: Rot steht für die Sonne, Blau für den Mond. Ihr Land, das über die Grenzen von Finnland, Schweden, Rußisch-Karelien und Norwegen hinwegreicht, heißt *Sápmi*, sie besiedeln es schon viel länger, als es Nationalstaaten gibt, und werden daher als Urbevölkerung bezeichnet. Wie viele Samen in Nordeuropa leben, ist ungewiß, Angaben schwanken zwischen 50 000 und 80 000. Die Hälfte von ihnen lebt in Norwegen, davon wiederum etwa 25 000 in der nordnorwegischen Provinz Finnmark.

Das Verhältnis zwischen »den Norwegern« und »den Samen« ist kompliziert, weitaus komplizierter, als es Touristen erscheinen kann, denen man die Samen in ihren bunten Trachten und mit ihren Rentierherden als bruchlose Nomadenromantik präsentiert. So ist es beispielsweise keine einfache Frage, wer überhaupt als Same zu gelten hat. Für das Samenparlament ist Same, wer sich selbst als solcher definiert und wer Samisch spricht oder Eltern, Großeltern oder Urgroßeltern hat, die Samisch gesprochen haben. Auf der deutschsprachigen Internetseite des norwegischen Außenministeriums ist die offizielle Definition nachzulesen, danach sind die Samen »eine ethnische Minorität und ein eigenes Volk; gleichzeitig aber norwegische Mitbürger«. Sie waren lange Norwegens größte Minderheit, die meisten Staaten dieser Welt kennen oder kannten im Umgang mit ihren Minderheitsbevölkerungen nur zwei Strategien: Assimilation oder Ausrottung. Die Mehrheits-Norweger haben lange versucht, die Samen zu assimilieren – zwangsassimilieren. Das Instrumentarium ist bekannt: Entrechtung, erzwungene Seßhaftmachung, Zwangssterilisierungen, Trennung der Kinder von den Eltern, Unterdrückung der Sprache und Kultur, um nur einiges zu nennen. Der Gesang der Samen, das Joiken, wurde verboten, bis in die sechziger Jahre hinein durften die Kinder in der Schule nicht Samisch sprechen. Dergleichen empfanden viele Samen als Versuche, nicht nur ihre Kultur, sondern sie selbst auszurotten. So schmerzlich das war, muß man doch betonen, daß niemals versucht wurde, sie tatsächlich buchstäblich auszurotten, und sie haben auch nicht das gleiche Maß an Gewalt und Unterdrückung erleben müssen wie andere Urvölker. Aber die Diskriminierung hatte dennoch Folgen: Viele Samen verschweigen bis heute ihre Herkunft, weil sie zu lange als »minderwertige Rasse« bezeichnet und auch so behandelt wurden, manche haben ihre samischen Namen abgelegt. Die Vorurteile gegen sie sind nicht verschwunden.

Außerordentlich wichtig war, daß König Harald sich 1997 bei den Samen entschuldigte: »Der norwegische Staat wurde auf dem Territorium zweier Völker gegründet – der Samen und der Norweger. Die samische Geschichte ist mit der Geschichte Norwegens eng verflochten. Heute drücken wir im Namen des Staates unser Bedauern über das gegenüber der samischen Bevölkerung begangene Unrecht durch die harte Politik der Norwegisierung aus.«

Als »kollektive Wiedergutmachung für den Schaden und das Unrecht, das die Norwegisierungspolitik dem samischen Volk zugefügt hat«, wurde ein millionenschwerer »Fonds des samischen Volkes« eingerichtet; Menschen, die wegen der Zwangsassimilierung nicht zur Schule hatten gehen können, erhielten individuelle Entschädigungen. Und es hatte eine hohe – vom Ausland nicht wahrgenommene – symbolische Bedeutung, daß die samische Sängerin Mari Boine bei der Hochzeit von Haakon und Mette-Marit in ihrer samischen Tracht auftrat und ein bekanntes norwegisches Kirchenlied vortrug: auf samisch. Als sie 1994 gebeten worden war, am Eröffnungsabend der Olympiade von Lillehammer zu singen, hatte sie noch mit der Begründung abgelehnt, sie stehe als exotisches Dekor nicht zur Verfügung – obwohl der Abend mit einer expliziten Verbeugung vor der Kultur der Samen begann: Vierzig Rentiere stürmten ins Stadion, sie zogen Schlitten, die die Samen schon vor 2000 Jahren benutzt haben.

In den nördlichsten Distrikten ist Samisch, eine finno-ugrische Sprache ohne jede Ähnlichkeit mit dem Norwegischen, offizielle Amtssprache; Nordsamisch, um genau zu sein, denn es gibt auch Südsamisch, Umesamisch, Pitesamisch, Lulesamisch, Enaresamisch, Skoltesamisch, Kildinsamisch und Tersamisch, die Dialekte unterscheiden sich zum Teil stark. Samisch ist auch Schulsprache, es gibt eine samische Hochschule, samische Verlage, Zeitungen, Radiostationen und Fernsehkanäle. Wie sehr sich Norwegisch und Samisch unterscheiden, zeigen die zweisprachigen Ortsnamen: Kárášjohka-Karasjok, Guovdageaidnu-Kautokeino, Unjárga-Nesseby, Gáivuotna-Kåfjord.

Es gab immer Samen, die als Fischer und Bauern seßhaft waren; als »die Samen« gelten aber die nomadischen Rentierzüchter. Nur fünf Prozent aller Samen halten noch Rentiere, die Angaben über die Gesamtzahl der Rentiere in ihren Herden schwanken zwischen 90 000 und 150 000. Das ist ein Politikum, weil die karge Gegend am Polarkreis so viele Tiere nicht verkraften kann, an der dünnen Pflanzendecke sind wegen der Überweidung bereits schwere Schäden entstanden. Die Regierung plant daher, die Herden drastisch zu verkleinern, die Rentiersamen widersetzen sich, weil sie von den Herden leben und nur mit vielen Tieren Gewinn erwirtschaften.

Aber Ole Henrik Magga, der seit den siebziger Jahren für die Rechte der Samen kämpfte und der erste Präsident des samischen Parlaments war, schloß sich in einem Interview mit einer deutschen Journalistin der Kritik an den Rentiersamen an. »Es gibt zu viele Rentiere. Wir haben eine ganz schlichte Naturphilosophie: Nimm nicht mehr, als du brauchst, bring die Dinge nicht aus der Balance. Aber heute geht es doch vor allem ums Geld. Die Leute haben ihre Familie zu versorgen, müssen das Auto und das Schneemobil am Laufen halten, das Haus abzahlen. Das hat nicht mehr viel mit der Lebensweise von Nomaden zu tun.«

Im Sommer weiden die Herden vor allem in der nördlichen Finnmark. Die Tiere laufen zur Freude der Touristen frei auf den Straßen und in den Ortschaften herum. Bei den Einheimischen hingegen sind die Rentiere nicht selten regelrecht verhaßt, weil sie mit ihrem Kot die Straßen verunreinigen und Grünanlagen, Vorgärten und Friedhöfe kahlfressen. Die samische Schriftstellerin Marion Palmer hat einen »Gartenverein für den Frieden« gegründet, sie meint, wenn die Gärtner künftig nur Blumen pflanzen, die die Rentiere nicht mögen, würden die bitteren Streitigkeiten zwischen Gartenbesitzern und Rentiersamen aufhören. Für diese charmante Lösung ist es vermutlich viel zu spät: 2005 ging man daran, ganz Hammerfest einzuzäunen, in Lokalzeitungen drohen Leser, den Tieren ab sofort mit der Schrotflinte nachzusetzen, einige Jugendliche haben das schon getan.

Nach dem Ende des Zweiten Weltkriegs waren der ganze Norden Norwegens und die Finnmark im besonderen politisch brisantes Gebiet, denn dort verlief die einzige gemeinsame Grenze eines NATO-Landes mit der Sowjetunion. Erst als die Finnmark mit dem Ende des Kalten Krieges nicht mehr den Militärinteressen der NATO unterworfen war, konnte der norwegische Staat 2005 sein Eigentum an der gesamten Finnmark, einem Gebiet so groß wie Dänemark, »den Bewohnern der Finnmark« übertragen. Ausgangspunkt war die Konvention einer Unterorganisation der UNO zum Schutz indigener Völker in aller Welt, sie war 1989 in Genf verabschiedet worden, Norwegen hatte diese Konvention als erster Staat ratifiziert.

Doch das *Finnmarkgesetz*, das mit der Übertragung des Landes an »die Bewohner der Finnmark« ein bitteres Kapitel zu einem glücklichen Ende führen sollte, scheint zu neuen Konflikten zu führen. Zum einen gilt diese Übertragung ausdrücklich nicht nur dem indigenen Volk der Samen. Das künftige Nutzungsrecht des Landes soll durch ein neues

Organ namens *Finnmarkeiendommen* geregelt werden, in dem samische und nicht-samische Bewohner Nordnorwegens zusammen entscheiden. Wie das gehen soll, weiß noch keiner. Inzwischen haben Samen und Nicht-Samen zu streiten begonnen, wer künftig die Ressourcen zu welchen Bedingungen nutzen darf; Samen mit und ohne Rentiere streiten untereinander, wer als »wahre« Samen in den Gremien sitzen und entscheiden soll.

Die Eigentumsübertragung ändert nichts daran, daß die Finnmark zu Norwegen gehört und von Oslo regiert wird. Von der Übertragung ausgenommen sind Bodenschätze sowie das Meer vor Finnmarks Küsten. Dort nämlich liegt Norwegens Zukunft: Öl, Gas und große Fischgründe. Die Samen meinen daher, daß diese Regelung sie um ihren rechtmäßigen Anteil an den Reichtümern des Nordens betrügt.

Zum erstenmal seit Jahrhunderten ist es in Norwegen kein Makel mehr, Same zu sein. Viele sind stolz darauf, sie besinnen sich auf ihre samischen Wurzeln und lernen die Sprache ihres Volkes. Neben den Samen im ländlichen Norden, die vom Meer, der Landwirtschaft und der Rentierzucht leben, ist eine vierte Gruppe entstanden, die ihren Lebensunterhalt ganz anders verdient und die stetig wächst: die Stadtsamen. Die größte samische Stadt Norwegens, heißt es, ist Oslo.

| Noch ein Wort zu Nøørje

Wenn ein Norweger den Mund aufmacht, hört man sofort, woher er kommt. Im Radio und Fernsehen redet jeder anders. In anderen Ländern mag es zwingend zum sozialen Aufstieg gehören, die Hochsprache zu erlernen, in Norwegen spricht man bis zum Lebensende den Dialekt seiner Kindheit. Wer ihn ablegt, gerät in Verdacht, seine »wahre« Herkunft, ja seine Heimat zu verraten.

Während es etwa so viele Dialektfärbungen wie Norweger geben könnte, scheint die Lage bei der Schriftsprache übersichtlicher. Es gibt zwei, *bokmål* (Buchsprache) und *nynorsk* (Neunorwegisch). *Nur* zwei mag man ja angesichts von 4,5 Millionen Sprechern und Schreibern nicht sagen. Wie es zu dieser eigenartigen Situation kommen konnte, ist eine leider mäßig unterhaltsame Geschichte. Wie so ziemlich alles, was man an diesem Land nicht ganz versteht, beginnt sie im 19. Jahrhundert mit Norwegens kultureller und politischer Ablösung von Dänemark und Schweden, wobei das knappe Jahrhundert der Union mit Schweden in Norwegen erstaunlich wenige sprachliche, politische und kulturelle Spuren hinterlassen hat.

Seit 1380 war Norwegen kaum mehr als Dänemarks Hinterland, die Sprache der Bürokratie und Kultur war Dänisch. Die norwegische Schriftsprache starb aus, während in dem langgestreckten und unwegsamen Land jenseits von Kristiania, wie Oslo damals hieß, zahllose norwegische Dialekte gesprochen wurden. Oslo hat, rasch sei es eingeschoben, eine eigene Sprachgeschichte: Bis 1624 hieß die Stadt Oslo, dann wurde sie nach dem dänischen König Christian IV in Christiania umgetauft, ab 1877 hieß sie Kristiania und erst seit 1925 wieder Oslo, was je nach Herkunft des Sprechers Uhsluh oder Uschluh (mit Betonung auf der ersten Silbe) ausgesprochen wird.

Eine unabhängige Nation braucht eine eigene Sprache – nach dem *echten Norwegisch* mußte man ja nicht lange suchen. Das Volk, dem ein Sprachforscher namens Ivar Aasen aufs Maul zu schauen begann, waren die Bauern und Fischer seiner westnorwegischen Heimat. Da es dort ebenso viele Dialekte gab wie westnorwegische Fjordarme, mußte Aasen, wie Luther, abstrahieren und konstruieren. So entstand die skurrile Situation, daß die »wahre Sprache des Volkes« in ihrer reinen Form niemandes Muttersprache, sondern eine Kunstsprache aus west- und südnorwegischen Dialekten ist, merkwürdig auch, daß das von Aasen wiederbelebte *alte* Norwegisch heute »Neunorwegisch« heißt. Viele norwegische Dramatiker und Übersetzer sind der Ansicht, daß dieses *nynorsk* besonders gut für die Bühne geeignet sei. Die Sprache sei präziser und die Wörter seien kürzer, das komme beispielsweise Shakespeare-Übersetzungen zugute, da man im Versmaß mehr unterbringen könne.

Etwa gleichzeitig mit Aasen begann Knud Knudsen, auch er ein nationalgesonnener Sprachkundiger, die dänische Schriftsprache zu norwegisieren, also näher an die norwegische Aussprache heranzuführen. Die von ihm begründete norwegische Schriftsprache führte zum *bokmål*.

Obwohl sich *bokmål* und *nynorsk* ähnlicher sind als Hochdeutsch und Schwyzerdütsch, wurden sie 1885 als Schriftsprachen gleichgestellt. *Bokmål* ist erheblich verbreiteter als *nynorsk*, aber Vertreter beider Seiten kämpfen für die Rechte ihrer eigenen Sprachform. Das geschieht so vehement, daß man offiziell von Sprachenstreit und Sprachenkrieg spricht, in den sechziger Jahren des 20. Jahrhunderts war die Stimmung so hitzig, daß ein staatliches Sprachfriedenskomitee eingesetzt werden mußte.

Um die Verwirrung nicht eskalieren zu lassen, habe ich bisher verschwiegen, daß es nicht zwei, sondern drei offizielle Schriftsprachen gibt. Die dritte ist Samisch, sie wird von etwa 20 000 Menschen gesprochen und ist seit 1992 in einigen nordnorwegischen Distrikten dem Norwegischen völlig gleichgestellt.

Tatsächlich ist das nicht alles: Es gibt noch Kvenisch, die Sprache der Norweger finnischen Ursprungs, sowie die Sprache der jugendlichen Einwanderer in Oslos östlichen Stadtteilen. Sie mischt Norwegisch mit Wörtern aus Sprachen wie Türkisch, Farsi oder Punjab und gilt bereits als eigenständige Minderheitensprache. Sie hat einen Namen – »Kebabnorwegisch« – und sogar schon ein eigenes Wörterbuch. Und für die 4000 Gehörlosen unterhält das staatliche norwegische Fernsehen einen eigenen digitalen Kanal, der Teile des Programms mit einer Übersetzung in Gebärdensprache sendet.

Und dann wäre da noch etwas. Die Norweger doktern seit über einem Jahrhundert an ihrer Rechtschreibung – Pardon: ihren Rechtschreibungen – herum, und zwar unablässig und mit solchem Furor, daß die Gegner der kleinmütigen deutschen Rechtschreibreform der plötzliche Herztod ereilen würde. In den letzten hundert Jahren gab es drei große und mehrere kleine Reformen, inzwischen scheinen den zulässigen Formen kaum Grenzen gesetzt. Angeblich kann der Satz *skogbunnen ble dekket av dugg* [Der Waldboden wurde von Tau bedeckt] allein in Bokmål etwa 72 verschiedene Formen annehmen, eine davon wäre *skaubotnen blei dekka av dogg*. Und nicht nur einige namhafte Schriftsteller schreiben sowieso, wie sie wollen.

Zahllose Versuche, die Sprachen zu einem gemeinsamen Norwegisch zusammenzuführen, sind endgültig gescheitert. Darum wird auch künftig jedes Amtsblatt in zwei (in Nordnorwegen in drei) Sprachen vorliegen und jeder Abiturient in beiden Sprachen geprüft, werden 25 Prozent aller Sendungen des staatlichen Rundfunks und Fernsehens in *nynorsk* gesendet und auf Briefmarken mal *Norge*, mal *Noreg* stehen. Dieses Neben- oder Durcheinander wird ewig so weitergehen, es sei denn, die Bedrohung wächst, daß das Englische die norwegische(n) Sprache(n) schluckt. Das würde die Fronten sofort einen, denn nur wenig vermag einen Norweger tiefer aufzuwühlen als der Gedanke an eine »globale Welt, die es absolut eiskalt lassen wird, ob Norwegisch als Sprache verschwindet«.

Immerhin ist es neben Dänisch und Südsamisch die einzige Sprache der Welt, die das durchgestrichene ø benutzt. Auf Südsamisch heißt Norwegen übrigens *Nøørje* – ist das nicht niedlich?

Was man im Winter wissen sollte

Bjørn Gabrielsen verdankt die norwegischsprachige Welt ein kluges Buch über den Winter in Norwegen, aus dem ich viel gelernt habe. Er gibt am Ende seines Buches einige Tips zum Umgang mit der Kälte. Der erste lautet:

Brotscheiben mit Erdnußbutter kann man auch dann essen, wenn sie schon einmal steinhart gefroren waren, was für Brotscheiben mit Mayonnaise nicht gilt. (OK, man *kann* Brote mit gefrorener Mayonnaise essen, aber ich rate davon ab.)

Das wollte ich Ihnen nicht vorenthalten. Und da Sie nun am Ende meines Buches angelangt sind, könnte Ihnen beim nächsten Campen in Norwegen auch dieser Rat nutzen:

Der Umschlag dieses Buches eignet sich nicht zum Feueranmachen. Reißen Sie die Seiten heraus, knüllen Sie sie zusammen und umgeben Sie sie mit leicht brennbarem Material wie trockener Birkenrinde oder in Stücke gebrochenen, trocknen Tannenzweigen vom unteren Ende des Baumstamms. Machen Sie das Feuer nicht größer als nötig, und beachten Sie die örtlichen Bestimmungen zum Umgang mit offenem Feuer.

Dank an

Stefan Becker, Regine Elsässer, Bettina Feldweg, Klaus Fricke, Elna Johnsen, Kåre Olsen, Gunvor Schön, Margit Schönberger, Kåre Olav Solhjell, Dorothea Thomaßen, Heiko Uecker und Kari Uecker.

Bereits erschienen:
Gebrauchsanweisung für...

Amerika
von Paul Watzlawick

Amsterdam
von Siggi Weidemann

Barcelona
von Merten Worthmann

Bayern
von Bruno Jonas

Berlin
von Jakob Hein

die Bretagne
von Jochen Schmidt

Brüssel und Flandern
von Siggi Weidemann

China
von Kai Strittmatter

Deutschland
von Maxim Gorski

Dresden
von Christine von Brühl

das Elsaß
von Rainer Stephan

England
von Heinz Ohff

Frankreich
von Johannes Willms

Gardasee
von Rainer Stephan

Genua und die Italienische Riviera
von Dorette Deutsch

Griechenland
von Martin Pristl

Hamburg
von Stefan Beuse

Indien
von Ilija Trojanow

Irland
von Ralf Sotscheck

Italien
von Henning Klüver

Japan
von Gerhard Dambmann

Kalifornien
von Heinrich Wefing

Katalonien
von Michael Ebmeyer

Köln
von Reinhold Neven Du Mont

Leipzig
von Bernd-Lutz Lange

London
von Ronald Reng

München
von Thomas Grasberger

01/0002/09/L

Neapel und die
Amalfi-Küste
von Maria Carmen Morese

New York
von Verena Lueken

Niederbayern
von Teja Fiedler

Nizza und
die Côte d'Azur
von Jens Rosteck

Norwegen
von Ebba D. Drolshagen

Österreich
von Heinrich Steinfest

Paris
von Edmund White

Polen
von Radek Knapp

Portugal
von Eckhart Nickel

Rom
von Birgit Schönau

das Ruhrgebiet
von Peter Erik Hillenbach

Salzburg und
das Salzburger Land
von Adrian Seidelbast

Schottland
von Heinz Ohff

Schwaben
von Anton Hunger

Schweden
von Antje Rávic Strubel

die Schweiz
von Thomas Küng

Sizilien
von Constanze Neumann

Spanien
von Paul Ingendaay

Südfrankreich
von Birgit Vanderbeke

Südtirol
von Reinhold Messner

Tibet
von Uli Franz

Tschechien und Prag
von Jiří Gruša

die Türkei
von Iris Alanyali

Umbrien
von Patricia Clough

Venedig
von Dorette Deutsch

Wien
von Monika Czernin

PIPER

Michael Ebmeyer
Gebrauchsanweisung für Katalonien

192 Seiten. Gebunden

Katalonien ist berühmt: für Dalí und Miró, für die Häuser von Gaudí, die Krimis von Montalbán und die Schwarze Madonna von Montserrat. Für kleine Gießkannen, aus denen man Wein trinkt, für zehnstöckige Menschenpyramiden und eine unerschöpfliche Fülle seltsamer Anekdoten. Für sein Unabhängigkeitsstreben, für die katalanische Sprache und für den Widerstand gegen Franco. Für die Costa Brava und die Pyrenäen, für zauberhafte Küstenorte und bizarre Felsmassive – und natürlich für Barcelona, das verspielte Fabelwesen unter den europäischen Metropolen. In Katalonien wurden die Espadrilles und die Crème Brûlée erfunden; hier hat der Welttag des Buches seinen Ursprung und eine köstliche Salami namens »Peitsche« ihre Heimat. Einst ein eigener mächtiger Mittelmeerstaat, dann zwischen Spanien und Frankreich aufgeteilt, ist das nordöstlichste Dreieck der Iberischen Halbinsel ein besonders saftiges, aber schwer durchschaubares Stück vom Paradies. Dieses Buch führt Sie mitten hinein.